Reiseführer Natur
Südliches Frankreich

blv

Claudia Schnieper
Robert Schnieper

Reiseführer Natur
Südliches FRANKREICH

Die Deutsche Bibliothek – CIP-Einheitsaufnahme

Ein Titeldatensatz für diese Publikation
ist bei Der Deutschen Bibliothek erhältlich

Die Zusammenstellung der praktischen Reiseinformationen und die Beschreibung der Touren in diesem Führer erfolgten mit größtmöglicher Sorgfalt und mit Rücksicht auf die Natur. Bitte verhalten auch Sie sich entsprechend und beachten Sie im Interesse Ihrer eigenen Sicherheit die Hinweise der Autoren, z. B. zu gefährlichen Wegstrecken. Ob eine Route gefährlich ist, hängt neben den Wetterverhältnissen auch von der persönlichen Konstitution des Wanderers ab. Befragen Sie im Zweifelsfall vor einer Reise ihren Hausarzt.
Bitte haben Sie Verständnis dafür, daß sich nach Erscheinen des Buches Wegführungen, Anschriften oder Telefonnummern ändern können. Korrekturhinweise werden Autor und Verlag gerne aufgreifen:
BLV Verlagsgesellschaft mbH, Postfach 40 03 20, 80703 München

Dritte, durchgesehene Auflage

BLV Verlagsgesellschaft mbH
München Wien Zürich
80797 München

Umschlaggestaltung: Julius Negele, München
Karten: Viertaler + Braun, Grafik + DTP, München
Redaktionelle Mitarbeit: Dr. Einhard Bezzel, Prof. Dr. Josef H. Reichholf
Lektorat: Dr. Friedrich Kögel
Layout: Volker Fehrenbach, München
Herstellung: Hermann Maxant
Satz: Grafisches Büro V. Fehrenbach, München
Reproduktionen: Fotolitho Longo, Bozen
Druck: Appl, Wemding
Bindung: Bückers GmbH, Anzing
Gedruckt auf chlorfrei gebleichtem Papier

Printed in Germany · ISBN 3-405-14585-6

Inhalt

Einführung

Essays

Hauptreiseziele

Nebenreiseziele

Reiseplanung

Anhang

Zum Geleit

Reiseführer Natur – eine Chance für den sanften Tourismus?

Dem Massentourismus ist sehr viel Natur zum Opfer gefallen. Der Versuch, der Unwirtlichkeit der Städte und der Industriegesellschaft für die kostbarsten Wochen des Jahres in eine »intakte Natur« zu entfliehen, mißlang gründlich. Denn der Ruhe, Entspannung und Naturgenuß suchende Mensch wurde im Touristikboom schnell wieder in die Massen einbezogen und beinahe zu einer »Ware« degradiert. Der zähe Brei des Massentourismus wälzte sich, da er fortlaufend seine eigenen Existenzgrundlagen zerstört, immer weiter hinaus bis in die letzten Winkel der Erde. Mit größter Sorge betrachteten Naturschützer in aller Welt diese Entwicklung und versuchten – vergeblich – sich dagegenzustemmen. Sie waren und sind machtlos gegen die Flut, die über sie und die wenigen geschützten Gebiete hereinbrach. Die Naturschützer hatten so gut wie keine Chancen, die Natur vor dem Massenansturm zu bewahren.
So wurde denn der Tourismus in Bausch und Bogen als nicht natur- und umweltverträglich verdammt und gebrandmarkt. Nicht ganz zu Recht, wie man bei objektiver Betrachtung der Sachlage zugeben muß. Denn nicht wenige der wichtigen, ja unersetzlichen Naturreservate der Welt konnten gerade wegen des Tourismus gesichert werden, der Staaten wie Tansania mit der weltberühmten Serengeti und Ecuador mit seinen Galápagos-Inseln mehr harte Währung einbrachte, als eine Umwidmung der geschützten Flächen zu anderen Formen der Nutzung. Durch geschickte und gezielte Lenkung des Besucherstromes ist es möglich, die Schäden gering zu halten, aber großen Nutzen einzubringen. Viele Beispiele gibt es hierfür. In Amerika, in Afrika und in Südostasien gelingt es offenbar weitaus besser, Naturreservate zu erhalten als hierzulande in Mitteleuropa, wo Naturschutzgebiete fast automatisch zu Sperrgebieten für Naturfreunde gemacht werden (während andere Nutzungsformen, insbesondere Jagd und Fischerei, in der Regel uneingeschränkt weiterlaufen dürfen).
Es fehlt an Information und an Personal, das die Schutzgebiete überwacht, Besucher betreut und für die Erhaltung der Natur wie für die Einhaltung der Schutzbestimmungen sorgt. Vielfach können gerade da, wo die Schutzgebiete mit strengem »Betreten verboten« ausgewiesen sind, die Schutzziele nicht eingehalten werden.
Es fehlen die »Verbündeten«; sie sind als Naturfreunde ausgeschlossen und damit keine starken Partner. Eine grundsätzliche Änderung, eine Wende zum Besseren ist derzeit nicht in Sicht. So bleibt der Naturfreund auf sich allein gestellt, Natur zu erleben, ohne sie zu zerstören.
Die neue Serie »Reiseführer Natur« folgt diesem Leitgedanken. Sie will den engagierten Naturfreunden die Möglichkeit aufzeigen, sich schöne Landschaften mit einem reichhaltigen oder einzigartigen Tier- und Pflanzenleben auf eine »umweltverträgliche« Art und Weise zu erschließen. Ein Tourismus dieser Art, der auf Information aufbaut und dessen Ziel die Sicherung der Naturschönheiten ist, wird vielleicht die überfällige Wende bringen. Unberührte Natur, naturnahe Landschaften und freilebende Tiere und Pflanzen haben ihren besonderen Wert. Aber er wird nicht zum Nulltarif auf Dauer zu erhalten sein.

Dr. Einhard Bezzel
Prof. Dr. Josef H. Reichholf

Vorwort

Das südliche Frankreich, das ist nicht nur Südfrankreich, das sind nicht allein die Touristenmagnete Provence, Riviera, Côte d'Azur, Camargue und Cap d'Agde oder Biarritz und Mimizan-Plage am Golf von Biskaya. Südlich der Linie Genf–Les Sables-d'Olonnes am Atlantik gibt es noch viel mehr zu entdecken: Landschaften von wilder Schönheit oder parkähnlicher Harmonie, die meist dünn besiedelt, aber mit um so reicherer Pflanzen- und Tierwelt gesegnet sind. Erstaunlich ist immer wieder die Vielfalt auf kleinem Raum, daneben Einsamkeit und Weite, wie man sie so nah bei der Zivilisation nicht vermutet. »La douce France« beweist den Reisenden oft wenige Kilometer abseits der vielbefahrenen Routen, daß grandiose und (beinahe) unberührte Natur sich gut mit den Annehmlichkeiten gepflegter Gastlichkeit vereinbaren lassen.

Angesichts der Fülle von Natursehenswürdigkeiten und sehenswerten Landschaften galt es, sich auf eine gewisse Zahl von Reisezielen zu beschränken. Mit der vorliegenden Auswahl haben wir versucht, die attraktivsten Ziele für Naturfreunde im breiten Sinn zu beschreiben; Spezialisten wie Ornithologen, Höhlenforscher, Extremkletterer würden vielleicht anders gewichten. Neben den National- und Regionalparks sowie einigen Naturreservaten wurden auch besonders spektakuläre Natursehenswürdigkeiten aufgenommen, die nicht oder noch nicht geschützt sind; dafür wurde auf manche Reservate mit interessanter Flora und Fauna in eher unattraktiver Umgebung verzichtet.

In allen behandelten Reisezielen ist man auf Besucher eingerichtet, die vor allem während der Hauptsaison im Juli und August so geballt auftreten, daß sie Probleme schaffen können. In den Alpen ist allerdings in erster Linie der Wintersport für einschneidende Landschaftszerstörungen verantwortlich. Trotz Retortenstädten und Mega-Skianlagen gibt es aber in den französischen Alpen mindestens ebensoviele einsame und ursprüngliche Gebiete wie in den schweizerischen oder österreichischen Alpen.

Der »sanfte« oder »grüne« Tourismus verschafft den Bewohnern industriearmer Bergregionen in den Alpen, in den Pyrenäen und im Zentralmassiv zusätzliche Einkünfte neben der meist wenig rentablen Landwirtschaft. Die Nationalpark-Leiter haben denn auch den Auftrag, den Fremdenverkehr zu fördern und gleichzeitig seine Umweltbelastungen in einem vertretbaren Rahmen zu halten. Eine heikle Aufgabe, die nicht überall gleich geschickt gelöst wird und deren Erfolg überdies weitgehend vom verantwortungsbewußten Verhalten der Besucher abhängt.

Wer gern wandert, kommt im Süden Frankreichs zu seinem Vergnügen. Seit die Franzosen das Wandern entdeckt haben, wird das Netz markierter Wege immer engmaschiger und das Angebot an Wanderkarten und -führern größer. Ob in den Alpen, in den Dünen an der Atlantikküste oder auf den Kalkplateaus der Cevennen: Erst zu Fuß lotet man die Landschaft mit allen Sinnen aus, riecht die Garrigue, spürt die Weite und entdeckt die kleinen Naturwunder, die vom Auto aus unsichtbar bleiben. Unser Reiseführer soll dazu anregen, die Naturschönheiten der südlichen Landeshälfte kennenzulernen, sich auch auf weniger ausgetretene Pfade zu wagen und den bekannten Touristenzentren neue Aspekte abzugewinnen. Bon voyage!

Claudia und Robert Schnieper

Einführung

Zur Benutzung des Buches

Dieser Reiseführer ist so angelegt, daß sich mit seiner Hilfe die Natur – Landschaften, Naturdenkmäler, Tropfsteinhöhlen, Versteinerungen, Pflanzen und Tiere – möglichst intensiv und problemlos kennenlernen läßt. Damit man die vielfältigen Informationen im Buch effizient nutzen kann, ist es sinnvoll, sich zuerst mit seiner Gliederung vertraut zu machen.
Die Kleine Landeskunde vermittelt eine allgemeine Übersicht über den Süden Frankreichs; da die Zweiteilung des Landes jedoch nicht den natürlichen Räumen und Grenzen entspricht, beziehen sich manche Angaben auf ganz Festland-Frankreich. (Auf Korsika mußte aus Platzmangel verzichtet werden.) Man findet hier Informationen zur Entstehung des Landes, über seine Lage und Größe, über das Klima der besprochenen Gebiete, die natürliche Vegetation, Kulturpflanzen, Tiere sowie über den Naturschutz und die verschiedenen Schutzgebiete.
Der Hauptteil enthält Natursehenswürdigkeiten des südlichen Frankreichs, gegliedert in 25 Haupt- und 8 Nebenreiseziele. Sie sind in der Umschlagkarte hinten eingetragen und numeriert.
Hauptreiseziele stellen mit den besonders sehenswerten, naturgeschichtlich interessanten Gebieten die Highlights dar. Am Kapitelbeginn werden die wichtigsten Attraktionen zur schnellen Orientierung stichwortartig vorgestellt. Anschließend sind landschaftliche Sehenswürdigkeiten, topographische und geologische Besonderheiten sowie die typische Pflanzen- und Tierwelt beschrieben, wobei möglichst viele charakteristische Aspekte im Foto dargestellt sind. Verweise auf erwähnte Tier- und Pflanzenarten, die in einem anderen Kapitel abgebildet sind, erfolgen durch »S. ...«, Textstellenverweise durch »s.S. ...«. Kurze Essays, durch blaue Unterlegung kenntlich gemacht, vermitteln vertiefende Hintergrundinformationen.
Die Vorstellung der Tier- und Pflanzenwelt konzentriert sich vor allem auf Arten, die für die verschiedenen Naturräume des südlichen Frankreichs typisch und für den Besucher besonders interessant sind. Es wurde versucht, ein repräsentatives Bild der ausgewählten Gebiete zu zeichnen und zusätzlich auf Besonderheiten und »Spezialitäten« hinzuweisen, obwohl man diese unter Umständen nicht zu Gesicht bekommt. Die Fotos helfen beim Erkennen von Tieren und Pflanzen, können jedoch ein eigentliches Bestimmungsbuch (vgl. Literaturverzeichnis) selbstverständlich nicht ersetzen. Ein vergleichsweise starkes Gewicht wurde in diesem Buch auf Siedlungsformen gelegt, die in gewissen Gegenden landschaftsbestimmend sind.
Wo immer möglich werden deutsche Artnamen verwendet. Für die Vögel diente dabei »Wolters, Die Vogelarten der Erde« (1975–1982) als Vorlage. Fehlten allgemein gebräuchliche deutsche Namen (vor allem bei einigen Pflanzen), ist die wissenschaftliche Bezeichnung benutzt worden.
Für jedes Hauptreiseziel gibt es einen Abschnitt Im Gebiet unterwegs sowie eine Übersichtskarte. Querverweise zwischen Karte und Text (Zahlen im Kreis) sollen die rasche Orientierung erleichtern. Vollständigkeit kann und will hier nicht angestrebt werden. Ziel ist es vielmehr, Wege zu zeigen, wie man das Typische und Besondere des Gebiets erleben kann, ohne selber auf die Tier- und Pflanzenwelt störend zu wirken. Die Wanderungen wurden zudem häufig so ausgewählt, daß sie auch von Kindern oder weniger Sportlichen zu bewältigen sind.

Die Praktischen Tips bieten technische Details über Anreise, Unterkunft, Klima und beste Reisezeiten. Es werden zudem Adressen von Informationsstellen, Museen usw. angegeben; dabei ist zu beachten, daß vor allem Telefonnummern oft nach kurzer Zeit überholt sein können (hier kann in Frankreich die Auskunft, Nr. 12, weiterhelfen).
Blick in die Umgebung gibt Hinweise auf attraktive Sehenswürdigkeiten, die nahe bei einem Hauptreiseziel liegen bzw. auf dem Weg dorthin passiert werden und einen Abstecher lohnen.
Das Kapitel Reiseplanung vermittelt Anregungen und Tips, die vor und während der Frankreich-Tour hilfreich sind.
Das Literaturverzeichnis im Anhang verweist auf weiterführende Literatur und Quellen in deutscher und französischer Sprache. Dabei wurden vor allem Werke aufgenommen, die leicht verständlich sind oder beim Bestimmen weiterhelfen. Die Informationszentren der Schutzgebiete bieten meist Führer und Zeitschriften über ihr Gebiet an, manchmal auch in deutscher Sprache.
Das Register wurde unterteilt in einen geographischen Teil mit wichtigen Orten, Landschaften, Schutzgebieten, Personen sowie in ein Artenregister, in dem alle im Text erwähnten Tier- und Pflanzenarten nachgeschlagen werden können. Zusätzlich wurden ein deutsch-lateinisches und ein lateinisch-deutsches Wörterbuch der Tier- und Pflanzennamen erstellt, um den Zugriff auf das Register und die Bestimmung der Arten zu erleichtern.

Erklärung der in den Karten benutzten Symbole

Um die Übersichtlichkeit der Karten zu gewährleisten, sind vor allem Informationen berücksichtigt, die für Naturfreunde interessant sind. Die verwendeten Symbole und Abkürzungen werden nachstehend erklärt; Sonderzeichen in einzelnen Karten sind dort erläutert.

Verwendete Kartensymbole

- *Teerstraße jeglicher Breite und Ausbaustufe*
- N98 *Straßennummer*
- *Tunnel*
- *Geschotterte und unbefestigte Fahrwege*
- *Wanderweg*
- *Staatsgrenze*
- *Steilkante, Felsabbruch*
- *Fluß*
- *Nationalpark oder anderes Schutzgebiet*
- *See, Meer*
- *Land*
- *Sumpf*
- *Stadt*
- *Berg*
- *Ortschaft*
- *markanter Punkt*
- *Informationszentrum*
- *Hütte*
- *Paß*
- *Höhle*
- *Aussichtspunkt*
- P *Parkplatz*
- 3 *Besuchspunkte (mit Querverweisen im Text)*
- *Wald*

Kleine Landeskunde

Lage und Größe

Die gesamte Fläche Frankreichs beträgt mit Korsika und den Küsteninseln (ohne überseeische Gebiete) 549 000 km². Davon entfallen schätzungsweise knapp 40% auf den im Führer beschriebenen südlichen Teil mit den acht Regionen Rhône-Alpes, Auvergne, Limousin, Poitou-Charentes, Aquitaine, Midi-Pyrénées, Languedoc-Roussillon, Provence-Alpes-Côte d'Azur. Diese Verwaltungsgebilde fassen jeweils mehrere Départements zusammen. Frankreich ist flächenmäßig der größte EU-Staat. Im Norden reicht das Hexagon, wie das kontinentale Frankreich im Lande selbst häufig genannt wird, bis zur Straße von Dover, im Osten an die Oberrheinische Tiefebene, im Nordwesten und Westen stößt es an den Atlantischen Ozean und im Süden ans Mittelmeer, im Südwesten bildet der Pyrenäenkamm die Grenze, und im Osten hat es Teil an den West- und Südalpen. Die gesamte Küstenlänge beträgt 3100 km, die kontinentale Grenzlinie 2100 km.

Die mittlere Höhe Frankreichs liegt bei 340 m, wobei der südliche Landesteil mit den Alpen und Voralpen, den Pyrenäen und dem Zentralmassiv zu einem großen Teil aus mittleren und hohen Gebirgen besteht. Mit dem Montblanc (4807 m) besitzt das Land den höchsten Gipfel Europas; gleichzeitig liegen jedoch zwei Drittel unter 250 m.

Entstehung

Die ältesten Gebirge im südlichen Landesteil sind das **Zentralmassiv, das Esterel- und das Mauren-Massiv.** Sie gehören zur gleichen geologischen Formengruppe wie die Vogesen und der Schwarzwald. Diese heute auf Mittelgebirgshöhe abgetragenen kristallinen Felsen entstanden vor etwa 600 Mio. Jahren und wurden mehrmals angehoben, am stärksten während der alpidischen Faltung.

Die Schlucht des Chassezac und der Wald von Païolive, eine interessante Karstlandschaft im Süden der Ardèche.

Leitpflanzen der parkartigen Wälder an der Riviera: die anspruchslosen schirmförmigen Pinien (im Foto) und Aleppokiefern.

Noch vor 180 Mio. Jahren war Mitteleuropa von einem riesigen Meer zwischen den beiden Urkontinenten Laurasia im Norden und Gondwanaland im Süden bedeckt, der Tethys. Die Flüsse dieser Landmassen schwemmten Geröll und Schlamm ins Meer. Es bildeten sich Ablagerungen auf dem Meeresgrund, die zu mehreren tausend Meter hohen Sandstein-, Kalk- und Tonschichten anwuchsen. Einzelne Platten lösten sich von den Urkontinenten, und vor 100 Mio. Jahren begann die Afrikanische Platte mit ungeheurer Wucht in nördlicher Richtung gegen die Eurasische Platte vorzustoßen. Die dazwischenliegenden Gesteinsschichten wurden durch den Druck zusammengepreßt, aufgefaltet, gleichzeitig durch Kräfte aus dem Erdinnern angehoben und tauchten aus den Wassermassen auf. In diesem alpidischen Faltungszyklus, der vor rund 70 Mio. Jahren einsetzte und bis heute anhält, wurden die **Pyrenäen** vor den **Alpen** hochgedrückt, beide sind jedoch vergleichsweise junge Gebirge. Riesenflüsse trugen den Schutt ab: Das Geschiebe blieb in der Nähe der heutigen Alpen liegen, feineres Geröll setzte sich im Flachland ab. Durch diese fortschreitende Erosion kamen die älteren Massive aus dem Untergrund zum Vorschein. Durch erneute Faltungsprozesse schoben sich Gesteinsdecken übereinander, alte kamen manchmal über neue zu liegen und wurden dann zu den heutigen Alpenmassiven aufgetürmt. Die provenzalischen Kalkstein-Bergketten entstanden bereits bei der Auffaltung der Pyrenäen und haben eine kompliziertere Struktur als die längeren alpinen Ketten der südlichen Voralpen.

Das **Aquitanische Becken** zwischen dem Zentralmassiv und den Pyrenäen und die im Tertiär entstandene Rhonefurche bilden die größeren Ebenen des südlichen Frankreichs. Als geologisch jüngste Erscheinung formten sich die **Landes** erst in der Erdneuzeit seit einigen zehntausend Jahren. Hier wie im Westen des Golfe du Lion mit seinem flachen, bis 50 km breiten Küstensaum entsteht noch immer neues Land durch Sandanspülung. Auch die Pyrenäen und Alpen heben sich weiter, doch sorgen Wind- und Niederschlagserosion dafür, daß sie nicht in den Himmel wachsen.

Landschaftliche Großräume

Das Ergebnis dieser geologischen Verformungen und der Erosionskräfte sind im südlichen Frankreich auf engem Raum oft höchst unterschiedliche Landschaftsräume.

Die **französischen Alpen** umfassen den größten Teil der Westalpen und werden generell in Nord- und Südalpen aufgeteilt. Das **Massif des Alpes du Nord** reicht vom Genfer See bis etwa auf die Höhe von Valence im Rhonetal. Es umfaßt die voralpinen Kalksteingebirge Chablais, Bornes, Bauges, Chartreuse, Vercors sowie die kristallinen Massive des Montblanc, Beaufortin, Belledonne, Oisans und Pelvoux.

Die **Südalpen** beginnen bei der etwas willkürlich gezogenen Linie Valence–Drôme-Tal–Briançon mit der hochalpinen Kette vom Briançonnais bis zu den Seealpen an der Côte d'Azur. Westlich vorgelagert sind die Provence-Alpen (mit dem Ventoux als höchstem Gipfel). Kalkgestein bildet auch hier den voralpinen Gürtel, während das Mercantour-Massiv und das Queyras (Cottische Alpen) vorwiegend aus kristallinen Gesteinen bestehen.

Westlich des Voralpenbogens liegt das **Rhonetal**. Die Rhone durchbricht in Windungen die Juraketten westlich des Genfer Sees; dann fließt sie von der Vereinigung mit der Saône bei Lyon an in beinahe gerader Nord-Süd-Linie zur Camargue und in den Golfe du Lion. Ab Lyon ist sie schiffbar. Seit 1933 wird sie zudem mit mehreren Staustufen für die Elektrizitätserzeugung und Bewässerung genutzt, so daß sich die ursprüngliche Wildheit und Schönheit des Stroms nur noch an einigen Stellen erahnen läßt.

Durch das 56 000 km^2 große **Aquitanische Becken** mäandriert die weit weniger gezähmte Garonne. Sie entspringt in den spanischen Pyrenäen und begrenzt auf ihrem 575 km langen Weg zur Gironde-Meeresbucht nördlich von Bordeaux zunächst das von den Pyrenäen-Abflüssen (Gaves) durchfurchte Plateau de Lannemezan, bevor sie das flachere Kulturland vor Bordeaux durchquert.

Die Sandebene der **Landes** (14 000 km^2) reicht von Bordeaux bis zum Adour im Süden. An den Stränden der Côte d'Argent werden jedes Jahr pro Quadratmeter 15–18 m^3 Sand angeschwemmt und vom Wind zu hohen Dünen aufgetürmt oder ins Landesinnere transportiert. Die riesigen Pinienwälder, die man in 19. Jh. anzupflanzen begann, halten die Vorfrachtung der Sandmassen in Grenzen. Die Ebene des Languedoc bildet südlich der Montagne Noire die Verbindung von Aquitanien zum Rhonetal.

Die **Pyrenäen** ziehen sich als mächtiger Riegel und nördliche Begrenzung der Iberischen Halbinsel vom Golfe de Gascogne zum Golfe du Lion. Der höchste Gipfel ist mit 3404 m der Pic d'Aneto in den spanischen Zentralpyrenäen. Der Nordabhang der Pyrenäen ist außerordentlich reich an Seen sowie an Flüssen, den sogenannten Gaves, die fächerförmig von den Hautes Pyrénées ins Aquitanische Becken und in die Garonne sowie den Adour fließen.

Zwischen dem Armorikanischen Massiv und dem Zentralmassiv bildet die **Tiefebene von Poitou** die Verbindung zwischen dem Aquitanischen und dem Pariser Becken. Felsküste und Sumpf, der sich bis tief ins Landesinnere zieht und gebietsweise kultiviert wurde, sind hier die wichtigsten Landschaftstypen.

Das Massif central erstreckt sich von Mittel- bis nach Südfrankreich mit dem Puy de Sancy (1885 m) als höchstem Punkt. Südlich davon liegt als dominierender breiter Kegel der Plomb du Cantal. Die markanten Berge und Formationen der **Auvergne** – Monts Dore, Monts du Cantal und Chaîne des Puys – aus vulkanischem Gestein stehen auf einem kristallinen Urgesteinssockel. Die Plateaus der **Großen Causses** erstrecken sich südlich der Auvergne bis zur Languedoc-Ebene. Sie werden vom Tarn, der Jonte und der Dourbie zerschnitten. Der Causse du Larzac trennt die bogenförmige Kette der Montagne Noire und der Montagne de l'Espinouse von den **Cevennen,** die den Ostrand des Zentralmassivs bilden. Sie ziehen sich bis ins Departement Ardèche hinauf und kulminieren auf 1699 m beim Mont Lozère. Ihre nördliche Fortsetzung finden sie in den **Monts du Vivarais** mit dem markanten Vulkankegel des Gerbier du Jonc (1551 m), dem Mont Mézenc (1754 m) und dem Mont Pilat (1434 m).

Klima

Das Mittelmeer und der Atlantik beeinflussen das Wetter in fast ganz Frankreich, vor allem jedoch im Süden. Dort herrscht im Küstengebiet ein ausgeglichenes, subtropisches Klima. Im Sommer mildert das Meer durch Verdunstung die Hitze, und im Winter geben die riesigen Wassermassen die gespeicherte Wärme ab. Der Raum ums Mittelmeer liegt als Pufferzone zwischen dem gemäßigten mitteleuropäischen Klima und dem trockenen Wüstenklima Nordafrikas. Im Südwesten ist es im Winter eher feucht und mild mit Durchschnittstemperaturen von 2–6° C, während die Temperaturen im Mittelmeerraum zuweilen deutlich tiefer sinken, obwohl langandauernde Fröste rar sind. Die Sommer sind in Aquitanien wie in der Provence und im Languedoc-Roussillon heiß und trocken; in Nizza scheint die Sonne etwa 2725 Stunden pro Jahr (zum Vergleich: München 1694 Stunden). Es regnet vorwiegend im Herbst und Frühling, doch kommt es im Hochsommer zu heftigen Gewittern. Kontinentales Klima mit langen, schneereichen Wintern und eher feuchten Sommern herrscht im Zentralmassiv und in den Alpen vor, wobei es in den südlichen Gebieten wesentlich trockener und wärmer ist als in den nördlich gelegenen. Das alpine Klima ist generell von Kontrasten gekennzeichnet: Die Niederschläge sind ausgiebiger, die Winde heftiger und die Temperaturschwankungen größer als im Flachland.

Flora, Fauna und Naturschutz

Vegetation

Die Vielfalt der Pflanzengesellschaften entspricht den unterschiedlichen Landschafts- und Klimatypen der südlichen Hälfte Frankreichs. Mediterrane, atlantische und eurosibirische Florenelemente greifen ineinander über oder vermischen sich. Dabei spielt neben Klima und Lage auch die Bodenbeschaffenheit eine Rolle. Die heutige Vegetation ist höchst selten wirklich »natürlich«, sondern meist das Ergebnis mehr oder weniger starker Beeinflussung durch Mensch und Vieh.
Während der letzten Eiszeit sah es rund ums Mittelmeer wesentlich anders aus als heute: Die von den Eismassen verschont gebliebene Landschaft bildete das Rückzugsgebiet von Laubwäldern und den an diese Vegetationsform gebundenen Pflanzen und Tieren. Die Niederungen waren vor allem mit immergrünen Steineichen bedeckt, während auf den feuchteren und kühleren Höhen laubabwerfende, sommergrüne Bäume wuchsen.
Der Mittelmeerraum war früh relativ dicht besiedelt, und die lichten Wälder wurden zum Teil schon in vorhellenischer Zeit gerodet, um Weide- und Ackerflächen sowie

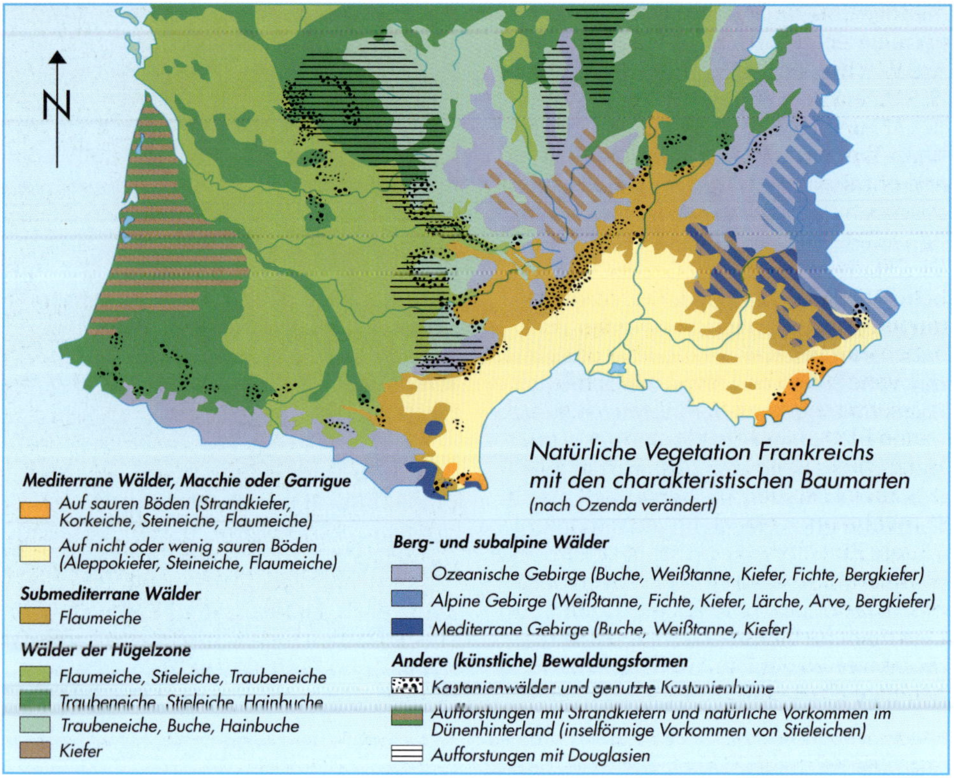

Holz als Baustoff zu gewinnen. Der jahrtausendelange Raubbau ließ die ursprüngliche Vegetation fast vollständig verschwinden. Sie hat einer immergrünen Buschvegetation, der Macchie, Platz gemacht. Wo die Macchie abbrennt, kann sich nur noch die Garrigue mit niederem Strauchwerk behaupten. Diese beiden anthropogenen Vegetationsformen sind in Südost- und Südwestfrankreich sowie im südlichen Teil des Zentralmassivs häufig.
In der **Macchie** herrschen kleine Bäume und Sträucher vor. Darunter kann sich wegen des Lichtmangels die Krautschicht kaum entwickeln. Charakteristisch sind die immergrünen Stein- und Kermeseichen, die man an ihrer Blattunterseite unterscheidet: bei der Kermeseiche ist sie kahl, bei der Steineiche (S.187) weißfilzig behaart. Zu den typischen Gewächsen dieser Ersatzvegetation gehören auch Erdbeerbaum (S.198), Baumheide, Myrte (S.105), Mastixstrauch (S.107), Kreuzdorn, Schmalblättrige Steinlinde, Französische Zistrose (S.101) und Ginster. Charakteristisch für Macchienpflanzen ist ihre Fähigkeit, nach Bränden oder Kahlschlägen erstaunlich schnell nachzuwachsen.
Die **Garrigue** ist eigentlich eine niedere Macchie mit weniger dicht stehenden, bis etwa meterhohen Sträuchern, die in der Regel in magerem Boden auf Kalkgestein wurzeln. Im Frühling, wenn die Geophyten (Zwiebelgewächse, Orchideen und andere), Lippenblütler, Zistrosen und die verschiedenen Ginsterarten blühen, ist sie besonders attraktiv. Unter den vielen Immergrünen ist die Kermeseiche die Leitpflanze der südfranzösischen Garrigue; sie wächst hier nicht baumartig, sondern als

niedriges, stacheliges Gestrüpp. Häufig dominieren neben der Kermeseiche Arten wie Wacholder (S.28), Rosmarin, Thymian (S.81), Spatzenzunge oder Dornginster (S.137) und bilden einen speziellen Garrigue-Typ. Nordwestlich von Montpellier und nördlich von Nîmes liegen besonders ausgedehnte und charakteristische Garrigue-Gebiete.

Die Pflanzen haben sich auf unterschiedliche Art und Weise den mediterranen Bedingungen angepaßt. Die Immergrünen haben ihre Vegetationszeit über das ganze Jahr verteilt und können das Wachstum bei Wassermangel einstellen. Die ledrigen, harten Blätter sind mit einer Wachs- oder Harzschicht überzogen, die verhindert, daß zuviel Feuchtigkeit verdunstet. Auch Bauweise und Form der Blätter können diesem Zweck dienen: Oft sind sie schmal (Rosmarin), geschuppt (Zypresse), behaart (Steinkraut) oder nadelig (Wacholder). Und manche Pflanzen des Mittelmeerraums werfen das Laub bei extremer Sonnenhitze ab (Baum-Wolfsmilch) oder re-

Die Oliven werden grün und später, von Dezember bis Februar, als reife schwarze Früchte geerntet.

In Südfrankreich verbrennen jährlich Tausende Hektare Wald, Garrigue und Macchie mit ihren Tieren. Trotz der hohen Regenerationsfähigkeit der Pflanzen werden so wertvolle Ökosysteme oft für lange Zeit zerstört.

duzieren die Blattfläche auf ein Minimum, wie beispielsweise die Rutensträucher (Ginster). Ein Spaziergang durch Garrigue oder Macchie macht einem schmerzhaft bewußt, daß sich Pflanzen auch mit Dornen, die sich aus Blättern und Sprossen bildeten, gegen Trockenheit und Verbiß zu wehren wissen. Häufig sind Polsterpflanzen, die wiederum dank ihrer Wuchsform an denkbar ungünstigen Standorten gedeihen, mit Dornen versehen (Dornbusch-Wolfsmilch).

Landschaftsprägend sind auch uralte **Kulturpflanzen** wie die trockenheitsresistenten immergrünen Olivenbäume, nach denen der Mittelmeerraum auch als Ölbaumregion bezeichnet wird. Der Olivenbaum wird in höheren und nördlicheren Lagen von der Eßkastanie (S.154) abgelöst, die auf kalkarmem Boden gedeiht und auf 300–400 m eine eigene Waldstufe bildet. Von größerer wirtschaftlicher Bedeutung ist aber der Weinbau. Hauptanbaugebiete im südlichen Frankreich sind das Rhonetal, die Côte d'Azur, Languedoc-Roussillon und im Südwesten das Bordeaux-Gebiet. Im Gegensatz zu den Kastanienwäldern und Olivenhainen, die im allgemeinen naturnah bewirtschaftet werden oder verwildern und Lebensraum für zahlreiche Tiere bieten, sind Rebberge häufig ökologische Wüsten.

Der Feigenkaktus aus dem tropischen Amerika ist im Mittelmeerraum verwildert und heute weit verbreitet.

Obwohl auch in den **See- und Dauphiné-Alpen** lange, rauhe Winter und kurze Sommer das Pflanzenkleid bestimmen, macht sich der mediterrane Einfluß bemerkbar. Dank durchschnittlich längerer Sonnenscheindauer sowie höheren Temperaturen liegen die Vegetationsgrenzen höher als in den Zentralalpen. Das milde Klima begünstigt zudem die Artenvielfalt, so daß vor allem in der subalpinen Zone die Palette der Blütenpflanzen auffällig breit ist. Die Hartlaubvegetation steigt an trockenen Südhängen der alpinen und voralpinen Berge hoch hinauf und wird von Flaumeichen und Buchen abgelöst, die bis in die subalpine Stufe gedeihen. Nördlich des Briançonnais, das dank des Durance-Tals vom warmen Mittelmeerklima profitiert, gewinnt das alpin-kontinentale Klima die Oberhand. An geschützten, südexponierten Hängen können sich bei entsprechendem Mikroklima jedoch bis hinauf in die Region um den Genfer See mediterrane Pflanzen behaupten. Die Übergänge der Höhenstufen sind selbstverständlich fließend und von zahlreichen Faktoren abhängig.

Das gilt auch für die **Pyrenäen**. Hier reicht am Nordhang, der im Osten vom Golfe du Lion und im Westen von der Biskaya beeinflußt wird, die mediterrane Stufe auf 550–600 m, auf der Südseite hingegen rund 200 m höher. Darauf folgen die untere Bergwaldstufe mit vorherrschend Eichenwäldern (im trockeneren Osten Stiel-, im feuchten Westen Flaumeichen; S.137) sowie die obere Bergwaldstufe mit Buchen; darüber dominieren Weißtannen und Kiefern. Die Isolation des Gebirgsmassivs ist der Bildung von Unterarten förderlich, die ausschließlich hier vorkommen. Die Pyrenäen sind denn auch besonders reich an endemischen Pflanzen und Tieren.

Tierwelt

Seit der **Naturschutz** sich in Frankreich auf eine breitere Basis stützen kann und zum Teil gesetzlich verankert ist, haben sich die Bestände vieler Tierarten erholt. Die Schutzbestimmungen betreffen neben größeren Säugetieren und Vögeln auch Fledermäuse, Reptilien, Insekten und Weichtiere. Als geschätztes Jagdwild haben sich Wildschwein, Reh und Hirsch mancherorts derart vermehrt, daß sie sogar zu sogenannten »Problemtieren« geworden sind. Geschützt sind sämtliche Greifvögel und Eulen, deren Bestände zum Teil stark abgenommen hatten. Ein rühmliches Beispiel ist der Steinadler (s.S.54), der in den französischen Alpen und Pyrenäen auf ein Minimum zurückgegangen war und nun annähernd die obere Grenze der Bestandsdichte erreicht hat. Spektakulärer war die Wiederansiedlungsaktion von Gänsegeiern (S.213) in den Cevennen, die ebenso erfolgreich zu verlaufen scheint wie die Hege der Geier in den Pyrenäen (s.S.209).

Größere Schwierigkeiten, in Frankreich wieder Fuß zu fassen oder sich weiter auszubreiten, haben Braunbär (s.S.208), Wolf (S.90) und Luchs (S.27). Die wenigen Bären, die es in den Pyrenäen noch gibt, drohen gänzlich zu verschwinden. Der Wolf ist von Italien her in den Mercantour-Nationalpark vorgedrungen, während der Nordluchs aus der Schweiz in den Jura und weiter in die Savoyer Alpen gewandert ist. Beide waren einst in Frankreich heimisch, haben es aber trotz Schutzbestimmungen nach wie vor schwer, bei Jägern und Schafhirten als Beutegreifer an der Spitze von Nahrungsketten akzeptiert zu werden.

Von den ungefähr hundert in Frankreich vorkommenden **Säugetierarten** sind fast die Hälfte geschützt, außer den oben erwähnten zum Beispiel Biber (S.169), Delphine (S.202), Eichhörnchen, Nerz, Fischotter (S.184), Ginsterkatze (S.153), Igel, Desman, Steinbock (S.39), Wildkatze (S.175), Waldmaus sowie die Spitzmäuse und 31 Fledermausarten. Die meisten kleineren Beutegreifer werden jedoch nach wie vor als »Schädlinge« taxiert und sind das ganze Jahr über Freiwild.

Der exotisch wirkende Bienenfresser ist im südlichen Frankreich in den letzten Jahren häufiger geworden.

Röhrenspinnen – im Bild ein Männchen – leben in trockenem, gut besonntem Gelände.

Das Verhältnis von Vogelschützern und Jägern ist nicht selten getrübt, obwohl auch der Schutz der **Brut- und Zugvögel** gesetzlich verankert ist. Einerseits ist dieser Schutz nicht ausreichend, anderseits werden die Bestimmungen von den Jägern häufig umgangen. Dank dem Protest der nichtjagenden Bevölkerung, die für Umweltbelange immer stärker sensibilisiert ist, verlieren Jäger jedoch allmählich ihre Narrenfreiheit. Obwohl die Jagd in Frankreich kein exklusives Hobby der Oberschicht ist, sondern ein Volkssport, den man ohne allzu großes Vorwissen ausüben darf, müssen gewisse Regeln und Vorschriften eingehalten werden, wollen sich die Jäger nicht sämtliche Sympathien verscherzen. Wunde Punkte und dem Umweltministerium ein Dorn im Auge sind die Wasservogeljagd und die Jagd auf verschiedene größere Zugvögel, etwa ziehende Tauben. Die Jagd auf Singvögel hingegen ist praktisch verschwunden. Diese Fortschritte sind nicht zuletzt der Ligue française pour la Protection des Oiseaux (LPO) zu verdanken. Das erste Vogelreservat wurde unter ihrer Ägide 1912 in der Bretagne gegründet, wo Pariser Freizeitjäger alljährlich Hunderte von Papageitauchern abgeknallt hatten. In Frankreich hat man 264 Brutvögel gezählt, rund 200 weitere Arten rasten hier über einen kürzeren oder längeren Zeitraum. Insgesamt stehen etwa 250 Arten unter Schutz.

Von den 33 in Frankreich vorkommenden **Reptilienarten** ist ein Großteil im Süden und in den Alpen heimisch. In Macchien und Garrigues sind Schlangen relativ häufig, doch auch hier nehmen ihre Bestände allgemein ab und bedürfen dringender Schonung. Trotzdem werden vielerorts Schlangen kurzerhand totgeschlagen, obwohl auch Giftschlangen wie Aspisviper (S.44), Wiesenotter (S.69), Pyrenäen-Otter oder Kreuzotter in der Regel das Weite suchen, wenn ihnen Menschen zu nahe kommen. Vorsicht ist dennoch angebracht: Bei Wanderungen in hohem Gras und unübersichtlichem Gelände sollte man geschlossene Schuhe tragen. Im Küstenbereich des Südostens konnten sich Landschildkröten (s.S.109) und Geckos halten und haben sich zum Teil sogar wieder vermehrt; als nördlichstes Verbreitungsgebiet des Mauergeckos gilt der Südhang des Luberon. Zu den äußerst selten gewordenen Reptilien zählt auch die Sumpfschildkröte (S.201). Im Südwesten hat sie in Seen, Teichen und stillen Fließgewässern einige Refugien.

Die **Insekten** sind im Süden und in den Bergregionen besonders gut vertreten. Von den ungefähr 50000 Arten, die in Frankreich registriert wurden, sind die meisten hier zu finden. Am auffälligsten sind Schmetterlinge, Heuschrecken, Fangschrecken, große Käfer wie Heiliger Pillendreher und Alpenbock (S.23) und unter den Spinnentieren Skorpion (S.126) und Zebraspinne. Der Artenschutz betrifft in erster Linie Schmetterlinge, die durch Sammler gefährdet sind.

Die Flüsse und Wildbäche sind in einsameren Gegenden so sauber und natürlich, daß die Wasserfauna reichhaltig ist. Die strenger gewordenen Abwasserbestimmungen schreiben mehr und mehr Kläranlagen und -gruben auch in ländlichen Gegenden vor.

Komplizierter und kostspieliger ist es, die Wasserqualität von Mittelmeer und Atlantik zu verbessern. Die Fische, Schalen- und Krustentiere, die auf den Märkten feilgeboten werden, stammen zum kleinsten Teil aus eigenen Küstengewässern. Mitte der achtziger Jahre wurde anläßlich der »Erklärung von Genua« ein Sanierungsprogramm verabschiedet, das unter anderem die Abwasserprobleme der Großstädte rund ums Mittelmeer lösen sollte; zudem versprachen sich die Anrainerstaaten durch die Gründung zusätzlicher Naturschutzgebiete die Revitalisierung der Meeresfauna und -flora. Bis dieses Ziel erreicht ist, bleibt allerdings noch viel zu tun.

Nationalparks, Regionalparks und Naturreservate

1963, fast ein Jahrhundert nach dem Schutz des Yellowstone-Parks in den Vereinigten Staaten, wurde im Vanoise der erste **Nationalpark** Frankreichs gegründet; kurz darauf, im selben Jahr, der Nationalpark auf der Mittelmeerinsel Port-Cros. Das Gesetz vom 22. Juli 1960 umschreibt die Pflichten der Nationalparks folgendermaßen: Schutz von Landschaft und natürlichen Ressourcen; Erhaltung von Tieren und Pflanzen; Bewahrung von kulturellem Erbe und Tradition; Förderung der lokalen Wirtschaft und Kultur. Forschung und Information der Besucher sind weitere Aufgaben der Parkleitung.

Der Vanoise-Nationalpark wurde als Ergänzung und Erweiterung des italienischen Gran-Paradiso-Nationalparks geschaffen: Die sich stark vermehrenden Steinböcke sollten auch jenseits der Grenze vollen Schutz genießen. Inzwischen gibt es 6 Nationalparks, die alle in der südlichen Landeshälfte liegen; von Norden nach Südwesten: Vanoise, Ecrins, Mercantour, Port-Cros, Cevennen und Pyrenäen. Als französische Eigenheit sind alle in ein Kerngebiet und eine sogenannte Pufferzone gegliedert. Das Herz des Nationalparks ist – mit Ausnahme des Cevennen-Parks – nicht ganzjährig bewohnt und streng geschützt, während man in der Pufferzone versucht, Landwirtschaft, Tourismus, Jagd, Bautätigkeit usw. zu begrenzen oder wenigstens günstig zu beeinflussen. Das Emblem aller Nationalparks ist eine Spirale aus Pflanzen- und Tiermotiven.

27 **Regionalparks** (Parcs naturels régionaux) gibt es in ganz Frankreich, knapp die Hälfte davon befinden sich im südlichen Landesteil. Obwohl sie seit 1967 ebenfalls gesetzlich verankert sind, gibt es für die Regionalparks keine speziellen Schutzbestimmungen. Meist handelt es sich lediglich um Gebiete von besonderem landschaftlichem Reiz, die schwach besiedelt sind. Es liegt allein im Ermessen der Gemeinden, wieviel und was für den Naturschutz getan wird. Vielfach bleibt es bei der Einrichtung eines volkskundlichen Museums und einer touristischen Informationsstelle. Es gibt jedoch auch aktive und engagierte Parkverwaltungen, die den Sommer über ein breites Angebot an geführten Wanderungen, Kursen und Veranstaltungen anbieten, Wanderwege ausschildern und pflegen, Informationsstände eröffnen, naturkundliche Bücher und Zeitschriften publizieren und anderes mehr.

Frankreich besitzt außerdem ungefähr hundert **Naturreservate**, deren Sinn und Zweck seit 1957 gesetzlich verankert ist. Sie können sehr klein sein, z.B. um den Standort einer seltenen Pflanze zu schützen, oder weitläufig wie das Plateau du Vercors. Die Naturreservate sind jedoch kleiner und weit weniger bekannt als die National- und Regionalparks, obwohl sie die interessantesten, schönsten, aber auch gefährdetsten und empfindlichsten Naturobjekte des Landes umfassen. Zum Teil liegen sie allerdings bereits innerhalb der großen Schutzgebiete. Die Zielsetzung ist ähnlich: Schutz der Natur (auch von geologischen und paläontologischen Objekten), Forschung und Aufklärung.

Im Gegensatz zu den National- und Regionalparks, die der Öffentlichkeit als Erholungsraum offenstehen, können Naturreservate ausnahmsweise selbst für Wissenschaftler gesperrt werden, falls sich Störungen erwiesenermaßen negativ auswirken (z.B. während der Brutzeit). Generell gelten in den Reservaten dieselben Benimmregeln wie in den Parks.

Die älteste Einrichtung Frankreichs für den Schutz von Naturdenkmälern sind die **Sites naturels classés** (registrierte Natursehenswürdigkeiten). Seit 1930 werden Einzelobjekte wie uralte oder besonders imposante Bäume, interessante Felsformationen, Berge oder Massive (wie der Montblanc) und historisch bedeutsame Landschaften unter dieser Bezeichnung inventarisiert.

1 Hochsavoyen mit Montblanc

Spektakuläre Gebirgslandschaft mit mehreren Naturreservaten und dem als Naturdenkmal eingestuften weltberühmten Montblanc. Zahlreiche andere Viertausender, Felsarenen, mächtige Eisströme und interessante Gletscherschliffe.

Der höchste Berg der Alpen wurde bereits 1786 zum ersten Mal bestiegen. Seither hat der 4807 m hohe **Montblanc** nichts an Faszination eingebüßt, weder bei den Bergsteigern noch bei den unsportlicheren Touristen, die sich mit der Luftseilbahn auf die **Aiguille-du-Midi** (3842 m) befördern lassen. Bei den Franzosen rangiert die mächtige Gebirgsgruppe (50 km lang und 15 km breit) an Beliebtheit gleich nach dem Eiffelturm und der Côte d'Azur. Bei einer Durchschnittsgeschwindigkeit von 40 km/h und einer Neigung bis zu 100% werden 2750 m Höhenunterschied in ein paar Minuten überwunden. Der Rundblick von den Terrassen auf den beiden Bergspitzen ist grandios: Gipfel an Gipfel reiht sich bis tief in die Schweizer Alpen, weit unten breitet sich das Weiße Tal aus mit Biwaks, Skiläufern und Bergsteigerkolonnen. Von hier aus überfliegt man in einer Kabinenbahn innerhalb von gut 30 Minuten das Weiße Tal und den Géant-Gletscher. Die **Hellbronnerspitze** (3452 m) liegt auf italienischem Boden (Personalausweis nicht vergessen) und öffnet den Blick auf die Südseite des Montblanc-Massivs sowie in die italienischen und Schweizer Alpen. Am Mont Dolent (3823 m) treffen Frankreich, die Schweiz und Italien zusammen,

Der Montblanc, der »Weiße Berg«, wird jedes Jahr von Tausenden von Touristen aus aller Welt bestiegen.

Bartgeier sind im Aiguilles-Rouges-Massiv und im Faucigny bei der Suche nach Aas zu beobachten.

weshalb er auch Dreiländergipfel genannt wird. Unter der Aiguille-du-Midi und der Hellbronnerspitze führt übrigens der 11,6 km lange Straßentunnel von Chamonix ins italienische Aosta-Tal (seit dem Brand von 1999 geschlossen).

Chamonix ist eine 10 000-Seelen-Stadt, die im Juli/August 120 000 Menschen beherbergt. Trotzdem verkraftet es den Touristenrummel mit einem gewissen Charme. Das Mekka des Alpinismus zu Füßen des weißen Giganten hält die Erinnerung an seine Bergpioniere wach, z.B. mit dem Denkmal des Schweizer Naturforschers Saussure, der 1787 bei der Zweitbesteigung barometrisch die Höhe des Montblanc feststellte. Erinnerungen an verflossene Zeiten auch im Musée alpin: Im ehemaligen Chamonix-Palace sind Zeugnisse alpinistischer Heldentaten und Unglücksfälle, alte Bergsteigerausrüstungen, Darstellungen des Montblanc, Bergkristalle, bäuerliche Gerätschaften, Möbel usw. ausgestellt. Das Sammelsurium steht in krassem Gegensatz zum modernen Fremdenverkehr in Chamonix.

Die Felsarena Fer à Cheval und die Font de la Combe (im Bild) liegen nahe beieinander im Reservat Sixt.

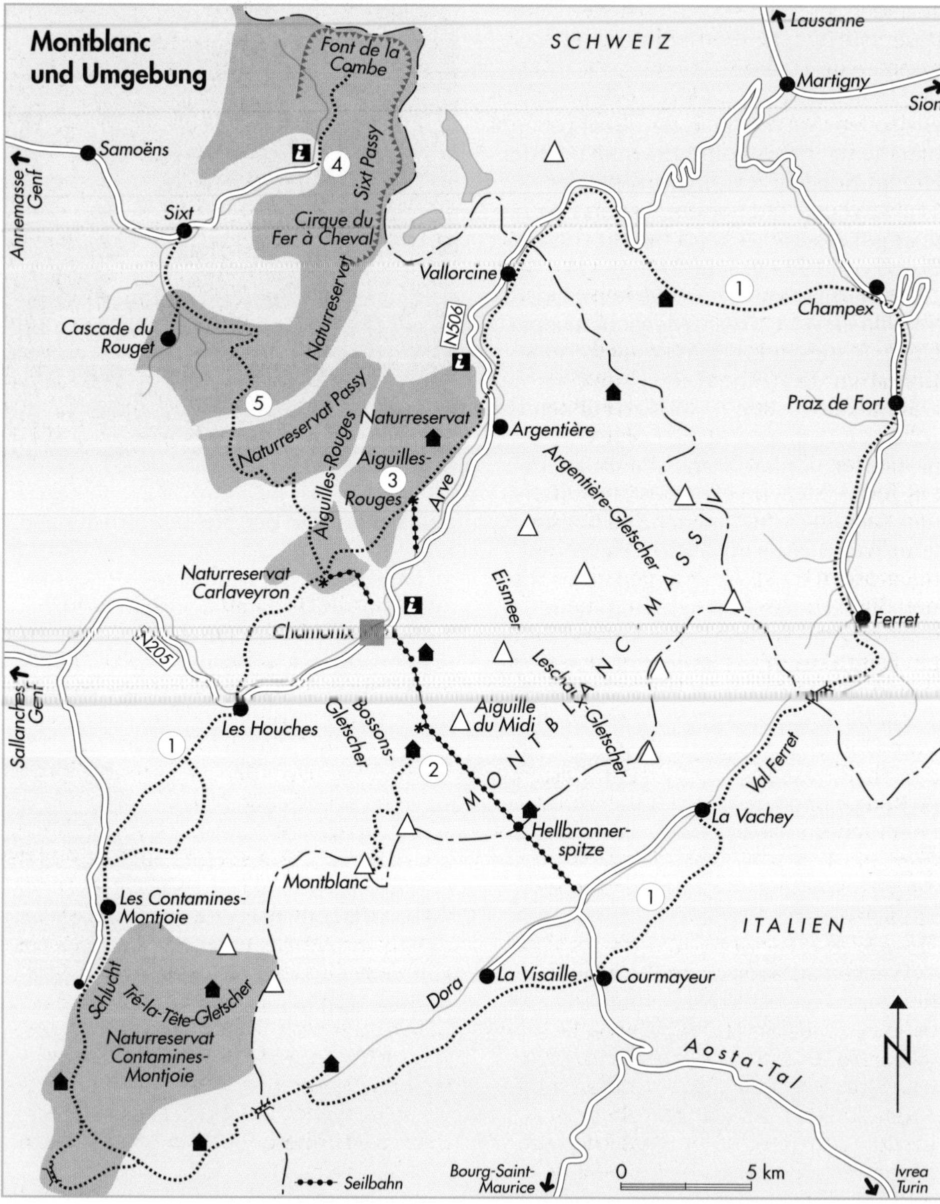

Nördlich von Chamonix liegen die Naturreservate Aiguilles-Rouges, Sixt-Passy, Carlaveyron und Vallon de Bérard. Das stark gefurchte, kristalline Bergmassiv der **Aiguilles-Rouges** steht auf einem Urgesteinssockel und war ursprünglich mit der Montblanc-Gruppe verbunden, bevor ein gewaltiger Gletscher und die Arve sich ein ausladendes Bett geschaffen hatten. Die Reservate hängen mehr oder weniger zusammen und gehören zu den schönsten und beliebtesten Wandergebieten der französischen Westalpen. Kein Gipfel erreicht hier die Dreitausendermarke, aber vor allem im Nordwesten ist die Landschaft von Gletschern geformt, die stark geschrumpft oder gänzlich verschwunden sind: Kleine und größere Bergseen, Hochmoore, rundpolierte und ausgeschliffene Felsen sind ihre Hinterlassenschaft.

Die mächtige Felsarena **Cirque du Fer à Cheval** wurde 1993 mit dem Prädikat »Grand Site National« ausgezeichnet. Das Felsenrund mit seinen von Gletschern gespeisten über 30 Wasserfällen (im Juni; ein Teil versiegt im Hochsommer) liegt in den Kalkalpen des Faucigny an der Grenze zum Wallis. Vom Informationszentrum ① mit großem Parkplatz hat man einen schönen Blick auf das 500–700 m hohe »Hufeisen«. Die **Font de la Combe**, einen zweiten Felszirkus mit Wasserfällen nordöstlich davon, erreicht man zu Fuß in knapp 1 Stunde durch ein malerisches Hochtal. Vom Dorf Sixt zweigt ein Weg gegen Süden ab, der zu den Wasserfällen **Cascade du Rouget** und Les Fonts führt. In südwestlicher Richtung befindet sich das **Désert de Platé**, ein 15 km² großes Karstfeld mit einem der weitläufigsten unterirdischen Höhlensysteme Frankreichs.

Das kleine Reservat **Carlaveyron** schließt sich gegen Südwesten an das Aiguilles-Rouges an und ist fast zur Hälfte mit Urwald bedeckt. Das Naturreservat **Le Vallon de Bérard** setzt die Schutzzone im Nordosten fort. Am Bérard-Paß werden die 72 Arten Zugvögel, die durchs obere Arve-Tal in südwestlicher Richtung ins Rhonetal fliegen, seit mehreren Jahren beobachtet und zum Teil beringt.

Die Réserve naturelle **Contamines-Montjoie** südwestlich von Chamonix ist als offizieller Ausgangspunkt für die Montblanc-Umwanderung (Tour du Mont-Blanc) bekannt: Bei der Kirche Notre-Dame de la Gorge endet die D 902, und der Fernwanderweg GR 5 beginnt. Der Tré la Tête (3930 m) streckt seine graue Gletscherzunge tief ins Tal hinunter und ist an dem vergleichsweise rauhen und feuchten Kleinklima beteiligt, das der Fichte behagt. Mit rund 10 km² ist er der drittlängste Gletscher im Montblanc-Massiv.

Der blau-schwarze, geschützte Alpenbock. Seine Larve lebt im Holz abgestorbener Buchen.

Zum Departement Haute-Savoie gehören auch der **Lac d'Annecy** und ein Großteil des Genfer-See-Südufers. Das Naturreservat **Bout du Lac** am Südende des Lac d'Annecy umfaßt ein 84 ha großes Schilfgebiet, das von zwei Flüssen durchzogen wird, in denen 1972 Biber ausgesetzt wurden. Auf dem Ostufer bei Talloires erhebt sich der **Roc de Chère**. Auf dem kleinen bewaldeten Hügel gedeiht eine erstaunliche Vegetation: Auf engstem Raum stehen Alpenrosen und andere subalpine Arten neben mediterranen Pflanzen.

Zwischen Thonon und Publier schlängelt sich die **Dranse** in den Genfer See und hat sich ein inselreiches Delta geschaffen. Trotz des nahen Industriegebiets auf der einen und der Villen auf der andern Seite leben hier 80 Brutvogelarten.

Blick von der Aiguille-du-Midi nach Nordosten in die Walliser Alpen.

Pflanzen und Tiere

Im Dranse-Delta blühen 18 Orchideenarten, unter anderen seltene Ragwurzarten und Knabenkräuter. Auf den kahlen, steinigen Inseln des 45 ha großen Reservats brüten Flußseeschwalben. Hier wurden wieder Biber (S.169) angesiedelt.
In den Moorwiesen des Bout du Lac hat der Lungenenzian ein Refugium, und in Schilf und Busch verbergen sich Wildschweine und Rehe. Verbuschung und schließlich Verwaldung droht jedoch auch diesem letzten großen Ried am Lac d'Annecy, da es nicht mehr gemäht wird. Die so gewonnene Streu wird in der Landwirtschaft nicht mehr genutzt, so daß der Naturschutz die Aufgabe des Mähens übernehmen muß. Die verschiedenen Kleinlebensräume bieten 70 Vogelarten Lebensmöglichkeiten.
Die Pflanzen- und Tierwelt der alpinen Naturreservate ist den großen Höhenunterschieden entsprechend vielfältig. Im Juni und Juli ist die Blütenpracht auf Wiesen und Weiden besonders farbig und üppig, da sie in Hochsavoyen häufig auf kalkigem Untergrund steht. Über dem ganzen Gebiet kann man mit ein wenig Glück Bartgeier auf der Suche nach Fallwild oder verunglückten Haustieren beobachten. Die hochspezialisierten Vögel werden in Zuchtstationen aufgezogen und seit 1987 in Hochsavoyen freigelassen. Sie leben vorwiegend von Knochen, die sie geschickt aufbrechen, indem sie sie von großer Höhe auf Steinplatten, die sogenannten Knochenschmieden, fallen lassen. Steinadler (s.S.54) kommen häufig vor. Seit sie vollständig geschützt sind, haben sich die Bestände erholt. Ausgerottet waren auch die Steinböcke: 1970–1973 wurden am Brévent im Aiguilles-Rouges-Massiv 25 »Schweizer« Tiere ausgewildert, deren Wanderung und Entwicklung aufmerksam verfolgt wird. Mittlerweile haben sie annähernd alle geeigneten Standorte besetzt.

Im Gebiet unterwegs

Die 160 km lange klassische Weitwanderung auf 1000–2700 m rund um das **Montblanc-Massiv** ① ist weder gefährlich noch schwierig, erfordert jedoch eine gute Kon-

Der Türkenbund wird vorwiegend von Nachtfaltern bestäubt und beginnt deshalb am Abend zu duften.

stitution. Die Wege auf der Tour du Mont-Blanc, der »TMB«, sind ausgezeichnet markiert und führen an zahlreichen Berghütten, Hotels und Pensionen vorbei. Trotzdem sollte man von Mitte Juli bis Mitte August die Unterkünfte unbedingt reservieren; als beste und ruhigere Wanderzeit wird Ende Juni bis Anfang Juli und Mitte August bis Mitte September empfohlen. Wer's gemütlich nimmt, macht die spektakuläre Wanderung in 10 Tagen, trainierte Alpinisten schaffen es jedoch auch in 6 Tagen. Teilstrecken können mit öffentlichen Verkehrsmitteln abgekürzt werden.

Im Juli und August hat die Rettungswacht von Chamonix alle Hände voll zu tun. Täglich versuchen etwa 300 Personen, die **Montblanc-Spitze** zu besteigen, zwei Drittel kommen oben an, der Rest hat sich ganz einfach überschätzt. Jedes Jahr gibt es durchschnittlich 40 Tote und 150 Verletzte. Es lohnt sich deshalb, anspruchsvollere Bergtouren in Begleitung eines Führers zu unternehmen. Für die Montblanc-Besteigung sollte man sich auf jeden Fall genügend Zeit nehmen. Am späteren Nachmittag erreicht man von der Seilbahnstation Aiguille-du-Midi in 45 Minuten das topmoderne Refuge des Cosmiques ②. Am 2. Tag steigt man frühmorgens in 5–8 Stunden bei einer Höhendifferenz von 1380 m über den Mont-Blanc-du-Tacul und den Col Maudit auf den Gipfel.

Ideale Ausgangspunkte für Wanderungen im **Aiguilles-Rouges-Massiv** ③ sind die Bergstationen der Seilbahnen Chamonix–Le Brévent und Chamonix-Les Praz–La Flégère. Die Tour du Mont-Blanc GR 5 führt ein Stück weit durch dieses Naturreservat; in den Naturschutzgebieten selbst gibt es viele markierte Wanderwege. Das Dörfchen **Sixt** im Tal des Giffre liegt an der Straße zur Font de la Combe. Das letzte Wegstück ab dem Parkplatz des Informationszentrums ④ beim Fer à Cheval geht man zu Fuß (hin und zurück: etwa 2 Std.). Von Sixt kann man auch auf der GR 5 an der Cascade du Rouget und dem Lac d'Anterne vorbei nach Les Houches bei Chamonix wandern ⑤.

In Flachmooren rund um das Montblanc-Massiv blüht der stattliche Lungenenzian.

Auf feuchtem Kalkschutt in 1800–3100 m Höhe gedeiht die Großblütige Gemswurz.

Praktische Tips

Anreise

Von Genf auf der A 40 bis Passy und weiter auf der Nationalstraße bis Chamonix. Nach Sixt gelangt man von Genf her am direktesten über Annemasse auf der D 907 oder über die A 40 bis Cluses–Taninges–Morillon. Chamonix ist auch per Bahn und Bus erreichbar. Es ist mit dem italienischen, aber französischsprachigen Aosta-Tal durch den 11,6 km langen Montblanc-Tunnel verbunden. Über die Pässe Montets (1461 m) und Forclaz (1527 m) gelangt man in die Schweiz (Martigny im Wallis).

Klima/Reisezeit

Auf der Nordseite des Montblanc werden Wanderer und Bergsteiger auch im Hochsommer hin und wieder von Regen- und Schneeschauern überrascht. Warme und wetterfeste Kleider sollte man immer dabei haben, auch wenn der Himmel nur Gutes verspricht. Für Touren ins Hochgebirge konsultiere man die Wetterprognose .
Ende Juni ist der Weg der Montblanc-Umrundung meist immer noch stellenweise verschneit, aber begehbar. Nach großen Schneefällen, wie sie auch im Sommer immer wieder vorkommen, herrscht Lawinengefahr. Die Südseite ist dank dem mediterranen Einfluß regenärmer und wärmer. Trotzdem liegt die Baumgrenze im ganzen Massiv auf nur 2000 m. Daß es im Hochgebirge auch im Juli und August empfindlich kalt sein kann, bekommen Touristen zu spüren, die kurzärmlig auf die Aiguille-du-Midi fahren: Windjacke, Pullover und Sonnenbrille sind hier oben ein Muß.
Die Berge Hochsavoyens sind ein Wanderparadies, das sich Mitte Juni bis Mitte Juli, wenn die Matten und Wiesen in voller Blüte stehen, von seiner schönsten Seite zeigt. Während der Hauptsaison bis Mitte August herrscht im ganzen Gebiet Hochbetrieb; im Herbst wird es wieder stiller.

Adressen

➪ Association des Amis de la Réserve naturelle des Aiguilles-Rouges, 101, Rue du Village Argentière, 74400 Chamonix, Tel. 04 50 54 02 24.
➪ Maison de la Réserve naturelle de Sixt, 74740 Sixt-Fer-à-Cheval, Tel. 04 50 34 91 90.
➪ Office de Haute Montagne, Maison de la Montagne (gegenüber der Kirche), 74400 Chamonix, Tel. 04 50 53 22 08 (Auskünfte über Touren im Hochgebirge, Führer, Reservation der Refuges usw.).
➪ Office du tourisme, Place du Triangle de l'Amitié, 74400 Chamonix, Tel. 04 50 53 00 24.

Unterkunft

In Chamonix findet man alles, vom Massenlager bis zur Luxusherberge, und entsprechend variieren die Preise. Günstig sind im allgemeinen die Gîtes d'étape (Etappenunterkünfte) in Chalets, Bauernhöfen usw. (Reservation über das Office du tourisme). Um Ferienhäuser und Wohnungen zu mieten, wende man sich an die folgenden Telefonnummern: 04 50 53/ 90 30, 14 30 oder 49 54
Es gibt im ganzen Gebiet, vor allem jedoch im Montblanc-Massiv, zahlreiche Refuges, in denen man zum Teil fürstlich bewirtet wird (Reservation s. oben). In der Region sind außerdem mehrere komfortable Campingplätze vorhanden.

2 Chartreuse-Regionalpark

Markantes Kalkmassiv zwischen Chambéry und Grenoble mit immensen Wäldern, prächtigen Magerwiesen sowie imposanten Schluchten und Höhlen; durch die Kartäuser und ihren Kräuterlikör weltbekannt.

Bereits 1978 setzten sich französische Naturschutzorganisationen dafür ein, das Massif de la Chartreuse unter Schutz zu stellen. Seit 1995 bilden etwa 87 000 ha den jüngsten Regionalpark Frankreichs. Das Herzstück des voralpinen Gebirges, das Hochplateau vom Granier-Paß (1134 m) bis zur Dent de Crolles (1434 m), wurde zur Réserve naturelle »Hauts de Chartreuse« erklärt.
Dieses strenger geschützte Gebiet umfaßt 4200 ha und liegt in der montanen und subalpinen Stufe mit unberührten, wilden Landschaften und seit Menschengedenken genutzten Almweiden. Es wurden Spuren von neolithischen Hirten und Jägern gefunden, aber auch von Höhlenbären, die in den Grotten am Col de Granier Winterschlaf hielten. Von den Gipfeln und Graten geht der Blick bis zum Montblanc und auf den vom Gletscher geschliffenen breiten Alpenkorridor des Grésivaudan, durch den heute der Nord-Süd-Verkehr rollt.
Das gesamte Massiv umfaßt 493 km^2 in den Departements Isère und Savoyen. Die mittlere Höhe beträgt 1033 m; mit 2082 m ist der Chamechaude im südlichen Teil der höchste Punkt. Das Massiv macht den Eindruck einer geschlossenen Festung, die steil aus der Ebene aufragt. Die hellen Kalkfelsbänder verstärken diese Wirkung noch.
Während der Auffaltung der Alpen wurden die Kalksedimente unter gewaltigem Druck hochgestoßen, so daß die dicken Schichten dramatisch brachen und rissen. Das langgezogene, dreifach gestufte Gebirge wird von zwei Schluchten gekam-

Im 19. Jh. war der Luchs in Frankreich ausgerottet worden; heute wird er in manchen Gebieten wieder beobachtet.

Das unter dem Grand Som gelegene Kartäuserkloster ▷ gab dem Chartreuse-Massiv den Namen.

Die Beeren des Gewöhnlichen Wacholders werden erst im zweiten Jahr blau und damit reif.

mert: vom Guiers Vif und Guiers Mort, deren Wildbäche sich beim Städtchen Entre-deux-Guiers vereinigen.
Zwischen den beiden Schluchten gründete der heilige Bruno 1084 ein **Kartäuserkloster** ①. Heute pilgern jährlich Tausende hierher, die das mächtige Mutterhaus besichtigen und den giftgrünen Kräuterlikör kaufen wollen, dessen Zusammensetzung aus 130 verschiedenen in der Gegend wachsenden Pflanzen zu den bestgehüteten Geheimnissen gehört.
Es gibt viele, zum Teil spektakuläre und ausgedehnte Höhlensysteme im Chartreuse-Massiv, die jedoch in den wenigsten Fällen zu besichtigen sind. Zu den schönsten in der Region gehören die **Grottes des Echelles** beim gleichnamigen Dorf am Westfuß des Massivs (Juli und August täglich geöffnet, sonst an den Wochenenden). Zudem gibt es ganz in der Nähe eine prähistorische Fundstelle, die besichtigt werden kann, eine Steinbrücke aus der Römerzeit und den Sardenweg, die alte Verbindungsstraße zwischen Savoyen und dem Dauphiné durch die enge Schlucht des Guiers Vif. Er bietet in seinem Quell-

Die Blätter der kalkmeidenden Rostblättrigen Alpenrose sind winterhart.

Klare Bergbäche sind der ideale Lebensraum der nach Insekten tauchenden Wasseramseln.

△ Wanderfalken jagen vorzugsweise in felsigen Gebieten der Alpen, der Pyrenäen und des Zentralmassivs.

Im Herbst verfärben sich die federigen Blütenstiele des Perückenstrauchs purpurrot.

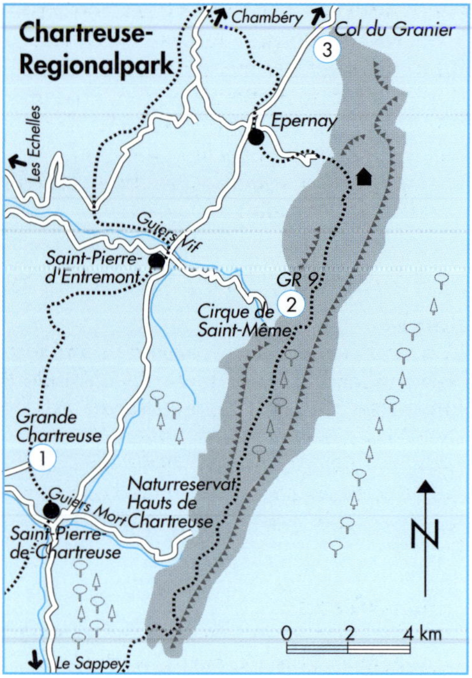

gebiet ein weiteres sehenswertes Naturschauspiel: den **Cirque de Saint-Même** ②, eine 400 m hohe Felsarena, über deren Stufen der Guiers Vif nach starken Regenschauern in zwei Wasserfällen hinunterrauscht, bei Trockenheit in einem. Hier liegt auch die Quellhöhle des Wildbaches, die um 1900 als eine der ersten des Chartreuse-Massivs erforscht wurde. Sie gehört zu einem bedeutenden wasserführenden Gangsystem, dessen 6 Syphons erst 1976 von Höhlentauchern überwunden werden konnten.
Von Chambéry führt die D 912 auf den **Col du Granier** ③ auf 1134 m, von dem man einen großartigen Blick in die Alpen mit dem Montblanc und auf die Belledonne-Kette genießt. Am Mont Granier (1933 m) lösten Regenfälle 1248 eine Bergsturz aus, der fünftausend Menschen tötete und die Wiesen mit mächtigen Felsblöcken übersäte, die heute überwachsen sind. In den Mulden der buckligen Abîmes de Myans haben sich zahlreiche kleine Seen gebildet. Die Höhenregionen sind kaum besiedelt, während die Dörfer und Höfe im von Norden nach Süden verlaufenden Längstal den Eindruck vermitteln, daß hier ein Modus vivendi von Fremdenverkehr und traditionellen Erwerbszweigen gefunden wurde. Dafür sind nicht zuletzt die Mönche verantwortlich, die während Jahrhunderten dafür sorgten, daß Fisch und Viehzucht, Käseherstellung, Getreideanbau und Holzgewinnung der Bevölkerung das Leben im Gebiet ermöglichen. Zu den Aufgaben der Parkverwaltung gehört es, dieses ökologische und ökonomische Gleichgewicht zu erhalten und zu fördern.

Pflanzen und Tiere

Das Massif de la Chartreuse ist das am stärksten bewaldete aller alpinen Massive und wird auch »grüne Insel der Alpen« genannt. Auf der Hügelstufe, vor allem auf der Südseite, hat die Vegetation mediterranes Gepräge: Es gedeihen Wacholder, Französischer Ahorn, Perückenstrauch, Flaumeiche (S.137) und Kiefern. Auf der Bergstufe dominieren Buchen, Weißtannen und Fichten. Auf der subalpinen Stufe wachsen vor allem die gekrümmten Hakenkiefern, zu denen sich die Rostblättrige Alpenrose und die Heidelbeere gesellen. Im Frühling und Frühsommer sind Wiesen und Weiden über und über mit Alpenblumen bedeckt, darunter zahlreiche auch seltene Orchideenarten. Die riesigen Wälder bilden seit alters den eigentlichen Reichtum des Chartreuse-Massivs. Holzhandel und -verarbeitung haben hier auch heute noch große Bedeutung. Tradition hat auch das Holz-Kunsthandwerk, das jedoch nur noch wenige ernährt.
Ob der Luchs das Chartreuse-Gebiet nun definitiv als Lebensraum erobert hat, ist unsicher. Wenn die schönen Raubkatzen in den Park kommen, finden sie jedenfalls einen für sie idealen Lebensraum vor mit

Der Französische Ahorn hat im Chartreuse-Massiv seine nördliche Verbreitungsgrenze.

großen, zusammenhängenden Wäldern und Gemsen (sie sollen sich in der Isolation zu einer eigenen Unterart entwickelt haben), Mufflons (S.136), Rehen, Hirschen, Füchsen und Murmeltieren als Beute. Das Birkhuhn (S.52) ist selten geworden und muß geschont werden, damit sich der Bestand wieder erholt. Es hält sich in der subalpinen Zone auf, während das Haselhuhn in der Bergzone lebt. In den Wildbächen jagen Wasseramseln nach Insekten, am Himmel sichtet man mit etwas Glück Steinadler (s.S.54) und Wanderfalken. Nachts unterwegs sind hingegen Uhus (S.143) und Fledermäuse, von denen 15 Arten registriert wurden.

Im Gebiet unterwegs

Die **Chartreuse-Rundwanderung** ist für konditionierte Wanderer in 4 Tagen gut zu machen, läßt sich aber auch ausdehnen und durch Abstecher verlängern. Der offizielle kleine Führer »Les guides de la grande traversée des Alpes« (Edition Glénat) hat die Tour in 8 Etappen von 1,5 bis 4,5 Stunden Dauer aufgeteilt, die immer an einem Ziel mit Möglichkeiten zum Übernachten enden. Ausgangspunkt ist Le Sappey im Süden des Massivs. Von dort geht's über den Col du Coq der Dent de Crolles entlang und über den Gratweg zum Alpette-Paß. Hier gelangt man wieder ins besiedelte Kulturland mit zum Teil malerischen Weilern und Einzelhöfen. Auf der Westroute führt der Weg über mehrere Pässe und durchs Land der Kartäuser zum Klimakurort Saint-Pierre-de-Chartreuse. Von dort aus erreicht man in 4,5 Stunden das Dorf Le Sappey, wo es ebenfalls mehrere Hotels und Restaurants gibt.

Praktische Tips

Anreise
Von Lyon her auf der A 43 nach Chambéry oder auf der A 48 nach Grenoble. Von dort führen jeweils Departementstraßen auf das Massiv. Von Genf führt die A 41 nach Chambéry. Die Eisenbahn fährt nach Grenoble oder Chambéry. Über Taxis und Buslinien geben die Verkehrsbüros Auskunft.

Klima/Reisezeit
Daß das Chartreuse-Massiv so grün ist, hat es seinem feuchten Klima zu verdanken: Kein anderes Gebirge in Frankreich bekommt soviel Regen und Schnee ab. Auf 900 m Höhe fallen jährlich 2 m Wasser. Hier entladen sich die Regenwolken, die vom Atlantik her gegen die Alpen ziehen. Im Winter schneit es häufig, und die weiße Pracht bleibt wegen der langandauernden Kälte lange liegen. Für Langläufer sind dies ideale Bedingungen.

Adressen
➩ Office du tourisme, Place de la Mairie, 38380 Saint-Pierre-de-Chartreuse, Tel. 04 76 88 62 08.

Unterkunft
Das Massif de la Chartreuse ist eine gastliche Gegend mit zahlreichen Hotels vorwiegend der Mittelklasse, Campingplätzen und guten Restaurants. Entlang der Chartreuse-Rundwanderung gibt es Berggasthäuser und Etappenunterkünfte, die man während der Sommerzeit am besten über ein Verkehrsbüro reserviert.

3 Vercors-Regionalpark

Voralpiner Regionalpark in den Departements Drôme und Isère mit spektakulären Schluchten, Wasserfällen, Höhlen und Felszirkussen; Vercors-Hochplateaus bis 1937 Bärenland; große Schafherden.

Das Vercors ragt wie eine Festung zwischen Grenoble, Valence und Die auf. Eine ökologische Insel, von Isère, Drac und Drôme umflossen; im Westen hat die mächtige Rhone eine breite, fruchtbare Ebene angeschwemmt. Das Karstmassiv ist im Zuge der Alpenauffaltung aus dem Tethysmeer hochgestoßen, von Wind und Wasser zerschrunden und von verschiedenen Gletschern rundgehobelt worden.

Versteinerungen von Meerestieren und -pflanzen sind fast überall vorhanden, zum Teil so winzig, daß sie mit bloßem Auge kaum wahrgenommen werden. Die Parkleitung bittet die Besucher, Plünderungen zu unterlassen, da die urzeitlichen Ammoniten, Haifischzähne, Muscheln usw. genauso zur Landschaft gehören wie die rezenten Pflanzen und Tiere.
Gewaltige Findlinge wie jene bei Villard-de-Lans sind Relikte der Eiszeiten. Beeindruckender sind jedoch die ober- und unterirdischen Kalkformationen, die Kletterer und Speläologen in den 1970 gegründeten, 135 000 ha großen Regionalpark locken. Zu den markantesten Gipfeln gehören Grand Veymont (mit 2341 m der höchste Berg des Parks), Mont Aiguille (2081 m), Grand Moucherolle (2281 m)

Die südlichen Gipfelkämme des Vercors, im Vordergrund die wildromantische Schlucht der Roanne

Ein Wasserfall gischtet beim Dörfchen Choranche in die Bourne.

und Glandasse (2041 m), der einem bei der Anfahrt von Crest als mächtiger Felsriegel ins Auge sticht. Nördlich des Col de Tourniol bildet die Westseite des Vercors eine 50 km lange zerklüftete Steilwand, die von keiner Fahrstraße überwunden wird.

Der **Felszirkus von Archiane** im Süden des Hochplateaus ist ein geschütztes Naturdenkmal, das Bergsteiger und Wanderer in seinen Bann zieht. Autofahrer ziehen den **Cirque de Combe-Laval** südlich von Pont-en-Royans vor, der von allen Seiten her erschlossen ist. Beliebte Ausflugsziele sind die engen Schluchten der **Bourne** und der **Vernaison**, die sich von der Royans-Ebene ins Hochtal des zentralen Vercors hinaufziehen. Beide Straßen entstanden im vergangenen Jahrhundert und wurden später lediglich ausgebessert und verbreitert. Engpässe gibt es trotzdem, die vor allem Buschauffeuren Millimeterarbeit abverlangen; ungeduldige Autofahrer sollten diese Strecken deshalb möglichst in den frühen Morgenstunden unter die Räder nehmen, dann sind die spektakulären Cañons wirklich eine Reise wert.

Die Wasserkraft hat aber auch während Jahrmillionen eine phantastische Unterwelt geformt, die Speläologen seit Ende des 19. Jh. erforschen. Die schönsten allgemein zugänglichen Tropfsteinhöhlen des Vercors sind die **Grottes de Choranche** mit einem von zwei Zuflüssen gespeisten See, der überdacht ist von Tausenden Stalaktiten, die sich im Scheinwerferlicht darin spiegeln. Ohne Ausrüstung begehbar sind z.B. auch die Höhlen Glacière, Draye blanche und Luire, die dem französischen Widerstand 1944 als Spital diente.

In den schönen und weitläufigen Mischwäldern des Vercors brütet der Schwarzspecht.

Scheu, nachtaktiv und dank seiner Wühltätigkeit ein Nützling der Wälder: das Wildschwein.

Daß das Kalkmassiv des Vercors zu einem Mekka der Höhlenforscher wurde, verdankt es nicht zuletzt seinen Schachthöhlen. Die berühmteste ist der 1198 m tiefe Gouffre Berger. Er wurde nach langen Vorbereitungen und Versuchen 1956 als erster unterirdischer Tausender der Welt bezwungen. Beachtlich sind auch die Schachthöhlen Gouffre de la Fromagère bei Engins (–902 m), Gouffre de la Combe de Fer (–582 m), Scialet Moussu bei Corrençon (–536 m) oder Scialet Vincens bei Saint-Agnan (–403 m). Seit 1978 befindet sich in La Chapelle-en-Vercors das internationale Zentrum der Höhlenforschung mit einem Filmfestival Ende August.
Funde aus prähistorischer Zeit wurden in fast allen bedeutenderen Höhlen gemacht. Sie beweisen, daß die ersten Menschen um 100 000 v. Chr. ins Vercors gezogen sind, um Bären, Hirsche und Wisente zu jagen. Bei **Vassieux** wurde ein bedeutender Werkplatz für die Bearbeitung von Feuersteinknollen aus dem späten Neolithikum (2000 v. Chr.) entdeckt und zu einem originellen Museum ausgebaut, das auch Kindern Spaß macht.

Pflanzen und Tiere

Das Nord-Süd-Gefälle innerhalb des Parks wird an der Architektur der Bauernhäuser augenfällig. Montan bis mediterran ist auch die Flora und bietet damit im Frühling und Frühsommer auf kleinem Raum eine seltene Vielfalt. Dafür sorgen der Höhenunterschied von rund 2000 m sowie die geographische Breite: Der 45. Breitenkreis als Nordgrenze des mediterranen Frankreichs zieht sich mitten durchs Vercors. Deshalb blühen hier Edelweiß, Enziane, Alpenaster (S.61), Alpenrose (S.28), Alpenglöckchen, Alpen-Ehrenpreis, Orchideen, Osterglocke (S.168), Narzisse, Gelbe Wildtulpe (S.75), Türkenbund (S.25), Paradieslilie, Ginster, Mohn, Thymian (S.81) und Lavendel dicht nebeneinander. Während in den Höhen Tannen und Bergkiefern dominieren, gibt es weiter unten Buchen, Buchs, Stechwacholder, Nuß- und sogar Olivenbäume.
Im 30 km langen **Naturreservat der Hochplateaus**, der Kernzone des Parks zwischen Corrençon im Norden und dem Cirque d'Archiane im Süden, dürfen keine Pflanzen gepflückt oder ausgegraben werden. Auf den von Kämmen gegliederten Hochebenen gibt es keine offenen Wasserstellen, nur einige wenige Quellen, deren Standorte das Geheimnis der Hirten bleiben. Die Wasserarmut ist mit ein Grund, weshalb das Gebiet nie ganzjährig bewohnt war. Gerodet wurde jedoch trotzdem, in großem Maße um 1900 für die französische Papierfabrikation. Latschen, die hier an die Südgrenze ihres Verbreitungsgebiets stoßen, prägen heute die weite und rauhe Landschaft mit alpiner, subalpiner und montaner Stufe. Blumen gedeihen hier in entsprechender Vielfalt, sofern sie nicht von den ungefähr 30 000 Schafen abgeknabbert werden, die von Juni bis Oktober von etwa zehn Hirten betreut werden.
Vielfältig und interessant ist auch die Tierwelt: 80 Vogelarten brüten im Reservat,

darunter Steinadler (s.S.54), Schlangenadler (S.166), Alpendohle, Bergpieper, Alpenschneehuhn (S.43), Steinhuhn, Birkhuhn (S.52), Wanderfalke (S.29), und es werden zahlreiche Säugetierarten beobachtet, z. B. Schneehase, Schneemaus, Murmeltier, Gemse, Reh, Steinbock, Rotfuchs und Wildschwein.
Am Rand des Plateaus wurde 1937 zum letzten Mal ein Bär (s.S.208) gesichtet. Sollten die Petze im Vercors wieder ausgewildert werden, dann mit Sicherheit im Reservat, in dem es weder Straßen noch Siedlungen gibt und die Jagd verboten ist. Wiedereingebürgert wurden auch Reh, Rothirsch und Steinbock (1989/90 wurden 28 Tiere ausgesetzt). Die Mufflons (S.136) waren hier ursprünglich nicht heimisch, sondern stammen aus Korsika. Sie leben in den Bergwäldern bei Saint-Julien-en-Quint und nördlich davon bei Bouvante. Der Luchs (S.27) hat möglicherweise den Park auf eigene Faust erobert, indem er vom Chartreuse-Massiv einwanderte, wo er bereits 1989 festgestellt wurde.
Knochenfunde beweisen, daß Fledermäuse seit Urzeiten die Schächte und Höhlen des Vercors besiedeln. Sie brauchen sie zum Überwintern, als Wochenstube oder Schlafplatz. Jede Höhle beherbergt zudem verschiedenste Kleintiere – Insekten, Spinnen, Würmer, Krebse –, die oft die typischen Anpassungen an diesen dunklen Lebensraum zeigen. In der Grotte von Choranche haben die Besucher Gelegenheit, Brut und Aufzucht von Wanderfalken (S.29) mitzuerleben. Den Blick in die Kinderstube macht eine Videokamera möglich, die beim Horst installiert ist.

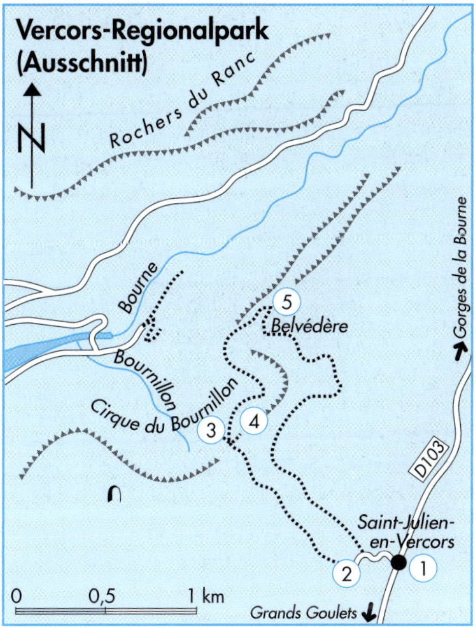

Im Gebiet unterwegs

Das ganze Vercors ist durch ein gut ausgebautes Wanderwegnetz erschlossen. Es mangelt auch nicht an Führern und Karten mit kurzen und mehrtägigen Touren. Interessant sind die durch Fachleute geführten Themenwanderungen, bei denen z. B. Orchideen, das Fotografieren von Blumen, der Vogelgesang oder das Beobachten von Tieren im Gebirge auf dem Programm stehen. Auskunft gibt das Parkhaus in Lans-en-Vercors. Bei Wanderungen übers Plateau de Vercors sollten auf jeden Fall ausreichend Trinkwasser und ein Kompaß mitgenommen werden, da man sich im Nebel leicht verirrt. Der Fernwanderweg GR 91 durchquert den Park von Grenoble über das Hochplateau und hinunter nach Archiane und Châtillon-en-Diois (3 Tage). Der westliche Parkteil läßt sich über GR 9, GR 93 und GR 95 entdecken. Insgesamt stehen rund 3000 km öffentliche Wanderwege zur Verfügung.

Zum Felszirkus von Bournillon
Neben dem Portal der Kirche von Saint-Julien-en-Vercors ① steht ein großer Stalaktit, der aus einer Grotte in der Nähe des Bauerndorfs stammt. Von der Kirche führt ein Sträßchen zum Dorfrand und zum Wegweiser »Grotte des Gaulois-Moulin

Der Baum- oder Edelmarder springt behende von Ast zu Ast, jagt aber vorwiegend am Boden.

Alpendohlen, die man am gelben Schnabel und an den roten Beinen erkennt, sind sozial und anpassungsfähig.

Marquis«. Nach der zweiten Rechtskurve beim Bauernhof Ponson ② beginnt die Naturstraße. Von hier aus geht es geradeaus durch Felder und Buchenwälder zum Felsabsturz und über ein kurzes Wegstück in Serpentinen zum Aussichtspunkt ③, wo man einen großartigen Blick in die Schlucht der **Bourne** und auf den Wasserfall hat. Auf demselben Weg zurück und dann links weiter zur **Grotte des Gaulois** ④. Durch Wald und über Kalkboden wandert man dem Steilhang entlang zum zweiten Aussichtspunkt – auf der gegenüberliegenden Seite sind mit etwas Glück Gemsen zu sehen – und zur **Porte du Diable**, einem natürlichen Felsentor ⑤. Wir steigen linkerhand 100 m hinauf und erreichen wieder das Plateau von Saint-Julien, wo sich der Cañon nochmals in seiner ganzen Größe präsentiert. Auf Waldwegen und nach einer Lichtung auf dem rot bezeichneten Wanderweg zurück nach Saint-Julien-en-Vercors.

Wasser- oder Bergpieper ziehen wegen der kurzen Gebirgssommer allgemein nur eine Brut auf.

Die Bergkiefer, niederliegend Latsche oder Legföhre genannt, ist vielgestaltig und hat eine dunkelgraue Rinde.

Dichternarzissen gehören zu den häufigen und prächtigsten Frühjahrsblühern des Vercors.

Praktische Tips

Anreise

Von Paris auf der Autoroute du Soleil A 7 bis Valence, dann am einfachsten über Romans-sur-Isère und Pont-en-Royans durch die Bourne-Schlucht oder über Chabeuil und den Col de Limouches in die Berge. Oder auf der A 48 nach Grenoble und von dort auf einer der beiden Panoramastraßen via Sassenat oder Seyssinet-Pariset in den Park.
Ausgangspunkte im Süden sind Die, Crest sowie andere Orte im Tal der Drôme. Der TGV hält täglich mehrmals in Valence und Grenoble. Das Vercors ist von Grenoble und Romans her täglich mit Autocars erreichbar.

Klima/Reisezeit

Obwohl die Provence zum Greifen nah ist, herrscht im Norden des Vercors alpines Klima. Selbst im Sommer ist es auch bei Sonnenschein mitunter recht kühl. Der

Man schätzt den Gemsenbestand im Vercors auf gut 500 Tiere, die in den hochgelegenen Zonen leben.

Rothirsch und Reh sind gebietsweise auch in Frankreich zu »Problemtieren« geworden.

Winter dauert lang: von Ende Oktober mit den ersten Schneefällen bis Anfang Mai. Im unteren Teil des Vercors wird es schon spürbar milder und schneeärmer, während das Diois mit seinen Weinbergen und den ersten Olivenbäumen mediterran beeinflußt ist; hier werden 267 Sonnentage im Jahr versprochen! Dessenungeachtet hängt im Vercors oft der Nebel, während sich über der Rhoneebene ein stahlblauer Himmel wölbt. Von Mitte Mai bis Ende September ist die beste Reisezeit, da dann auch die Höhlen für Besucher geöffnet sind.

Adressen

➪ Parc naturel régional du Vercors, Chemin des Fusillés, 38250 Lans-en-Vercors, Tel. 04 76 95 40 33.

➪ Maison du Parc des Quatre-Montagnes, Le Village, 38880 Autrans, Tel. 04 76 95 35 01.

➪ Comité dép. du tourisme Isère, 14, Rue de la République, B.P. 227, 38019 Grenoble Cedex, Tel. 04 76 54 34 36.

Verkehrsbüros gibt es in fast allen größeren Ortschaften des Regionalparks.

Unterkunft

Es gibt zahlreiche einfachere Hotels und Pensionen der Ein- und Zweisternklasse. Luxuriösere Herbergen findet man vorwiegend in Villard-de-Lans und in den größeren Ortschaften (Grenoble, Crest, Die) am Fuß des Vercors. Über Campingplätze, Ferienwohnungen, Unterkünfte auf Bauernhöfen, Berghäuser und Schutzhütten geben die Verkehrsvereine Auskunft. Hinweisschilder führen zu Höfen, wo rustikale Mahlzeiten serviert oder Selbstproduziertes verkauft wird.

Blick in die Umgebung

Von Aouste-sur-Sye im Drôme-Tal steigt die D 70 in südlicher Richtung zum **Forêt de Saou** auf, einem geschützten Waldgebiet, das zu den schönsten Forsten Südostfrankreichs zählt. Interessant ist das 2500 ha große Gebiet auch in geomorphologischer Hinsicht, da die annähernd perfekte Form dieser synklinalen (erhöhten) Mulde in Frankreich einmalig ist. Die Vielfalt an einheimischen und exotischen Bäumen ist ein Werk des Schweizer Tabakkönigs Burrus, der sich hier von 1925 an ein grünes Denkmal pflanzte und das heute zerfallende Château baute, eine Replik des Petit Trianon in Versailles. Im Wald selbst dominieren Eichen und Buchen-Fichten-Bestände. Unter den 110 Vogelarten, die im Forêt de Saou beobachtet werden können, gibt es zahlreiche Greifvögel. Sie finden in den Felswänden, die sich über 25 km hinziehen, Brutplätze und Ausgucke. Hier hält sich auch ein kleiner Gemsenbestand.
Der Fernwanderweg GR 9 durchquert vom Vercors her das Schutzgebiet über den Rocher Blanc (1244 m) und die Porte de Barry (1051 m). Weitere Wanderwege führen zudem vom Château aus durchs Waldgebiet.

4 Vanoise-Nationalpark

Ältester Nationalpark Frankreichs in direkter Nachbarschaft zum Gran Paradiso in den Grajischen Alpen (Italien); beide zur Rettung des Steinbocks gegründet; Wander- und Kletterparadies mit mehreren Dreitausendern, mächtigen Gletschern und malerischen Bergseen.

Bereits 1936 wurde die Forderung laut, im Vanoise-Massiv ein Naturschutzgebiet zu gründen, um den wenigen hier noch überlebenden Alpensteinböcken eine Chance zu geben. Es handelte sich um Grenzgänger, die aus dem 1922 gegründeten italienischen Nationalpark eingewandert waren. Das Gran-Paradiso-Massiv war Mitte des 19. Jh. zum letzten Steinbock-Refugium in den Alpen geworden. Die 50 bis 100 Alpensteinböcke wurden im königlichen Jagdrevier geschont und bilden den kleinen genetischen Grundstock des heutigen Bestands von etwa 24 000 Tieren im ganzen Alpenraum.

1963 wurde der Park dann endlich gegründet, doch inzwischen war der Aufgabenkatalog umfassender und anspruchsvoller geworden. Es war die Einsicht gewachsen, daß die einheimische Bevölkerung beim Naturschutz eine wichtige Rolle spielt. Im Programm des Vanoise-Nationalparks stehen deshalb auch Öffentlichkeitsarbeit und die Förderung von Landwirtschaft, Brauchtum und anderen Aktivitäten in den

Der Steinbock hat sich vom Vanoise-Park aus über praktisch den gesamten französischen Alpenraum verbreitet.

Dörfern der Hochtäler Tarentaise und Maurienne, die wie die meisten Berggebiete unter der Entvölkerung leiden.
Die Kernzone umfaßt 528,4 km²; zusammen mit dem Gran Paradiso stehen 1250 km² unter vollständigem Schutz und bilden das größte zusammenhängende Naturschutzgebiet Europas. Nur die Randzone (1450 km²) des Vanoise-Parks ist das ganze Jahr über bewohnt, die Kernzone wird vor allem almwirtschaftlich genutzt. Sie setzt sich zusammen aus 321 km² Weiden, 4,2 km² Wald, 149 km² Felsen, 53 km² Gletscher und knapp 1 km² Seen. Das Massiv bildet eine halbrunde, fast geschlossene Bergkette, die sich gegen Norden auf mehrere Täler öffnet. Der höchste Gipfel ist mit 3855 m die Grande Casse, gleich daneben erheben sich die Pointe

Auf sauren Böden blüht der trotz seines Namens häufig ▷ auch hellgelbe Purpurenzian.

▽ Blick über den Lac de Bellecombe oberhalb von Termignon zum Mont Arpont.

△ Die Parkverwaltung versucht auch die alten, mit Schieferplatten gedeckten Alphütten zu erhalten.

◁ Die Ährige Glockenblume wächst auf Schutt, Geröll und steinigen Wiesen.

Mathews (3783 m), La Grande Motte (3653 m) mit ihrer Gletscherzunge und die Aiguille de l'Epéna (3421 m). Im Bereich des großen Vanoise-Gletschers liegen der Dôme de l'Arpont (3599 m), der Dôme de Chasseforêt (3586 m) und die Dent Parrachée (3684 m). Den Südwestzipfel des Massivs bilden Aiguille de Polset (3531 m), Aiguille de Péclet (3561 m) und Pointe Rénod (3368 m). Im 14 km langen Grenzbereich zwischen den beiden Parks ragt eine schneebedeckte Bergkette auf mit der Grande Aiguille Rousse (3482 m) als höchstem Punkt. Insgesamt wurden in der Kernzone 107 Dreitausender gezählt.
Das Vanoise-Massiv ist dem Gebirgskamm, der die italienisch-französische

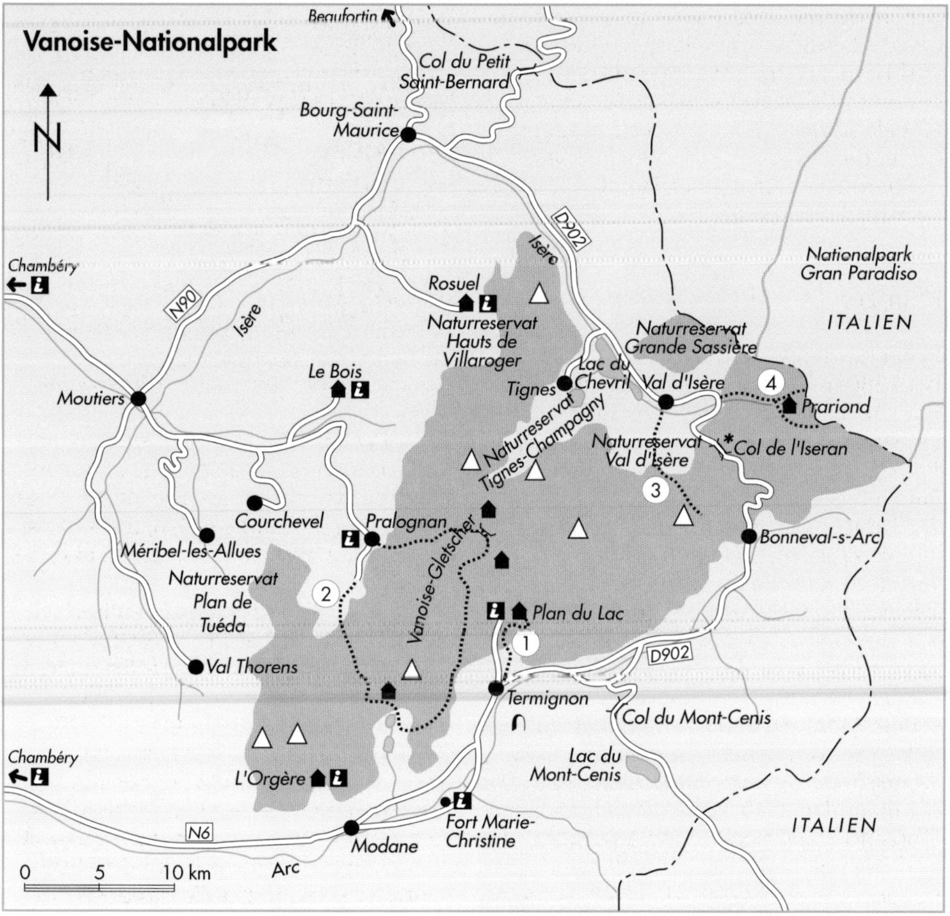

Grenze bildet, vorgelagert und besteht aus Schichten des Perm und Karbon, die durch die alpine Metamorphose beträchtlich umgestaltet wurden. Informationen zur Geologie vermitteln z.B. Tafeln beim Plan-du-Lac oberhalb von Termignon, auf dem Mont Bochor (2023 m) bei Pralognan-la-Vanoise und an Aussichtspunkten an der Straße zwischen Val-d'Isère und dem Iseran-Paß.

Zu den ältesten Naturreservaten des Landes gehören die dem Park angegliederten 5 Schutzgebiete Tignes, Iseran, Grande Sassière, Plan de Tuéda und Villaroger. Es handelt sich dabei um Gebiete, die wegen ihrer landschaftlichen Schönheit und ihrem biologischen Wert eigentlich in den Nationalpark hätten integriert werden sollen. Meist war es der Wintersport mit seiner wirtschaftlichen Bedeutung und den baulichen Begleiterscheinungen, der Kompromisse nötig machte. Das Vanoise-Gebiet ist die wichtigste Wintersportregion Frankreichs mit olympischen Weihen und zahlreichen Retortensiedlungen, was automatisch zu ökologischen Problemen führt. Dieser Konflikt wird in der Réserve naturelle de Val-d'Isère besonders deutlich, in der mehrere Skilifte und Sesselbahnen die Landschaft schädigen, Pflanzen und Tiere jedoch geschützt sind. Das beliebteste Reservat ist das **Vallon de la Grande Sassière** zu Füßen des Tsanteleina. Außer dem idyllischen See locken Murmeltiere sowie kopfstarke Steinbock- und Gemsrudel Besucher in die Felsarena.

Pflanzen und Tiere

In der Kernzone, deren niedrigster Punkt bei 1280 m liegt, dominiert der alpine Rasen. Die großen Schafherden und die gebirgstüchtigen rotbraunen Tarentaiser Rinder, die von Mitte Juni bis Ende Oktober im Parkgebiet übersömmern, halten ihn kurz. Die beste Zeit, die stellenweise geradezu atemberaubend üppige Alpenflora zu bewundern, ist deshalb Juni bis Mitte Juli. In der zweiten Junihälfte beginnt die Blütezeit des Gletscher-Hahnenfußes, dessen weiß-rosa Blumenbüschel von über 2000 m bis auf 4275 m Höhe auf Silikatschutt, Moränen und Fels wachsen. Gelb färben Schwefelanemonen die Weiden, wenn sie auf Silikatboden stehen. Auf Schutt und im Gefels breiten sich auch ein Dutzend Mannsschildarten aus. Die rosa und weiß blühenden Polsterpflanzen bevorzugen ebenfalls kalkarmen Untergrund. Im höchstgelegenen Fels, in Quellfluren und kurzen Rasen kann man unterschiedliche Steinbrecharten entdecken. Das unscheinbare Moosglöckchen ist für den Park eine Sensation, da es in Frankreich nur im Vanoise vorkommt; es gedeiht in Nadelwäldern und Zwergstrauchheiden. Es gibt den Purpurenzian und den Stengellosen Enzian sowie Orchideen wie Frauenschuh (S.99), Fliegenragwurz (S.164), das Rote Waldvögelein, die braunblühende Nestwurz und in Massen das Schwarze Kohlröschen, das einen starken Vanilleduft verströmt. Zu den auffälligsten Schönheiten gehören Türkenbund (S.25) und Alpen-Mannstreu (S.52). Der oft

Tarnung ist über der Baumgrenze lebenswichtig. Dieses Schneehuhn befindet sich im Gefiederwechsel.

fälschlich als »Blaue Distel« bezeichnete, bis 60 cm hohe Doldenblütler ist nur an wenigen Standorten vor der vollständigen Ausrottung bewahrt worden; weitere Refugien sind der Nationalpark Ecrins und das Queyras.
Wer auf die Begegnung mit **Steinböcken** aus ist, findet sie mit großer Sicherheit in der Umgebung des Refuge de Prariond östlich von Val-d'Isère unweit der italienischen Grenze. Man rechnet mit 7000 Steinböcken im Gran Paradiso und 1250 Tieren im Vanoise. Trotz der beeindrukkenden Zahlen herrscht auf beiden Seiten nicht geringe Besorgnis über die Zukunft der massigen Hornträger. Rund 40 000 Menschen wandern im Sommer ins Prariond, um die Könige der Alpen life zu sehen. Darüber hinaus werden sie regelmäßig gezählt und zu wissenschaftlichen Zwecken beobachtet. Obwohl die Wildtiere dank ganzjähriger Schonung einen Teil ihrer Scheu verloren haben, sind sie nicht zahm geworden, sondern reagieren auf Störungen mehr oder weniger ängstlich und unruhig. Jedenfalls wird dadurch der Verdauungsprozeß der Wiederkäuer unterbrochen, und dies kann sich fatal auf ihre Konstitution auswirken. Sie haben nämlich lediglich 4–5 Monate Zeit, um sich genügend Fettreserven für den langen Winter anzufuttern. Die Bitte der Parkleitung, die Distanz nur mit Ferngläsern zu

Tarentaiser Kühe in der Vallée des Chapieux im Beaufortin nördlich des Vanoise-Parks.

verkleinern, Postkarten zu kaufen, statt (mittelmäßige) Fotos zu knipsen und sich ruhig zu verhalten, ist deshalb begreiflich. Große Rudel kann man ebenfalls am Mont Pourri im nördlichen Zipfel des Parks und südlich davon an der Grande Casse, am Arpont und Polset beobachten, am besten am frühen Morgen.

Bei der Gründung des Parks gab es im Vanoise noch 400 **Gemsen**; 1994 hat sich der Bestand auf 4700 Köpfe erhöht. Wie die Steinböcke haben auch die Gemsen den Wald als Freßplatz in der nahrungsarmen Winterzeit wiederentdeckt. Sie wurden einst durch die Vergletscherung in die Höhe gezwungen und haben sich an diesen unwirtlichen Lebensraum perfekt angepaßt. Die Rückkehr in den Wald wird durch die fehlenden natürlichen Feinde

Im Gebirge suchen die grauen bis rotbraunen Aspisvipern gern sonnige, felsige Stellen auf.

Das Schwarze Kohlröschen blüht nicht nur dunkelrot, sondern auch hellrot, gelb oder gar weiß.

Das Moosglöckchen ist ein Geißblattgewächs, das sonst eher im nördlichen Europa vorkommt.

wie Luchs oder Wolf sowie den geringen oder ganz ausbleibenden Jagddruck begünstigt. Von den Förstern wird diese Entwicklung nicht geschätzt, da Verbiß und Fegen den vielerorts ohnehin schon kranken Bergwald noch mehr schädigen.
Auf italienischer Seite kommt Wilderern die Verhaltensänderung der Steinböcke gelegen: Sie schießen sie ohne viel Federlesen ab, sobald sie die Parkgrenzen überschreiten. Die Parkwächter haben alle Hände voll zu tun, um die Situation einigermaßen unter Kontrolle zu halten.
Im alpinen Bereich, über der Baumgrenze, gibt es auch große Murmeltierkolonien, Schneehasen, Schneehühner, Steinhühner, Schneemäuse, Felsenschwalben (S.146), Mauerläufer und Alpenkrähen. 16 Steinadlerpaare (s.S.54) brüten im Va-

Der Gletscher-Hahnenfuß überzieht die Schutthalden auf dem Col d'Iseran mit einem weißrosa Blütenteppich.

noise regelmäßig, und es werden neuerdings auch regelmäßig Bartgeier (S.21) gesichtet, die in Savoyen ausgewildert wurden. Aspisvipern, die ganz unterschiedlich gefärbt sind, kommen in geschützten und trockenen Lagen bis auf 2500 m vor, die grünen Äskulapnattern bis etwa 1500 m.

Im Gebiet unterwegs

Angesichts der wenigen regelmäßig verkehrenden Busse ist man in diesem Nationalpark ohne Auto nicht besonders mobil. An den wichtigen »Eingangspforten« für Wanderer sind im Sommer Berghütten mit Informationsmaterial, Ausstellungen und Übernachtungsmöglichkeiten (Reservation unumgänglich) eingerichtet: **Refuge du Bois** im Süden von Bourg-Saint-Maurice, **Refuge de Rosuel** südöstlich von Pesey-Nancroix, **Refuge du Plan-du-Lac** über Termignon, **Refuge d'Aussois-Fort-Marie-Christine** oberhalb von Avrieux und **Refuge de l'Orgère.** Meist gibt es in der Nähe Naturlehrpfade, Informationstafeln usw. Diese Refuges sind auf jeden Fall ideale Ausgangspunkte für Wanderungen und Touren auf markierten und regelmäßig kontrollierten Wegen. In der Kernzone umfaßt das Wegnetz rund 500 km, die in der Regel von Anfang Juni bis Ende Oktober begehbar sind. Zusätzlich durchqueren die Fernwanderwege GR 55 und GR 5 das Vanoise-Gebiet auf unterschiedlichen Routen von Tignes bis Modane, wo sie sich wieder treffen.

Termignon im Tal des Arc ist Ausgangspunkt für zahlreiche Wanderungen. Die GR 5 schlägt hier einen großen Bogen gegen Norden und führt am **Refuge du Plan-du-Lac** ① (64 Betten) vorbei. Das komfortable Berghaus liegt im Schnittpunkt der Wanderwege zu den Berghäusern von Entre-deux-Eaux, Arpont, Col de la Vanoise, Loisse und Femma. Überdies sind mehrere halbtägige Touren in der Umgebung des Refuge ausgeschildert. Von Termignon führen Fußwege und eine Fahrstraße mit schönen Ausblicken auf mächtige Wasserfälle und die alten Alpgebäude von La Chavière hinauf, wobei die Zufahrt nur bis zum Parkplatz Bellecombe auf 2307 m gestattet ist; Fußweg von Bellecombe zum Refuge: 20 Min. Man ist im Herzen des Vanoise mit vielen Seen, Bächen, imposanten Felsformationen und Gipfeln, Almweiden und interessanter Tier- und Pflanzenwelt.

Die beliebteste Rundtour im Nationalpark führt in weitem Bogen um den **Vanoise-Gletscher** ②. Im Minimum benötigen konditionierte Wanderer dafür 3 Tage, wer's gemütlicher und mit einigen Abstechern lieber mag, sollte 4 bis 5 Tage reservieren. Von Pralognan geht es auf der GR 55 und GR 5 in nordöstlicher Richtung zum Vanoise-Paß (2517 m) und Mollard de la Loza (2538 m), dann gegen Süden bis über die Parkgrenze oberhalb von Aussois. Der Col d'Aussois ist 2916 m hoch und damit der höchste Punkt der Tour. Beim Weiler Ritort verzweigt sich der Weg und steigt durchs Chavière-Tal hinunter nach Pralognan. Es liegen genügend Berghäuser mit Übernachtungsmöglichkeit am Weg, doch man muß sich seinen Platz frühzeitig reservieren.

Murmeltiere sind besonders häufig und kaum menschenscheu im **Fours-Tal** ③ im Süden von Val-d'Isère. Vom Parkplatz beim Sessellift Le Manchet bis zur Refuge du Fond des Fours dauert der Fußmarsch 2 Stunden; weitere 1,5 Stunden erfordert die Strecke zum Col des Fours auf knapp 3000 m.

Zum **Prariond** ④ wandert zumeist, wer sich Steinböcke anschauen möchte. Der breite Weg beginnt bei Pont de Saint-Charles oberhalb von Val-d'Isère an der Paßstraße. Auch hier gibt es ein Berghaus und grandiose Ausblicke auf die Bergkette zum Gran Paradiso (Marschzeit etwa 1 Std.). Von hier führen verschiedene Wege näher zu den Einständen der wilden Ziegen (etwa 1–1,5 Std.).

Praktische Tips

Anreise

Über Chambéry–Montmélian–Albertville–Moûtiers–Bourg-Saint-Maurice nach Val-d'Isère. Moûtiers ist Ausgangspunkt zu verschiedenen Wintersportstationen wie Courchevel, Méribel-les-Allues, Val-Thorens oder Champagny-en-Vanoise. Der Süden und Osten des Vanoise-Parks ist über den Col de l'Iseran oder durchs Maurienne-Tal über die N 6 und D 902 erreichbar. Die Eisenbahn fährt von Paris über Chambéry bis Bourg-Saint-Maurice oder über Chambéry bis Modane. Von Bourg-Saint-Maurice fahren Busse nach Val-d'Isère und von Modane nach Bonneval-sur-Arc. Im Sommer Bus zwischen Termignon und Bellecombe/Plan-du-Lac.

Klima/Reisezeit

Die Sonne scheint häufig, und es regnet vergleichsweise wenig, weil das Vanoise-Massiv vor den ozeanischen Einflüssen durch die Gebirgskette der Belledonne geschützt ist. Obwohl die Gegend als recht schneesicher bekannt ist, besitzt jeder Wintersportort eine Schneekanone. Bleibt die weiße Pracht aus, kann auch im Winter bis hoch hinauf gewandert werden. Normalerweise sind die Wege in der alpinen Region jedoch nicht vor Anfang Juni begehbar. Im Juni und Juli stehen die Weiden und Wiesen in voller Blüte.

Adressen

- Parc national de la Vanoise, 135, Rue du Docteur-Julliand, B.P. 705, 73007 Chambéry Cedex, Tel.04 79623054.
- Agence touristique départementale de la Savoie, 24, Boulevard de la Colonne, 73000 Chambéry, Tel. 04 79 85 12 45.
- Office du tourisme, B.P. 228, 73150 Val-d'Isère, Tel. 04 79 06 06 60.
- Centrale de réservation du Massif de la Vanoise, Maison du Parc et du Tourisme, 73710 Pralognan-la-Vanoise, Tel. 04 79 08 71 49.

Murmeltiere leben in Großfamilien und in Territorien mit streng kontrollierten Grenzen.

Unterkunft

Im Kerngebiet stehen die Unterkünfte der Portes du Parc (Eingangspforten) unter der Leitung des Nationalparks. Im Rand- und Kerngebiet gibt es über 40 Berggasthäuser, in denen man übernachten kann. Meist werden sie in den Sommermonaten bewirtschaftet (etwa Juni bis Ende September), die genauen Zeiten variieren jedoch, und einige haben auch im Winter offen. In den Refuges ißt man in der Regel gut und reichlich. In der Randzone gibt es zahlreiche Hotels, Pensionen, Privatunterkünfte und Campingplätze.

Blick in die Umgebung

Die Strecke von Bourg-Saint-Maurice durchs Beaufortin nach Albertville führt durch wildromantische Täler (z.B. die Vallée des Chapieux) und Schluchten, zum großen Roselend-Stausee und in Gebirgslandschaften mit bizarren Felsformationen. Vor Les Chapieux zweigt eine Nebenstraße ins **Vallon des Glaciers** ab, das am Fuß der Gletscherzunge der Aiguille des Glaciers beginnt, einem 3816 m hohen Ausläufer des Montblanc.

5 Ecrins-Nationalpark

Majestätische Hochgebirgslandschaft im Herzen der französischen Alpen; berühmte Kletterberge, darunter zwei Viertausender; imposante Gletscher, Schneefelder und Wasserfälle; interessante Pflanzen- und Tierwelt, z. B. Alpen-Mannstreu, Steinadler, Steinhuhn.

Als 1973 der Parc national des Ecrins in den Departements Isère und Hautes-Alpes gegründet wurde, wußte man noch nicht so richtig, welchen Schatz (»écrin« bedeutet soviel wie Schmuckkästchen) man damit unter Schutz gestellt hatte. Erst die wissenschaftlichen Untersuchungen und Inventare, die unter der Ägide der Parkleitung erstellt wurden, offenbarten seinen Reichtum. Die Erkenntnis, daß nur das Bekannte effektiv geschützt werden kann, wird hier besonders beherzigt. Die Projekte sind vielseitig, zielen jedoch alle darauf ab, das genetische und kulturelle Erbe zu erhalten oder gegebenenfalls zu verbessern. Dazu gehören z.B. die Wiedereinbürgerung von Steinböcken, die Beobachtung von Steinadlern und Gemsen, die Kontrolle der Luftqualität, die Analyse der wirtschaftlichen Situation der Bergbauern und Sennen oder der Futterweidepflanzen. Durch die Unterstützung der heimischen Bevölkerung in den Randzonen (ungefähr 25 000 Personen) soll die Abwanderung gestoppt werden. Längerfristig wird dadurch der Verwilderung der Gebirgsland-

Einer der schönsten Ausgangspunkte des Parks: Pré de Madame Carlé mit dem Glacier Blanc im Hintergrund.

Der Pelvoux ist mit 3946 m Höhe einer der höchsten Gebirgsstöcke im Ecrins-Nationalpark.

schaft und dem Artenschwund ein Riegel vorgeschoben.
Mit 91 700 ha ist der Ecrins-Nationalpark der größte Frankreichs; mit der Randzone umfaßt er 270 000 ha. Der tiefste Punkt liegt mit 800 m bei Entraigues, der höchste ist mit 4102 m die Spitze der Barre des Ecrins. Sie ist der südlichste der Alpen-Viertausender. Unter den vielen Dreitausendern haben einige seit den Anfängen des Alpinismus klangvolle Namen, z.B. Pelvoux (3946 m), Meije (3983 m), Ailefroide (3953 m), Olan (3564 m) und Sirac (3440 m).
Die Auffaltung des Gebirges hat spektakuläre Ergebnisse gezeitigt. Das Ecrins-Massiv verdankt seinen festungsartigen Charakter den Flüssen, die es abgrenzen: im Osten die Durance, im Norden die Romanche, im Süden und Westen der Drac. Im Norden herrschen Umwandlungsgesteine vor, in der südlichen Hälfte Flysch und schwarzer Mergel. Die Faszination des Ecrins-Massivs besteht zu einem Großteil aus seinen beeindruckenden Gesteinsformationen, die zudem auf engstem Raum variieren können. So besteht der Gipfel des Meije aus Gneiß und der Sockel aus Granit. Geologisch besonders interessant ist etwa das **Fournel-Tal,** das sich über Argentière zum Pas de la Cavale hinaufzieht. Der hier vorkommende, in Schichten gepreßte Schiefer wurde früher abgebaut, um damit die Dächer zu decken. Im **Vallon d'Entre-les-Aigues,** das vom Cavale gegen Nordosten läuft, weisen farbige Basaltbänder auf Vulkanausbrüche hin, die vor Jahrmillionen unter der Meeresoberfläche stattfanden. Auf dem **Col des Terres Blanches** (2721 m) hat sich weißer Gips abgelagert, in dem Regen und Schnee Krater ausgewaschen haben. Wenige Kilometer Luftlinie nördlich davon, beim **Lac Faravel**, sind die Kalkgipfel zu phantastischen Karstgebilden erodiert.
Das Ecrins-Massiv ist ungeachtet seiner südlichen Lage stark vergletschert: Etwa 12 000 ha sind ständig von Eis bedeckt. Die rund 30 grünlichen bis tiefblauen Seen, die als Anzeiger für Umweltveränderungen – wie sauren Regen oder Überdüngung durch das Weidevieh – unter genauer

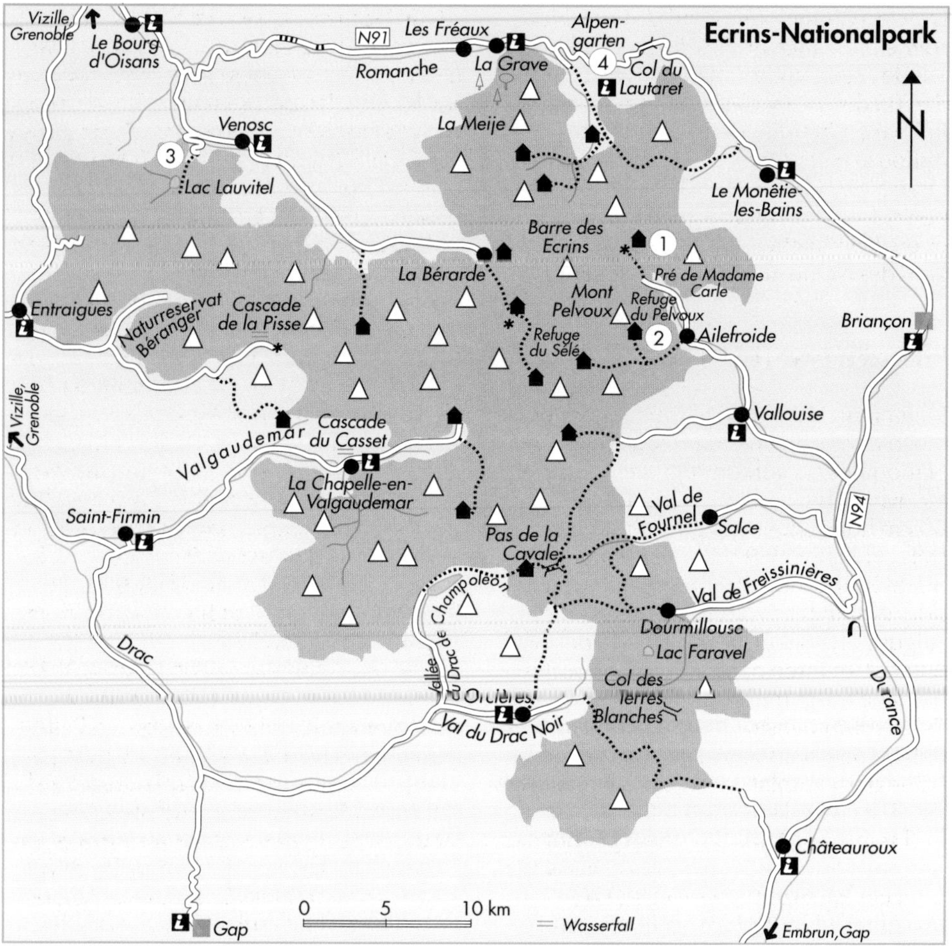

Kontrolle stehen, sind von den Gletschern geschaffen und werden in der Regel von Schmelzwasser gespeist. Die bekanntesten sind Glacier Blanc und Glacier Noir im Zentrum des Parks oberhalb des legendären **Pré de Madame Carle**, einem ehemaligen großen Gletschersee, der verlandet ist. Die steinige Ebene im obersten Vallouise verdient die Bezeichnung Wiese (Pré) zwar kaum, ist jedoch ein landschaftlich faszinierender Ausgangspunkt für zahlreiche Wanderungen und Hochgebirgstouren (großer Parkplatz, Informationsstand). Das **Vallouise** ist eines der schönsten Täler des Dauphiné mit mehreren Dreitausendern auf der Westseite; die prominentesten sind Ailefroide und Pelvoux. Die besiedelten Täler ragen wie Finger ins nur zeitweise bewohnte Parkgebiet. Eines der biologisch interessantesten ist das **Naturreservat Béranger** an der Südwestseite. Es ist eines von 6 Reservaten in der Randzone, die vor weiteren Eingriffen bewahrt werden sollen.
Reizvolle Eingangspforten zum innern Ecrins-Massiv sind auch die Vallées du

Drac de Champoléon und du Drac Noir sowie die Vallée du Réallon im Süden. Das Val de Freissinières im Osten wird auch das Tal der Wasserfälle genannt; ein alter Paßweg führt über den Weiler Dourmillouse nach Orcières in der Vallée du Drac Noir, wo einst die Bären gehaust haben sollen. Von Nordwesten her ragt das obere Romanche-Vénéon-Tal in die Region des Meije und der Barre des Ecrins.

Pflanzen und Tiere

Unter den 2200 höheren Pflanzenarten, die in der Kern- und Randzone des Nationalparks vorkommen, ist der **Alpen-Mannstreu** besonders berühmt. Die bis zu 60 cm hohe silber- bis dunkelblaue »Distel«, die eigentlich zur Familie der Doldenblütler gehört, blüht erst im zweiten oder dritten Jahr von Mitte Juli bis Mitte August. Die dekorative »Königin der Alpen« ist an ihren natürlichen Standorten beinahe ausgerottet und wird heute für Trockenblumensträuße angebaut. Im Fournel-Tal oberhalb von Argentière, in der Nähe des Parkplatzes von La Salce, befindet sich einer der letzten und schönsten und selbstverständlich streng geschützten Bestände Europas. Er wird übrigens während der Blütezeit diskret bewacht.
Die unterschiedliche Bodenbeschaffenheit sowie die atlantischen, kontinentalen, nördlichen und mediterranen Klimaeinflüsse sind der Artenvielfalt förderlich. So blühen Lavendel und Thymian (S.81) unweit von Enzian und Türkenbund (S.25). Bekannte, aber rare Schönheiten wie Feuerlilie (S.61), Paradieslilie und Knabenkräuter wachsen entlang von Wegen und Straßen. Der auffällige Fuchsschwanz-Tragant mit seinen bis zu 15 cm langen hellgelben Blüten ist vom Kaukasus und Sibirien in die Südwestalpen eingewandert. Andererseits haben sich zahlreiche Pflanzen angesiedelt, deren Heimat Afrika oder Spanien ist. Am Nordabhang des Massivs ist die Flora nordalpin, im Süden wächst Pfriemenginster, ein Strauch Südeuropas, und am Westrand des Parks, im Einflußbereich des Atlantiks, gedeihen Stieleichen.
Im wissenschaftlich geführten **Alpengarten des Col de Lautaret** ④ (etwa 2100 m) ist ein bunter Querschnitt durch die Gebirgspflanzen der Welt auf 2 ha zusammengestellt. Sie sind zum größten Teil nach ihrer geographischen Herkunft gruppiert. Vom Aussterben bedrohte Arten werden gezüchtet und Samen in alle Welt verschickt. Ein paar Kilometer weiter westlich, bei Les Fréaux, zieht sich ein wunderschöner Lärchenwald den Nordabhang des Meije hoch. Er ist beispielhaft für die zahlreichen lichten Lärchenbestände, die auf der montanen und subalpinen Stufe bis auf 2400 m vorkommen. Ebenso hoch hinauf wachsen stellenweise die Arven; sie mischen sich zuweilen mit den Lärchen (S.93). In der Bergstufe beherrschen Buchen und Weißtannen das Waldbild.
In der Kern- und Randzone wurden 287 Wirbeltierarten gezählt. Der Steinbock gehört erst seit 1977 wieder zur im Ecrins heimischen Fauna, als man in der Umgebung von Embrun die ersten Tiere freiließ. 1989 und 1990 wurden nochmals 28 Steinböcke ausgesetzt, diesmal im Valbonnais im Nordwesten des Parks. Die dritte Aktion fand 1994 im Champsaur statt, einem Massiv im Nordosten von Gap. Häufiger und im ganzen Park sind Gemsen zu beobachten, deren Bestand sich innerhalb von 20 Jahren verdreifacht hat und ungefähr 6000 Tiere zählt. Sie halten sich in der Regel auf einer Höhe von 1500 bis 2000 m auf, steigen im Winter und Frühjahr aber auch gelegentlich tiefer hinunter.
Mit 1,3 Brutpaaren auf 100 m^2 scheinen auch die Steinadler ihre maximale Dichte erreicht zu haben. Für Birk- und Steinhühner sind die Bedingungen hingegen weniger günstig. Obwohl sie in der Kernzone vollständig geschützt sind, gehen die Bestände zurück. Die Ursachen für den Schwund konnten nicht mit Sicherheit

Beim Wettkampf um die viel unscheinbareren Hennen verteidigen die Birkhähne winzige Balzterritorien.

festgestellt werden; Störungen an den Balz- und Brutplätzen könnten ein Faktor sein. Man nimmt zudem an, daß die Steinhühner, die in den französischen Alpen an ihre westliche Verbreitungsgrenze stoßen, das feuchte Frühlingswetter schlecht ertragen.
Die Zahl von 110 im Ecrins brütenden Vogelarten verspricht gute Beobachtungsmöglichkeiten. Im Frühling und Sommer entdeckt man z.B. Alpenschneehühner (S.43), Steinrötel, Ringdrosseln, Bergpieper, Alpenbraunellen (S.102), Steinschmätzer, Hausrotschwänze, Misteldrosseln, Tannenmeisen, Tannenhäher (S.62), Fichtenkreuzschnäbel oder Zitronengirlitze. Die Durance, hier vor allem der gestaute Lac de Serre-Ponçon, wird von Zugvögeln als Überwinterungs- oder Rastplatz geschätzt.
Die **Insektenwelt** des Nationalparks ist außerordentlich reich, aber noch weitgehend unerforscht. Untersucht wurden z.B. die Heuschrecken, die Rote Waldameise und Tagfalter sowie ein wunderschöner Falter, der in Frankreich nur im Queyras und am Ostabhang des Ecrins-Massivs fliegt: der Isabellspinner. Die kleinen Populationen der exotischen Seltenheit werden durch Nachzucht gestärkt.

Der Alpen-Mannstreu, der trotz seines stacheligen Äußern keine Distel ist, wächst auf Kalk.

Im Gebiet unterwegs

Autostraßen führen nur an wenigen Stellen in die Kernzone: Hier ist der Wanderer und hochalpine Kletterer König. Beinahe alle »Eingangspforten« sind im Sommer mit einem Informationsstand ausgestattet, wo unter anderem auch Wanderführer und -karten der Gegend verkauft werden.
500 Wegkilometer sind markiert und werden regelmäßig kontrolliert; verschiedene Lehrpfade (z.B. beim Informationszentrum

Die Behaarung der Spinnweb-Hauswurz ist unterschiedlich.

Der Isabellspinner ist ein aus wärmeren Gefilden eingewanderter Nachtfalter.

in Vallouise, in Lauvitel, Champsaur) sind angelegt worden, die auch Kindern Spaß machen. Der Fernwanderweg GR 54 »Tour de l'Oisans« durchquert die Kernzone, die GR 50 und GR 541 die Randzone. Das Vallouise ist ein idealer Ausgangspunkt für leichte und anspruchsvollere, kurze bis mehrtägige Wanderungen und Bergtouren. Eine kurze und nicht besonders schwierige Route führt vom Informationszentrum beim Pré de Madame Carle (1874 m) zur Berghütte des **Glacier Blanc** ① auf 2550 m. Dabei wirft man zuerst einen Blick auf den mit Felsbrocken übersäten Glacier Noir. Der Weg überquert zunächst zwei milchige Gletscherbäche und führt dann über eine Seitenmoräne zum größeren Weißen Gletscher. Dieser schrumpft pro Jahr um 5–6 m, während der kleinere Schwarze Gletscher dank seiner vor direkter Sonnenbestrahlung schützenden Gerölldecke lediglich 2 m kürzer wird. Man steigt auf der östlichen Seitenmoräne hoch, vorbei am 1886 erbauten **Refuge Tuckett**, heute ein kleines Bergsteigermuseum, zum neuen Berghaus mit phantastischer Aussicht und 120 Schlafgelegenheiten (Reservation Tel. 92 45 24 07; Aufstieg 2 Std.).

Beim Dörfchen Ailefroide ② das sich dank seiner zentralen Lage zum Bergsteigerzentrum entwickelte, mündet der Celse-Nière in den Saint-Pierre, der vom Schwarzen und Weißen Gletscher gespeist wird. Vom Parkplatz Celse-Nière (1540 m) führt der Weg mehr oder weniger dem gleichnamigen Bergbach entlang bis zur Verzweigung nach den Sources Puiseux, wo ein Pfad rechts hinauf zum **Refuge de Pelvoux** (2704 m) abzweigt (Aufstieg insgesamt 4 Stunden). Linkerhand geht es ein wenig gemächlicher an einem Wasserfall vorbei und über einen Felsriegel zum **Refuge du Sélé**, das 1983 gebaut wurde und

Die Einköpfige Flockenblume tritt ausschließlich in den Westalpen auf.

Das Stiellose Leimkraut bildet dichte, reichblühende Polster.

Geburtenkontrolle bei den Steinadlern

Zu Beginn des Jahrhunderts stand es um den König der Lüfte auch in den französischen Alpen ziemlich schlecht. Erbitterte Verfolgung hatte die Steinadler stark dezimiert. Erst der absolute Schutz der Greifvögel führte zu einer Erholung der Bestände. Man rechnet heute im ganzen Alpenraum mit rund 1000 Brutpaaren. Daß es trotzdem nicht zur Bevölkerungsexplosion kommt, dafür ist auf natürliche Art und Weise gesorgt.
Monogamie scheint für die mächtigen Greifvögel, deren Lebenserwartung über 20 Jahre beträgt, den optimalen Fortpflanzungserfolg zu versprechen. Jedes Paar braucht ein Gebiet, das Möglichkeiten zum Nestbau und ausreichend Nahrung bietet. Die Horste werden meist auf nackten, überdachten Felsvorsprüngen in der oberen Waldzone gebaut. Die Größe des Territoriums kann stark variieren, umfaßt in gut besetzten Gebieten jedoch im Mittel 90 km^2.

Wie schafft es der selbständig gewordene Nachwuchs, eigene Jagdreviere zu besetzen? In den Schweizer und Bayerischen Alpen fiel auf, daß große Unterschiede im Bruterfolg bestanden. Merkwürdigerweise hatten gerade die Bewohner der besten Territorien die größten Schwierigkeiten, Junge aufzuziehen. Ganz allgemein ist bei hoher Steinadlerdichte die Nachwuchsrate niedriger als bei dünner Besiedlung. Liegen die Territorien der brutreifen Paare mehr oder weniger dicht an dicht, bleibt für die flüggen Jungvögel wenig Platz. Sie vagabundieren herum und sind gezwungen, in die Reviere der verpaarten Adler einzudringen, was von den Besitzern nicht toleriert wird. Meist versucht das Männchen, dem Fremden durch Girlandenflug seine Präsenz zu signalisieren, doch häufig kommt es zu heftigen Attacken, die tödlich enden können.
Je häufiger die Männchen gezwungen sind, Jungadler aus dem Revier zu jagen, desto weniger Zeit bleibt ihnen, das Weibchen mit Futter zu versorgen und es beim Brüten abzulösen. Bleibt aber das Gelege während der Abwesenheit des Weibchens ungeschützt, werden die Eier unterkühlt, und die Embryos sterben ab. Die vielen Ausflüge beanspruchen die Revierbesitzer anscheinend dermaßen stark, daß es zum Teil gar nicht mehr zur Eiablage kommt. Die Tatsache, daß sich die alpinen Steinadler nicht ungebremst vermehren, sondern ihre Bestände auf natürliche Weise regulieren, ist ihrem weiteren Schutz förderlich. Die dichteabhängige Population beweist, daß der König der Lüfte nicht jagdlich kontrolliert werden muß.

70 Schlafplätze anbietet. Die Felsgrate des Ailefroide, der beinahe die Viertausendermarke erreicht, überragen die weiten Gletscherfelder, die durch Schuttmoränen voneinander getrennt sind (Reservation Tel. 92 23 39 49; Aufstieg 3,5 Std.).
Von La Danchère (991 m) im Süden des Stausees von Chambon führt ein 4,5 km langer Lehrpfad zum **Lac Lauvitel** ③ auf 1550 m. Mit etwa 35 ha ist es der größte natürliche Bergsee des Ecrins-Massivs. Vom Parkplatz mit Informationstafel in Danchère passiert man verschiedene Vegetationsstufen, wird auf geologische Besonderheiten aufmerksam gemacht, erfährt einiges über die hier vorkommenden Tiere und die früheren Bewirtschaftungsformen, von denen noch Spuren zu entdecken sind. Der See ist von mehreren Dreitausendern umgeben und Ausgangspunkt für längere Touren, z.B. auf den Clapier du Peyron (3169 m). Hin- und Rückweg: 3–4 Std.

Praktische Tips

Anreise
Von Grenoble über die N 91 durchs Romanche-Tal nach Briançon und ins Vallouise. Für die westlichen und südlichen Gebiete des Nationalparks Grenoble–Vizille und über die Route Napoléon N 85. Mit dem Zug bis Gap, Embrun oder Briançon.

Klima/Reisezeit
Sieben Monate lang, etwa von Mitte Oktober bis Mitte April, liegt in den höheren Lagen des Ecrins der Schnee. Andererseits scheint hier die Sonne länger als in den meisten anderen Gegenden Frankreichs. Die großen Höhenunterschiede und die Wettereinflüsse von den Alpen, vom Mittelmeer und Atlantik her schaffen unterschiedliche Kleinklimata. Die beste Zeit zum Wandern ist Mitte Juni bis Mitte Oktober. Mitte Juni bis Mitte August zeigt sich die Alpenflora von ihrer farbigsten Seite.

Die Silberwurz, ein immergrüner Zwergstrauch, wächst auf Felsschutt und Pionierrasen.

Adressen
- Maison du Parc national des Ecrins, Château de Charance, 05000 Gap, Tel. 04 92 40 20 10.
- Maison du Parc national des Ecrins, 05290 Vallouise, Tel. 04 92 23 32 31 (Juli und August täglich geöffnet).
- Syndicat d'initiative de la Vallouise, Place de l'Eglise, 05290 Vallouise, Tel. 04 90 23 36 12.

Für die Reservation der Berghäuser, die im Sommer in der Regel unumgänglich ist, wende man sich direkt an die Refuges oder an den Club alpin français:
- CAF de Gap, 9, rue Bayard, 05000 Gap, Tel. 04 92 51 55 14.

Unterkunft
In den umliegenden Sommer- und Wintersportorten gibt es zahlreiche Hotels, zum Teil zu äußerst moderaten Preisen. In der Randzone hat der Park die Einrichtung von Gîtes ruraux – ländliche Unterkünfte – unterstützt (Adressen vermitteln Verkehrsbüros und die Informationszentren des Nationalparks). Alpinistenatmosphäre vermitteln die Berggasthäuser in der Kernzone, die zum Teil Doppelzimmer und Verpflegung anbieten (Reservation s. oben). Bei Ailefroide im Vallouise gibt es einen besonders idyllisch gelegenen Campingplatz am Ufer des Gletscherbachs.

6 Regionalpark Queyras

Abgeschlossener Bergkessel im Departement Hautes-Alpes mit intakt gebliebener Landschaft und außergewöhnlich mildem Klima für diese Lage; mehrere Dreitausender, Schlucht des Guil, Mondlandschaft am Izoard-Paß und harmonische Hochtäler mit traditionellen Siedlungen.

Die Bevölkerung des Queyras hat während Jahrhunderten ein ziemlich isoliertes Dasein geführt: Die einzige ganzjährig befahrbare Straße führte durch die tiefe Guil-Schlucht ① hinaus ins Durance-Tal. Daran hat sich bis heute nichts geändert, da der Col d'Izoard und der Col Agnel im Winter geschlossen sind. Das 60 000 ha große Gebiet wurde 1977 unter Schutz gestellt, unter anderem auch mit dem Anliegen, durch gezielte Förderung von Tourismus und Handwerk die Landflucht zu stoppen. Die Talschaft des Queyras ist von Bergmassiven festungsartig umgeben; im Osten grenzt es zudem an drei Seiten an Italien.

Der dominante Gipfel ist die 3841 m hohe Pyramide des **Viso,** der sich bereits auf italienischem Territorium erhebt. Ganz oder teilweise auf französischem Boden liegen Font-Sancte (3387 m), Grande Aiguillette (3284 m), Pain de Sucre (3159 m), Bric Froid (3302 m) und Pic de Rochebrune (3325 m); die durchschnittliche Höhe der Gebirgszüge beträgt gut 2000 m. Der Guil, der das Queyras in einem Bogen durchquert, entspringt am Mont Viso und wird von mehreren Zuflüssen genährt.

Die Region wird von drei Gesteinsarten geprägt: der Nordosten von zu Platten gepreßtem Schiefer, der Südwesten von weißlichgrauem und rötlichem Kalk, der als »Marmor von Guillestre« zum Bauen verwendet wurde. Dazwischen, auf der Höhe von Arvieux, zieht sich quer durch den Park ein Band aus Gips und Cargneule, einer Mischung aus Dolomitgestein und Gips, die zu feinziselierten Gebilden erodiert. Die **Casse Déserte (Trümmerwüste)** am 2361 m hohen **Col d'Izoard** ② ist ein imposantes Beispiel für die landschaftsformenden Kräfte von Wasser, Wind und Temperatur. Von der Paßhöhe genießt man einen weiten Blick auf die Gipfel des Queyras und in die Berge des Briançonnais.

Außer dem Glacier d'Asti westlich des Viso sind alle Gletscher verschwunden. Zu erkennen sind lediglich noch Spuren der einstigen Vereisung, z.B. Bergseen, Moränen und gewaltige erratische Blöcke bei Molines und Pierre Grosse (großer Stein) in der Vallée de l'Aigue Agnelle. Wenige Kilometer weiter unten zwischen Villevieille

◁ In den West- und Südalpen ist das großblütige Alpen-Stiefmütterchen häufig.

Die Combe de Queyras, eine wild zerklüftete Schlucht, ▷ ist im Winter der einzige Zugang zum Regionalpark.

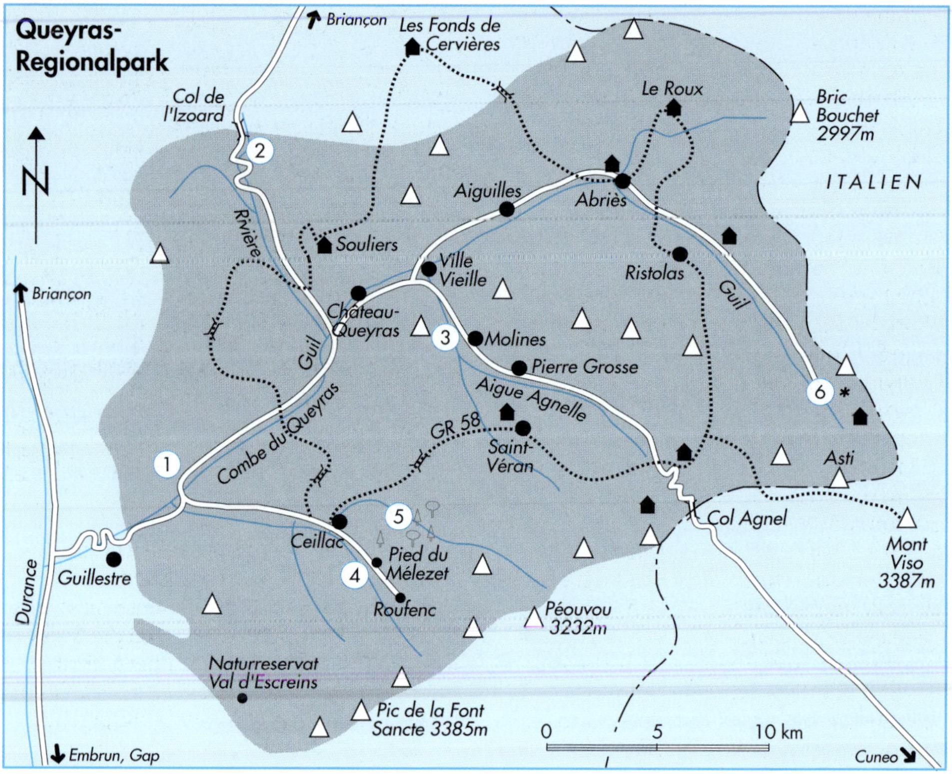

und Molines, zu Füßen des Sommet Bucher, steht eine **Erdpyramide** ③. Solche »Demoiselles coiffées« (Fräuleins mit Hut) entstehen, indem ein Deckstein das darunterliegende, weiche Sedimentmaterial vor Abtragung schützt. Vom 2257 m hohen **Bucher**, der von Château-Queyras mit dem Auto oder zu Fuß (auf einem Wanderweg) erreichbar ist, hat man den besten Rundblick.

Pflanzen und Tiere

Ein Drittel des Queyras-Naturparks ist Wald. Zwei Drittel davon oder 12 000 ha sind Lärchen. Sie werden bis zu 35 m hoch und in der Regel mehrere hundert Jahre alt. Im Vallon de Mélezet (Tal der Lärchen), das sich vom Wintersportort Ceillac in südöstlicher Richtung zum Tronchet hinaufzieht, gibt es wunderschöne Lärchenbestände ⑤ und beim Weiler Pied-de-Mélezet einen rauschenden Wasserfall, die Cascade de la Pisse ④. Der Rest des Queyras-Waldes setzt sich aus aufrechten Hakenkiefern (S.203), Arven, Waldkiefern, Weißtannen und Fichten zusammen. Die Waldgrenze liegt hoch, bei 2400 bis 2500 m, eine Folge des mittelmeerischen Einflusses und der frühen Einsicht der Bauern und Hirten, daß der Bergwald seine schützende Wirkung durch übermäßiges Roden verliert. Vom Respekt vor dem Naturprodukt Holz zeugen auch die liebevoll mit Schnitzereien verzierten Möbel und Werkzeuge, die heute neben Tourismus, Land- und Forstwirtschaft eine der wich-

tigsten Einkommensquellen der dortigen Bevölkerung bilden. Dafür wird vor allem die Arve verwendet, während Lärchen (S.93) für Zimmermannsarbeiten bevorzugt werden.
Die Vielfalt der Alpenflora ist der besondere Stolz des Parks: Man hat rund 2000 Arten festgestellt, darunter Raritäten und Schönheiten, die vollständig geschützt sind. Die außergewöhnliche geographische Lage des Queyras hat eine besondere Pflanzenwelt hervorgebracht. Durch die enge Schlucht des Guil, die Combe du Queyras, haben nur einige wenige südliche Arten den Aufstieg geschafft: Der Ysop, eine im Mittelmeergebiet und Vorderasien heimische Heil- und Gewürzpflanze, und der Stechwacholder kommen bis zum unteren Cristillan-Tal vor. Es gibt mehrere ursprünglich asiatische Steppenpflanzen und Blumen, die nur in den Westalpen heimisch sind, z.B. die seltene Gletscher-Edelraute, die bis auf 3200 m Höhe blüht. Auffälliger sind Türkenbund (S.25), Feuerlilie, Alpen-Mannstreu (S.52), Frauenschuh (S.99), Edelweiß, Alpenanemone und Arnika. Pflanzenfreunde kommen Mitte Juni bis Mitte Juli im Naturreservat Val d'Escreins voll auf ihre Kosten (Wanderweg ab Saint-Marcellin südlich von Guillestre außerhalb des Parks).
Der letzte Luchs der Hautes-Alpes wurde 1910 in Arvieux getötet. Damit war auch der letzte große Beutegreifer aus dem Queyras verschwunden. Gemsen haben hier seither, außer dem Steinadler (s.S.54), keinen natürlichen Feind mehr, was die Jäger nicht bedauern. Sie erlegen vorwiegend Gemsen, Birkhühner (S.52) und Schneehasen, und das bedeutet, daß diese Arten noch häufig vorkommen. Anders der Rothirsch, der aus dem Gebiet verschwunden war und erstmals wieder 1982 gesichtet wurde. Es handelte sich zweifellos um Überläufer aus dem italienischen Nationalpark Gran Paradiso auf der Suche nach geeigneten Lebensräumen. Über der Baumgrenze sind Murmeltiere häufig.

Der Bergbaldrian wächst nur auf Kalk.

Interessant ist vor allem die Vogel- und Insektenwelt des Regionalparks. Mit 10 Steinadlerpaaren ist die Besiedlung relativ dicht. Zur Aufzuchtzeit schlägt der Steinadler in erster Linie Murmeltiere, aber auch Schneehasen, Jungfüchse und Gemskitze. Tagsüber jagt der Habicht, nachts der Uhu (S.143) Hasen und Birkhühner. Weitere im Gebiet brütende Greifvögel und Eulen sind unter anderen Waldohreule, Turmfalke, Sperber und Wespenbussard (S.137). In den Wäldern können Buntspecht, Schwarzspecht (S.33), Grünspecht, Dreizehenspecht, Fichtenkreuzschnabel und Tannenhäher beobachtet werden. Da Tannenhäher Vorräte von Arvensamen anlegen, die sie zu einem kleineren Teil vergessen, sorgen sie für die natürliche Vermehrung des Waldes in der Kampfzone. Die Baumhöhlen der Schwarzspechte werden von Rauhfußkäuzen (S.69) als Nistplätze benutzt. Insgesamt brüten etwa 60 Vogelarten im Queyras.
An sonnigen und trockenen Stellen auf 1800 m Höhe fliegt der Apollofalter mit einer Flügelspannweite bis 9 cm. Der kleinere Hochalpenapollo ist von 1500 bis 2600 m anzutreffen. Die roten Flecken auf

den Vorderflügeln unterscheiden ihn vom größeren Verwandten. Er bevorzugt zudem feuchte Stellen wie die Ufer von Bergbächen oder Quellfluren. Eine seltene Spinnerart mit Hauptverbreitungsgebiet in Spanien ist der Isabellfalter. Er wurde 1922 zum ersten Mal im Alpenraum beobachtet und ist im Regionalpark geschützt.

Im Gebiet unterwegs

Die Fernwanderwege GR 5, GR 58, GR 58A und GR 541 durchqueren das ganze Queyras auf seinen schönsten Routen. Es besteht die Möglichkeit, auf der GR 58 die beliebte »Tour du Queyras« in 12 Etappen zu unternehmen. Einzelne Strecken der Rundtour eignen sich selbstverständlich auch für kürzere Wanderungen. Der Weg wird regelmäßig unterhalten und führt an 10 Etappenunterkünften vorbei.

Mit dem Auto läßt sich keine Rundreise machen, da die Talstraßen in einer Sackgasse enden oder über einen Paß aus dem Park führen. Die Strecke von Guillestre bis L'Echalp am Oberlauf des Guil ist 52 km lang. Die wichtigsten Naturdenkmäler am Straßenrand sind: Combe du Queyras ①, Vallon du Mélezet (Lärchenwald ⑤, Wasserfall ④), die Erdpyramide ③ südlich von Villevieille, Casse Déserte ② vor dem Col d'Izoard. 3 km nach L'Echalp im Guil-Tal parkt man beim Weiler und Kletterfelsen Roche écroulée, da die Fortsetzung der Straße häufig gesperrt ist. In 1,5 Wegstunden erreicht man über 6 km und 300 m Höhendifferenz das Belvédère du Viso ⑥ mit spektakulärer Aussicht auf den Mont Viso und die umliegenden Berge.

◁ Südlich des Izoard-Passes führt die Autostraße durch die bizarre Casse Déserte.

▽ Die Feuerlilie ist eine der prachtvollsten Bergblumen.

△ Im Hochsommer blühen in den Kalkregionen die kurzstieligen Alpenastern.

◁ Der südeuropäische Blaue Lattich gedeiht an trockenen, warmen Standorten.

Indem der Tannenhäher Vorratslager von Arvensamen anlegt, sorgt er für die Vermehrung dieser Gebirgskiefer.

Praktische Tips

Anreise

Von der A 7 (Autoroute du Soleil) führt der kürzeste Weg über Loriol-sur-Drôme–Die –Aspres-sur-Buëch–Gap nach Guillestre, die bekannteste Eingangspforte zum Park; im Winter ist die Straße durch die imposante Guil-Schlucht als einzige geöffnet. Von Grenoble fährt man über den Col du Lautaret und Briançon nach Guillestre. Briançon ist Endstation einer Bahnlinie, die von Marseille her das Durance-Tal erschließt.

Klima/Reisezeit

Der Süden hat hier immer noch die Oberhand, obwohl sich der kontinentale Einfluß bemerkbar macht. Die vielen Sonnenuhren und das Sonnenrad auf Truhen und Türen sind ein Hinweis darauf, daß es im Queyras häufig schön ist. Mit nur gerade 76 Tagen, an denen es pro Jahr regnet oder schneit, steht das Becken in den vordersten Rängen der Schönwetterregionen Frankreichs und übertrifft sogar Nizza. Nebel ist selten, dafür bleibt der Schnee in den höheren Lagen bis zu 7 Monate lang liegen. Die Kombination von Sonne und Schnee macht den Naturpark im Winter vor allem für Langläufer attraktiv. Alpin sind die großen Temperaturunterschiede innerhalb eines Tages, so daß es nachts auch im Sommer manchmal recht frisch wird. Am meisten regnet es im Herbst, nicht selten ziemlich heftig. Trotzdem ist es im Herbst, wenn sich die Lärchen goldgelb verfärben, zum Wandern ideal.

Adressen

- ➩ Maison du Parc naturel régional du Queyras, Route de la Gare, 05600 Guillestre, Tel. 04 92 45 06 23.
- ➩ Informationsstände vor der Combe du Queyras und auf dem Col d'Izoard.
- ➩ Office de promotion, Maison du Queyras, 05470 Aiguilles, Tel. 04 92 46 76 18.

Unterkunft

Im Queyras fühlen sich Naturfreunde wohl, die den alpinen touristischen Rummelplätzen ausweichen. Da der große Skizirkus fehlt, entwickelte sich der Fremdenverkehr spät und in bescheidenem Rahmen. Herbergen der Luxusklasse sucht man hier vergeblich, doch es gibt genügend angenehme und günstige Hotels sowie Privatunterkünfte und zahlreiche Berggasthäuser, in denen man übernachten kann. Eingerichtete Campingplätze gibt es nicht, und das »wilde« Campieren ist prinzipiell erlaubt, falls der Landbesitzer damit einverstanden ist. Darüber ist die Parkleitung verständlicherweise nicht glücklich, hofft jedoch auf die gute Kinderstube der Besucher.

Blick in die Umgebung

Briançon ist die höchstgelegene Stadt Frankreichs auf 1331 m und ein bereits von den Römern besetzter, strategisch wichtiger Punkt am Weg von Turin nach Westen. Die mächtige Festungsanlage um die mittelalterliche Altstadt entstand 1693–1722, ein Werk von Marschall Vauban, der für zahlreiche weitere Befestigungen entlang der französischen Grenzen verantwortlich zeichnete. Das französische Militär ist hier immer noch stationiert, aber heute profitiert der Ort vor allem von seiner Lage zwischen zwei Naturparks, seinem gesunden Klima und dem Wintersport.

7 Mont Ventoux und Umgebung

Götterberg der Provence, Mekka von Botanikern, Dichtern und Radfahrern; im Süden und Osten die Hochplateaus von Vaucluse und Albion, im Westen die Dentelles de Montmirail über typisch provenzalischen Landschaften mit Lavendelfeldern und Weinbergen.

Die Römer nannten ihn »Mons ventosus«, Windberg, und windig ist es auf dem Mont Ventoux eigentlich immer. Manchmal fegt der Mistral mit 250 km/h über die kahle Bergkuppe. Mit 1909 m Höhe ist der Götterberg der Provence, abgesehen von den Alpen und den Pyrenäen, die höchste Erhebung Frankreichs. Das mächtige Kalkmassiv ist von weither sichtbar, vor allem, weil es vom Herbst bis spät in den Frühling hinein eine Schneekappe trägt. Schnee, Eis und Regen haben Tälchen und Runsen in den unterschiedlich harten Stein geschnitten. Die Ödnis entstand allerdings in erster Linie durch Kahlschlag: Im 19. Jh. gab es oberhalb von 1100 m Höhe weder Baum noch Strauch. Der heutige schöne Baumbestand ist das Ergebnis eines aufwendigen Wiederaufforstungsprogramms.
Der Ventoux ist als Landschaftsschutzgebiet deklariert und wurde von der UNESCO in das Netz der internationalen Biosphären-Reservate aufgenommen. Möglicherweise dachte man dabei auch an Francesco Petrarca, der am 25. April 1336 den Berg von Malaucène über die Nordflanke bestieg, für damalige Zeiten ein tollkühnes Unternehmen, das der Dichter in einem Brief festhielt. Es ist die älteste bekannte Beschreibung einer Bergtour überhaupt. Seinem Beispiel folgten viele, da der Blick in die Alpen, zum Mittelmeer und ins Zentralmassiv zu den touristischen Höhepunkten Südfrankreichs gehörte. (Der Ausblick ist nach wie vor ein Erlebnis, insbesondere bei Sonnenaufgang

Einer der markantesten und neben dem Montblanc der berühmteste Berg Frankreichs: der kahle Mont Ventoux.

Der Gegenblättrige Steinbrech bildet auf feuchtem Gestein bis auf 3800 m Höhe blühende Polster.

und klarer Sicht; je eine Panoramatafel gegen Norden und Süden erleichtern die Orientierung.)
Provence pur mit Lavendel- und Salbeikulturen, Klatschmohn, Olivenhainen und Weinbergen beschert die Gegend um **Sault**, Zentrum der hiesigen Lavendelproduktion und -destillerie. Hier werden wertvollste Essenzen für Parfüms und Seifen hergestellt. Die »Lavendelstraße« (Route de lavande) D 942 führt von Sault nach Monieux und durch die Schlucht der Nesque nach Vénasque. Das unscheinbare Flüßchen, das im Sommer sogar austrocknet, hat sich in den Gorges einen 250 m tiefen Cañon ⑤ geschaffen, der zu den beeindruckendsten der Provence zählt. Zahlreiche vom Wasser vor Urzeiten ausgeschliffene Höhlen waren von der Steinzeit bis ins Mittelalter bewohnt. Die Schlucht trennt das Ventoux-Massiv vom Plateau de Vaucluse; die beiden Kalkgebirge hingen nach der ersten Alpenauffaltung zusammen und bildeten eine Insel im Kreidemeer.

Die zarten Blüten des Gelben Alpenmohns sind in den Schutthalden des Mont Ventoux verbreitet.

Das **Hochplateau von Vaucluse** greift im Südosten des Ventoux auf das Plateau d'Albion und die Montagne de Lure mit ihren Südausläufern aus. Es ist eines der unberührtesten Gebiete der Provence, eine karge und trockene Karstlandschaft mit zahlreichen Karrenfeldern, Schacht- und Tropfsteinhöhlen. Die Niederschläge versickern bis zu einer undurchlässigen Bodenschicht und fließen auf geheimnisvollen Wegen in südwestlicher Richtung. Das Grundwasser sammelt sich am tiefsten Punkt und tritt durch die einzige Pforte zutage, die es findet: die **Fontaine de Vaucluse**, die namengebend für solche Vaucluse- oder Resurgenzquellen wurde. Die weltberühmte Stromquelle speist die Sorgue, einen smaragdgrünen Fluß, der durch das »eingeschlossene Tal« (vallis clausa, vallée close) in die Comtat-Ebene fließt und in die Rhone mündet. Heute lebt das Städtchen bei einer Million (!) Besuchern jährlich weitgehend vom Tagestourismus. Petrarca, der sich hier häufig zurückzog, um in Stille und Abgeschiedenheit zu dichten und an seine Laura zu denken, würde den Ort wohl kaum wiedererkennen. Dabei hatte er nicht ohne Eitelkeit angemerkt, das faszinierende Naturschauspiel durch seine Anwesenheit noch berühmter gemacht zu haben.
Der Frühling ist die ideale Jahreszeit, um die Fontaine de Vaucluse zu besichtigen. Dann kann die Abflußmenge 100 000 l pro Sekunde betragen, und der legendäre Fei-

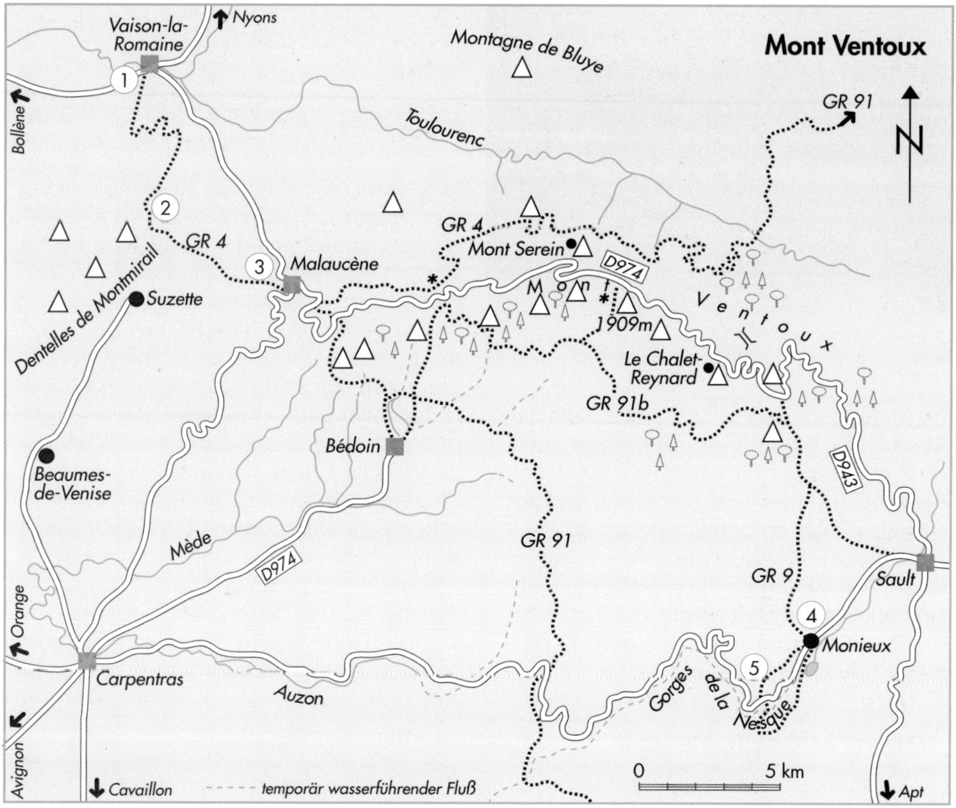

genbaum am Fels wird endlich getränkt; in andern Monaten jedoch ist die Hauptquelle nur ein Seelein in der Tiefe des Schachts. Die erste Erkundung des Quellschachts fand 1869 statt, als in 6 m Tiefe getaucht wurde. Nach Yves Cousteau und Jochen Hasenmeyer, die bedeutend weiter vorstießen, gelang einem ferngelenkten Tauchgerät der vorläufige Rekord von 308 m unter dem Nullpunkt des Sorguometers. Der weitere Verlauf des Schachts liegt im dunklen. Immerhin wurde bei einem der 400 entdeckten Höhlenschächte auf dem Plateau de Vaucluse eine Tiefe von 667 m gemessen.

Das **Plateau d'Albion** liegt zwischen dem Mont Ventoux und dem Lure-Massiv. Wie schon im Namen anklingt, ist es das Land der weißen Steine, ein Paradies für Höhlen- und Fossilienforscher. Während 120 Mio. Jahren sind hier die Überreste von Meeresbewohnern in mehreren stratigraphischen Schichten konserviert worden. Vom ehemaligen Freilichtmuseum ist leider kaum mehr etwas zu entdecken, da Sammler die Gegend systematisch geplündert haben. Ergiebige Fundstellen werden deshalb nicht mehr publik gemacht. Dafür entschädigt das Paläontologische Museum von Apt mit einer ansprechend konzipierten Ausstellung über die Fossilien aus der Ventoux-Luberon-Region.

Südlich von Vaison-la-Romaine und westlich des Ventoux erhebt sich ein markant zerklüftetes Gebirge. Die **Dentelles de Montmirail** sind etwa 12 km lang und 9 km

◁ Im Frühjahr und Herbst schwillt die Vaucluse-Quelle zu einem kleinen türkisfarbenen See an.

Blick vom Gipfel des Mont Ventoux über die Baronnies ▷ hinweg nach Norden.

breit; der höchste Punkt ist mit 734 m der Mont Saint-Amand. Das längsgefurchte, steil abfallende Felsenband mit seinen erodierten Zähnchen und Spitzchen sitzt auf einer fruchtbaren Bergkuppe, an deren Hängen gute Weine (Gigondas, Beaumes-de-Venise) gedeihen. Ein Werk der Erosion sind auch die Steinfenster am Sarazenenfelsen, von denen aus man einen einzigartigen Rundblick genießt.

Pflanzen und Tiere

Insgesamt 65mal hat der Insektenforscher Jean-Henri Fabre den Mont Ventoux bestiegen, um seine Flora zu studieren: »An seinem Fuß gedeihen der frostempfindliche Olivenbaum und eine große Zahl jener halbholzigen Pflanzen, wie der Thymian, deren aromatische Wohlgerüche zu der Sonne der Mittelmeergebiete gehören. Auf seinem Gipfel hingegen, der während mindestens sechs Monaten von Schnee bedeckt ist, findet man einen nordischen Pflanzenwuchs, der zum Teil aus arktischen Gebieten stammt. Ein halber Tag senkrechten Aufstiegs läßt vor unseren Blicken eine Folge von Pflanzentypen vorüberziehen, denen man sonst nur während einer langen Reise von Süd nach Nord, demselben Längengrad entlang,

Klatschmohn und andere die Äcker begleitende Blumen sind in der Provence noch relativ häufig.

begegnen würde.« Fabre erwähnt unter anderen Arten den arktisch-alpinen Gegenblättrigen Steinbrech und den Moos-Steinbrech, den Gelben Alpenmohn, die Felsen-Wolfsmilch, den Zottigen Mannsschild, das Mont-Cenis-Veilchen, den Weidenblättrigen Baldrian, die Herzblättrige Kugelblume und das Alpenvergißmeinnicht. Kalkliebend sind auch der Zwergpippau, der seine langen Wurzeln durch den Schotter bohrt, der Gelbe Enzian (S.173), das Alpen-Leinkraut, die Westalpen- oder Allionis-Glockenblume und der Türkenbund (S.25). Der Baumbestand spiegelt die klimatischen Höhenstufen ebenfalls wider, mit Steineichen (S.187), Flaumeichen (S.137), Rotbuchen, Aleppokiefern, Strandkiefern, Waldkiefern, Zedern (S.75), Lärchen, Weißtannen, Österreichischen Schwarzkiefern und Bergkiefern (S.37).

Der intensiv duftende **Lavendel** ist im westlichen Mittelmeerraum heimisch und wird im Vaucluse auf 3500 ha angebaut. Man zieht hier eine Hybride zwischen Schmalblättrigem und Breitblättrigem Lavendel vor, die große Erträge bringt und sehr hitzeresistent ist. Er wird im Hochsommer geerntet, wenn sich die Aromastoffe voll entwickelt haben. Aus 100 kg Lavendelblüten wird 1 l hochkonzentriertes Öl destilliert. In der Garrigue, die weite Gebiete des Plateau de Vaucluse bedeckt, duften zudem Rosmarin, Thymian (S.81), Salbei, Bohnenkraut, Myrte (S.105), Ginster und Strauchiger Jasmin. Eine gesuchte Kostbarkeit sind die schwarzen Trüffel (S.183), die unter Eichen wachsen und einen Geruch verströmen, den Wildschweine ebenfalls außerordentlich schätzen.

Auch die Fauna ist dank der krassen Klimaunterschiede auf kleinem Raum reich. Der Rauhfußkauz stößt auf dem Ventoux an seine südliche Grenze. Am Nordhang des Ventoux sonnt sich die seltene und geschützte Wiesenotter, Rothirsche wurden wiedereingebürgert, Mufflons (S.136) ausgesetzt, und es gibt eine Menge Wild-

Der Harmas des Jean-Henri Fabre

»Wann endlich werden wir ein entomologisches Laboratorium erhalten, wo man nicht das tote, im Alkohol aufgeweichte, sondern das lebende Insekt studiert, ein Laboratorium, dessen Forschungsgegenstand die Instinkte, die Gewohnheiten, die Lebensweise, die Arbeit, die Kämpfe und die Fortpflanzung dieser kleinen Gesellschaft sind, mit der sich jedoch sowohl die Landwirtschaft als auch die Philosophie auseinanderzusetzen haben?« Der Stoßseufzer des französischen Insektenforschers Jean-Henri Fabre hat visionären Charakter. Der Autor der zehnbändigen »Souvenirs entomologiques« (Bilder aus der Insektenwelt), die von 1879 bis 1907 erschienen, hatte sein thymianduftendes Freilandlabor bei Sérignan, 8 km nördlich von Orange, aufgeschlagen. Fabre arbeitete im Landgut Harmas »beim Gesang der Zikaden« und machte aus dem Tier »ein Wesen, das man liebgewinnt«. Der ätzenden Kritik an den sammelnden und sezierenden Zoologen setzte er ein Plädoyer für einen Forschungsstil entgegen, der trotz großer Gewissenhaftigkeit alles Lebendige mit Ehrfurcht behandelt. Das Lebenswerk des eigenwilligen Mannes, der Verhaltensforschung betrieb, lange bevor sie offiziell aus der Taufe gehoben wurde, beeinflußte mit seinen Beschreibungen nicht nur Naturwissenschaftler, sondern auch Dichter und Künstler.

Fabres Reich mit seinem Arbeitszimmer, den Herbarien, Insekten-, Mineralien- und Fossiliensammlungen, den wunderschönen Pilzaquarellen und der Bibliothek ist das ganze Jahr geöffnet. Beim Museum wurde ein üppiger Blumengarten mit vielen heimischen Arten angelegt. Museum Fabre in 84830 Sérignan-du-Comtat (an der D 976); morgens und nachmittags geöffnet, ausgenommen an Dienstagen, im Oktober, am 1. Januar, an Ostern, am 1. Mai, 1. November und 25. Dezember; Tel. 04 90 70 00 44.

Fabres Arbeitszimmer mit einem Teil seiner umfangreichen Sammlungen.

schweine. In den Dentelles de Montmirail wie im Ventoux sind Schlangenadler (S.166), Raubwürger, Rotkopfwürger (S.178), Wiedehopf (S.186), Bienenfresser (S.17), Alpensegler zu Hause. Mit etwas Glück kann man Schmutzgeier (S.78) entdecken, die in den Felsen der Dentelles nisten. In der Hochebene des Vaucluse findet die Perleidechse (S.78) neben anderen Eidechsen- und Schlangenarten ihren idealen Lebensraum: offene, steinige Garrigue mit vielen Großinsekten und Unterschlüpfen.

Die giftige Wiesenotter jagt im Gras nach Heuschrecken, seltener nach Mäusen oder Eidechsen.

Im Gebiet unterwegs

Der **Mont Ventoux** wird auf der Südseite von Bédoin oder von Norden von Malaucène aus bestiegen (GR 91b und GR 4); von Monieux im Osten führt der Fernwanderweg GR 9 auf den Gipfel. Auf der Südroute folgen wir Fabres Spuren; die schweißtreibende Wanderung sollte nur in gutem Schuhwerk, wetterfester Kleidung und in Anbetracht der wenigen Quellen und Restaurants mit ausreichend Trinkwasser unternommen werden. Die breite Bergstraße D 974 wird stark von Radfahrern und Autos frequentiert. Im Winter, wenn Schnee liegt, ist sie zwischen den Wintersportorten Mont-Serein und Le Chalet-Reynard gesperrt, obwohl dann die Sicht am klarsten ist und die besten Panoramafotos gemacht werden.
Mehrere leichtere Wanderungen führen durch die **Dentelles de Montmirail,** die von den umliegenden Dörfern und Städtchen aus durch markierte Wege und Pfade erschlossen sind. Die bekannte Tour von Vaison-la-Romaine ① über den Pas du Loup (588 m) ② nach Malaucène ③ benötigt 5,5–6 Stunden.
Auf einer Rundwanderung von 3,5 Stunden durch einen Teil der **Nesque-Schlucht** begegnet man Gegensätzen, die den Reiz der Provence ausmachen: blühendes Kulturland, schroffe Felsformationen, prähistorische Stätten und wilde Natur. Von der Kirche in Monieux ④ führt die GR 9 meist auf Pfaden in südwestlicher Richtung bis zum Parkplatz/Aussichtspunkt ⑤ über dem Cañon. Dann geht's den braunen Markierungen nach in die Schlucht hinunter und in steilem Anstieg auf der linken Uferseite hoch. Bei der Weggabelung gehen wir rechterhand in nordwestlicher Richtung. Der Pfad führt über den Rand der Schlucht und vorbei an einem kleinen Stausee nach Monieux zurück.

Rauhfußkäuze brüten mit Vorliebe in verlassenen Schwarzspechthöhlen.

Die idyllische Sorgue entspringt in der Stromquelle der Fontaine-de-Vaucluse.

Praktische Tips

Anreise
Auf der Autoroute du Soleil A 7 bis Orange und weiter über Vaison-la-Romaine nach Malaucène am Nordwestfuß des Mont Ventoux oder für den Besuch des Vaucluse-Plateaus nach Carpentras. Der Busverkehr ist sehr unregelmäßig; manche Orte werden z. B. übers Wochenende und an Feiertagen nicht bedient. Die nächstgelegenen Bahnhöfe sind Orange und Carpentras.

Klima/Reisezeit
Die klimatischen Gegensätze sind groß. So wird am Südfuß des Ventoux eine Durchschnittstemperatur von 11,9°C und auf dem Gipfel von 3,7°C gemessen. Mittelmeerklima herrscht in den Niederungen, alpine Verhältnisse in den Höhen. Die Sommer sind auf dem Plateau sehr trocken und heiß, die Winter im allgemeinen mild, es kann aber auch empfindlich kalt werden. Bei den heftigen Regenfällen im Frühjahr und Herbst schwellen die Flüsse manchmal innerhalb kürzester Zeit mächtig an; Vaison-la-Romaine ist von den Überschwemmungen der Ouvèze im September 1992, die zahlreiche Todesopfer forderten, immer noch gezeichnet.

Adressen
- ➩ Office du tourisme, Place du Chanoine-Sautel, 84110 Vaison-la-Romaine, Tel. 04 90 36 02 11.
- ➩ Office du tourisme, Place de la Mairie, 84340 Malaucène, Tel. 04 90 65 22 59.
- ➩ Office du tourisme, Av. de la Promenade, 84390 Sault, Tel. 04 90 64 01 21.

Unterkunft
In allen größeren Orten gibt es Hotels, Pensionen und Privatunterkünfte. Campingplätze bestehen u.a. in Bédoin, Crillon-le-Brave, Malaucène, Sault und Sérignan.

Blick in die Umgebung

Vaison-la-Romaine ist eine der interessantesten und schönsten Städte der Provence mit einzigartigen Bauten und Statuen aus der Römerzeit und einer pittoresken mittelalterlichen Altstadt auf dem linken Ufer der Ouvèze. Bedeutende römische Relikte gibt es auch in Orange und Carpentras zu bewundern.

8 Luberon-Regionalpark

Einsame Höhenzüge, wilde Flußläufe und Schluchten, bizarre Kalksteinformationen, interessante Fossillagerstätten, farbenprächtige Ockerbrüche, Lavendelfelder, Zedernwald, malerische Dörfer, geheimnisvolle Bories.

Die Aufgabe vieler französischer Parks, Natur- und Kulturgüter zu bewahren und außerdem noch die wirtschaftliche Situation der ländlichen Bevölkerung zu verbessern, ist im Luberon besonders anspruchsvoll und konfliktträchtig. Die wunderschöne Gegend gehört zu den exklusivsten Zweithausregionen der Provence, und der Druck von Tourismus und Baugewerbe ist entsprechend stark. Ein Drittel der steuerzahlenden Grundbesitzer sind Deutsche, Belgier und Schweizer. Da der Fremdenverkehr eine bedeutende Einnahmequelle ist, versucht man, ihn zwar zu fördern, aber in umweltfreundliche Bahnen zu lenken.

Der Parc naturel régional du Luberon umfaßt ungefähr 140 000 ha der Departements Vaucluse und Alpes-de-Haute-Provence. Er ist in fünf Zonen aufgeteilt:

1. Unbewohnte, naturnahe Gebiete des Luberon-Massivs. Diese Zone ist gleichzeitig das Herz des Parks.
2. Als eine Art Pufferzone die Hochebenen und Hügel zu Füßen des Luberon.
3. Verschiedene landwirtschaftlich geprägte Gebiete.
4. Bewaldeter Bergrücken nördlich des Durance-Tals.
5. Südabhang der Vaucluse-Hochebene, dessen ökologischer Wert der Zone 1 entspricht.

Seit 1987 wurden 28 geologische Reservate (Réserve naturelle géologique) mit einer Gesamtfläche von 312 ha gegründet. Das

Olivenhain am Eingang der engen Gorges du Régalon; hier kultiviert man vorwiegend kleinfrüchtige Sorten.

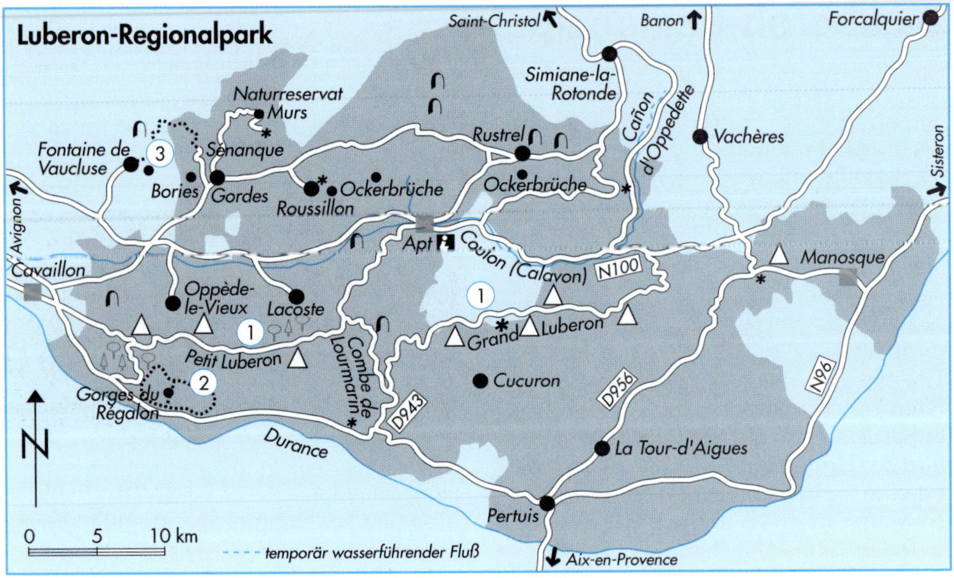

Sammeln von Fossilien ist hier streng verboten; Bewilligungen werden lediglich für wissenschaftliche Forschungen erteilt. Das westöstlich ausgerichtete Luberon-Massiv wurde vor etwa 40 Mio. Jahren, als der afrikanische und der europäische Kontinent aufeinanderprallten, zum ersten Mal aufgefaltet und gewann vor 8 Jahrmillionen bei der Auffaltung der Alpen nochmals an Höhe. Der Kleine und der Große Luberon sind durch die **Combe de Lourmarin,** eine tiefe Klamm des Flüßchens Aigebrun, voneinander getrennt worden; es ist gleichzeitig der wichtigste Flußlauf im Parkgebiet. Trotz der ursprünglichen Einheit unterscheiden sie sich in Beschaffenheit und Aussehen deutlich. Der Große Luberon mit seinen abgerundeten Kuppen besteht aus relativ weichem Kalkmergel, der kleinere Bruder hingegen aus einem sehr harten Kalkgestein, das in schroffe Felsformationen erodierte.

Besonders eng ist die Schlucht des Flüßchens **Régalon,** das sich auf dem Weg zur Durance tief in den steilen Südabhang des Kleinen Luberon gefressen hat und nördlich anschließend zwei Plateaus oder »Craus« teilt: »steiniges Gelände« mit Mandelbäumen und weidenden Schafen. Die Klamm ist 2 km lang und höchstens 40 m hoch. Trotz ihres Puppenstubenformats beeindruckt sie die Wanderer mit schmalen, kaum meterbreiten Passagen, einem Felstunnel, zwei großen Höhlen, die zu Urzeiten bewohnt waren, und mächtigen alten Bäumen, die von der Axt verschont blieben, weil der Abtransport kaum möglich ist. Die Gorges du Régalon stehen deshalb unter doppeltem Schutz, als biologisches und als geologisches Reservat (Parkplatz und Informationstafel unweit der Ortschaft Le Logis-Neuf).

Das größte Fließgewässer im Luberon-Regionalpark ist die **Durance** an seinem Südrand, obwohl der einst stolze und ungebärdige Fluß seit 1960 durch Stauwerke und Kanäle zum unscheinbaren Rinnsal verkam: Die gebändigte »Geißel der Provence« versorgt heute einen großen Teil des Südens mit Trinkwasser und Elektrizität. Das stellenweise bis 1 km breite Flußbett, durch das sich das Restwasser seine Wege sucht, vermittelt eine Vorstellung von der einstigen Kraft des Flusses. Die

Zahlreiche Bories beherbergen heute Urlauber statt Schafe und Ziegen.

Durance hatte auch die steinige Crau (s. S. 216) aufgeschüttet, bevor sie sich ein neues Bett nördlich des Alpilles-Massivs bahnte. Die Regulierung der Durance hat jedoch verschiedene wertvolle Kleinlebensräume für seltene Tier- und Pflanzenarten geschaffen.
Im ganzen Luberon trifft man auf **Bories,** runde oder rechteckige Hütten mit Gewölbedächern aus geschichteten Steinplatten, deren Ursprünge noch immer im dunklen liegen. Bei der ausgeklügelten Bauweise wird keinerlei Mörtel benötigt. Meist ist nur eine Eingangspforte vorhanden, und die Mauern sind zum Schutz gegen Hitze, Kälte und Regen meterdick. Die Bories dienten den Hirten als Unterschlupf, den Bauern als Werkzeugschuppen, Kühlraum, Taubenschlag, Brotbackhaus oder einfache Wohnstätten. In der Provence wurden insgesamt rund 6000 Bories gezählt, die Hälfte davon befindet sich im Gebiet zwischen dem Mont Ventoux, der Montagne de Lure und dem Luberon. Ein ganzes Borie-Dorf aus dem 17. und 18. Jh., das komplett überwuchert war, ist in der Nähe von Gordes entdeckt und 1969 bis 1977 restauriert worden.

Pflanzen und Tiere

Der Regionalpark ist für Botaniker eine Fundgrube: Ungefähr 1500 höhere Pflanzenarten wurden registriert, darunter zahlreiche mediterrane Arten und Raritäten. Die Vielfalt ist den Höhendifferenzen, dem unterschiedlichen Kleinklima (z. B. am Nord- und Südabhang des Luberon-Massivs) und der häufig noch extensiv betriebenen Landwirtschaft zu verdanken. So wurden auf dem Luberon zahlreiche Orchideenarten gezählt, darunter Schönheiten wie Bertolonis Ragwurz; hier wachsen Breitblättrige Platterbse, Etruskisches Geißblatt (S.88), die rotblütige Silberweiße Zistrose, mehrere Wildtulpenarten, Silberdistel, Dichternarzisse (S.37) und Türkenbund (S.25).
Besonders interessant und farbenprächtig ist der Blütenteppich auf dem kahlen und windigen **Luberon-Kamm** (650–1125 m) im Juni und anfangs Juli, bevor die kopfstarken Schafherden alles abgeweidet haben. Polsterbildende und gegen Trockenheit resistente Pflanzen herrschen in Stein und Fels vor. Auf den Bergwiesen wachsen Orchideen, Grasblättriger Hahnenfuß, Alpenklee, Südfranzösischer und Strauchiger Lein, Apenninen-Sonnenröschen, Berg- oder Purpur-Wundklee, Kantabrische Winde. Auf den Höhen des Kleinen Luberon kommt das unscheinbare Nebroden-Meerträubel vor, ein Überbleibsel aus ferner Urzeit mit blaßgelben Blüten.
Die **Garrigue** breitet sich aus, wo es heiß und trocken ist, vorwiegend am Fuß des Luberon und auf dem Plateau de Vaucluse bis auf etwa 800 m Höhe. Charakterpflanze auf hartem Kalkboden ist die Kermeseiche mit ihren stacheligen, immergrünen Blättern. Auf brüchigem und mergeligem Kalk herrscht der Rosmarin vor, der oft bereits im Dezember himmelblau blüht und betörend duftet. Spätere Blüher

Zwei attraktive Blütenpflanzen des Luberon: Breitblättrige Platterbse (links) und Bertolonis Ragwurz

◁ Die Ockerbrüche des Roussillon sind die spektakulärsten des Regionalparks.

Die Gelbe Wildtulpe ist eine von drei Tulpenarten, die ▷ im Luberon vorkommen.

in der Rosmarin-Garrigue: Zwerg-Schwertlilie, Binsenlilie, Osterglocke (S.168), Graubehaarte Zistrose, Thymian (S.81), Graslilie (S.152).

Auf **Ocker** gedeihen Pflanzen, die sich von den Garrigue-Gesellschaften deutlich abheben. Strandkiefern bilden lichte Wälder, hier und dort gibt es Kastanienbäume (S.154). Heidekräuter, Besenginster und Adlerfarn wachsen im Unterholz. Die rote oder gelbe Erde ist ein idealer Nährboden für Orchideen: Von 39 im gesamten Luberon festgestellten Arten stehen 26 auf Ocker.

Die ersten **Zedern** keimten um 1860 aus Samen, die findige Förster aus Nordafrika mitgebracht und am Nordhang des Petit Luberon, südlich von Lacoste, in den Boden gesteckt hatten. Mittlerweilen hat sich der Zedernwald auf 250 ha ausgedehnt und gewinnt als Holzlieferant an Bedeutung. Unter dem schattigen Dach der stattlichen Koniferen behagt es vor allem den lichtunabhängigen Pilzen, unter anderem Arten, die sonst nur in den Bergwäldern Nordafrikas vorkommen. Das Massif des Cèdres ist durch einen Waldlehrpfad mit Informationstafeln erschlossen.

Das Nebeneinander von naturnahen, einsamen Gegenden und einem immer noch großen Anteil an extensiv bewirtschaftetem Kulturland ist auch der Artenvielfalt der Tiere förderlich. Neben 42 Säugersind 214 Vogelarten beobachtet worden, davon brüten 143 im Luberon. Die Schluchten und Felsbänder sind das Reich der Greifvögel, unter denen der Habichtsadler (S.163) das prominente Sorgenkind ist. 1993 nistete noch ein einziges Paar im Park, und es mußte gefüttert werden, weil

Libanonzedern auf den Anhöhen des Petit Luberon, wo sie sich bereits in der Kampfzone zu befinden scheinen.

Der Name der Silberweißen Zistrose bezieht sich auf ihre filzigen Blätter, nicht auf die Blüte.

Das Rätsel der roten Erde

Neben dem Weiß des Kalksteins leuchtet rot und gelb der Ocker als Markenzeichen des Luberon: **Roussillon** ist eines der berühmtesten Ausflugsziele Frankreichs. Die Ockervorkommen unweit des malerischen Orts wurden seit Ende des 19. Jh. industriell abgebaut, und man belieferte die ganze Welt mit dem begehrten Farbstoff. Heute ist der Ockerhandel bedeutungslos geworden, dafür profitiert der Fremdenverkehr von den aufgelassenen Steinbrüchen. Ein von Informationstafeln flankierter Pfad führt in etwa 30 Minuten durch die bizarre Mondlandschaft. Östlich von Roussillon liegen die Ockerbrüche von **Gargas** und **Rustrel**, die ebenfalls im Tagebau ausgebeutet wurden. Beim Dorf Rustrel entstand so eine märchenhafte Landschaft mit Skulpturen und zugespitzten Säulen, den »Cheminées des fées«; sie wird nach dem größeren amerikanischen Pendant als »Colorado provençal« bezeichnet (markierte Wanderwege). Die inselhaften Ockervorkommen entstanden, indem sich vor rund 110 Mio. Jahren auf dem seichten Meeresboden eisenhaltiger grüner Glaukonitsand ablagerte und dann angehoben wurde. Im späteren tropischen Klima lösten sich seine Mineralstoffe, kristallisierten erneut und verwitterten zu Ockersanden, deren Färbung vor allem durch das Eisenhydroxid Goethit verursacht wird. Die Bildung der unterschiedlichen Farbtöne, von Blaßgelb bis Braunrot, können die Geologen allerdings noch immer nicht mit Sicherheit erklären.

Die Häuser von Roussillon weisen die verschiedensten Ockerschattierungen auf.

seine wichtigsten Beutetiere – vorwiegend Kaninchen und Rothühner – nicht mehr ausreichend vorhanden sind, um die Ernährung des Nachwuchses zu garantieren. Zu größerer Hoffnung Anlaß geben die Schmutzgeier, deren Bestand in den vergangenen Jahren langsam anstieg. Auch sie erhalten ihre Futterration. Weitere Felsenbewohner des Luberon sind Dohle (S.36), Blaumerle (S.159), Alpensegler, Steinrötel, Felsenschwalbe (S.146), Felsen- und Hohltaube. Auf den mit Gebüsch bewachsenen Graten brüten Feldlerchen, Neuntöter(S.88),Zippammern(S.87),Dorngrasmücken und Heckenbraunellen. Unter den Vögeln der Garrigue ist das schöne Rothuhn zwar eines der auffälligsten, wurde jedoch durch den Jagddruck außerordentlich selten. Schlangenadler (S.166) finden hier genügend Beute: z.B. Smaragd- und Perleidechsen sowie die gelbgestreifte Sandläufer-Eidechsen. Auf Reptilien hat es auch die ungefähr 2 m lange Eidechsennatter abgesehen.
Trotz der oben erwähnten Nutzung der Durance ist sie für Biber (S.169) ein Dorado. Leichter zu beobachten sind allerdings ihre südamerikanischen Verwandten, die Nutrias, die auch tagsüber auf Nahrungssuche gehen und nicht sehr scheu sind.

Uferschwalben, Bienenfresser (S.17) und Eisvögel (S.141) finden am Ufer Nistplätze. Es gibt einige Seidenreiher-Kolonien (S.120), daneben Graureiher, Purpurreiher, Rohrweihen (S.123), Rohr- und Zwergdommeln. Zahlreicher sind die Kormorane (S.127), die manchmal in Schwärmen am Ufer nächtigen.

Im Gebiet unterwegs

Die forstwirtschaftlichen **Kammstraßen** ① des Luberon-Massivs sind zum größten Teil für den privaten Autoverkehr gesperrt, für Wanderer und Radfahrer aber gibt es die GR 97, die dem Asphalt wenn immer möglich ausweicht. Das Panorama ist großartig, doch kann der Mistral heftig blasen. Verschiedene Fernwanderwege durchqueren den Park: GR 6 im Westen, GR 9 und GR 92 im Zentrum und GR 4 im Osten.
Daneben gibt es zahllose andere Wanderwege, auf denen Sehenswürdigkeiten landschaftlicher und kultureller Art auf die sanfte Tour erreicht werden können. Sie sind in der Regel deutlich markiert; Tourenführer sind häufig auch in deutscher Ausgabe erhältlich.
Sehr empfehlenswert ist die Rundwanderung südlich des Luberon durch die **Régalon-Schlucht** ② und in einem Bogen entweder nach Osten über Sadaillan und Mérindol oder nach Westen über Les Mayorques und La Roquette zum Ausgangspunkt zurück. Der Weg führt durchs Bachbett im engen Cañon. Nach Regenfällen, wenn der Bach Wasser führt, ist er nicht begehbar.
Ein idyllische Wanderung ist die Strecke GR 6 von Fontaine-de-Vaucluse ③ über den Mourre de la Belle Etoile und Pouraque zur berühmten romanischen Abtei **Sénanque** und nach Gordes. Der Weg führt weiter über die Ebene und durch die Ockerlandschaften von **Roussillon** nach Rustrel.

Das Apenninen-Sonnenröschen blüht auf den Höhen des Luberon massenweise.

Praktische Tips

Anreise
Mit dem Auto auf der Autoroute du Soleil A 7 bis »Avignon Sud« für die Gegend um Apt, bis Cavaillon für die Südseite des Luberon und das Durance-Tal. Mit der Eisenbahn (TGV) bis Avignon und weiter in 20 Minuten nach Cavaillon. Von Cavaillon fahren mehrmals täglich Busse nach Apt.

Klima/Reisezeit
Allgemein herrscht ein mediterranes Klima mit heißen, trockenen Sommermonaten, milden Wintern und mitunter heftigen Regenfällen im Frühling und Herbst. Die Höhenunterschiede sowie der Einfluß von

In steinigen, trockenen Gebieten gehen Sandläufereidechsen auf Insektenjagd.

Ein Perleidechsen-Männchen im blaugepunkteten Hochzeitskleid.

Auf trockenen Wiesen wächst der himmelblaue Südfranzösische Lein truppweise.

Rhone und Durance machen sich jedoch bemerkbar, so daß das Mikroklima spürbar variiert. Im Mittel windet es 130 Tage im Jahr, auf der Höhe mit bis zu 250, in der Ebene mit 160 km/h. Der Mistral fährt durch Mark und Bein, hat aber den Vorteil, die Wolken wegzufegen: Der Luberon erfreut sich 2500 jährlicher Sonnenstunden. Starke Temperaturunterschiede von Tag und Nacht sind vorwiegend in den Übergangszeiten und im Winter häufig. Für Wanderferien sind Mai und Juni sowie September und Oktober ideal, wobei es im Winter ebenfalls warm und sehr angenehm sein kann. Die flirrende Hitze des Sommers hat natürlich auch ihren Reiz.

Adressen

➪ Regionaler Naturpark Luberon, 60, Pl. J.-Jaurès, 84400 Apt, Tel. 04 90 04 42 00.
➪ Office du tourisme, 20, Av. Philippe-de-Girard, 84400 Apt, Tel. 04 90 74 03 18.
➪ Office du tourisme, Le Château, 84220 Gordes, Tel. 04 90 72 02 75.

Unterkunft

Der Luberon-Naturpark ist mit Hotels, Pensionen und Ferienwohnungen gut dotiert, obwohl es auf dem Massiv selbst kaum Möglichkeiten zum Übernachten gibt. Die Auswahl an Campingplätzen in idyllischen Lagen ist groß.

Blick in die Umgebung

Die rhodanischen Städte Avignon, Cavaillon, Orange und Aix-en-Provence sind von großer kulturhistorischer Bedeutung. An der westlichen Parkgrenze bieten sich zudem L'Isle-sur-la-Sorgue und Fontaine-de-Vaucluse (s.S. 66, 70) für Ausflüge an.

Einige Schmutzgeier brüten im Luberon und ziehen im Herbst nach Afrika.

9 Geologisches Reservat bei Digne-les-Bains

Größtes geologisches Freilichtmuseum Europas mit zahlreichen interessanten Fossilien-Fundstätten und beeindruckenden Gesteinsformationen; eine der einsamsten und wildesten Gegenden Frankreichs.

Zwischen den Clues de Verdaches im Norden von Digne und der Verdon-Schlucht im Süden erstreckt sich ein Gebiet von mehr als 150 000 ha auf einer Höhe von 600–2000 m, in dem die Erdgeschichte besonders deutliche und faszinierende Spuren zurückgelassen hat. Die Réserve naturelle géologique de la Haute-Provence wurde 1979 gegründet. Anstoß dazu gaben die überhandnehmenden Plünderungen der Fossilienlager: Der Ansturm der Sammler und Händler aus dem Inland und Ausland drohte, die Fundstätten vollständig zu zerstören. Seitdem hält sich die Selbstbedienung in Grenzen, doch noch immer sollen sich hin und wieder Autobus-Ladungen voller Ausflügler mit Hammer und Meißel über die Versteinerungen hermachen.

Die südliche Voralpenlandschaft um Digne ist zumeist steinig und karg. Ein Land, das nicht ins EU-Agrarschema paßt, in dem der Wanderer und Naturfreund jedoch Gebiete entdecken kann, die von der Zivilisation kaum gestreift oder von den Bewohnern verlassen wurden, z.B. die tiefen Karstschluchten der Gorges de Trévans zwischen Moustiers-Sainte-Marie und Barrême. Die von der Asse und vom Verdon umflossene hügelige Landschaft ist wenig besiedelt und bietet schöne Wandermöglichkeiten. Der gewaltige Riß, durch den der Verdon rauscht, hat sie von

Im frühen Frühling blühen die Mandeln, etwas später die Pfirsichbäume (im Bild).

der Hochebene von Canjuers getrennt, die zu einem Großteil als militärischer Übungsplatz genutzt wird. Der Grand Cañon des Verdon ist denn auch das spektakulärste Naturschauspiel des Schutzgebiets (s. S. 84–89).
Die schönsten Fossilienfundstätten gibt es jedoch im Nordosten von Digne. In der alten Bäderstadt auf 600 m Höhe haben schon die Römer ihr Rheuma kuriert. Im Vallon des Eaux-Chaudes (Tal der heißen Wasser) speisen 7 Quellen, die mit 42 °C aus dem Fels sprudeln, die modernen Kuranlagen. Der Pavillon des **Centre de Géologie** steht über dem rechten Ufer der Bléone, etwa 2 km nördlich von Digne, inmitten einer der reichsten Fundstätten des Gebiets, in der die Forscher laufend neue Überraschungen zutage fördern. Im Museum geben Funde aus der Umgebung und aus anderen Landesteilen eine plastische Vorstellung von der eigenartigen Tier- und Pflanzenwelt des Erdaltertums. Fährt man weiter (D 900a), auf der **Route des Clues**, kann man die Versteinerungen am originalen Fundplatz betrachten.
Das beeindruckendste Denkmal ist die riesige Felsplatte unweit des Museums, die über und über mit Ammoniten bedeckt ist. Ungefähr 500 Ammoniten sind im dunklen Kalkmergel erhalten. Wahrscheinlich wurden im Erdmittelalter, vor ungefähr 185 Mio. Jahren, die leeren Schalen der Kopffüßer durch starke Strömung in eine Mulde auf dem Meeresboden geschwemmt. Die Alpenauffaltung hat die mit der Zeit festgebackene Schicht in Schräglage hochgedrückt. Vor 65 Mio. Jahren, gegen Ende der Jurazeit, starben die Ammoniten aus, zusammen mit den Sauriern.

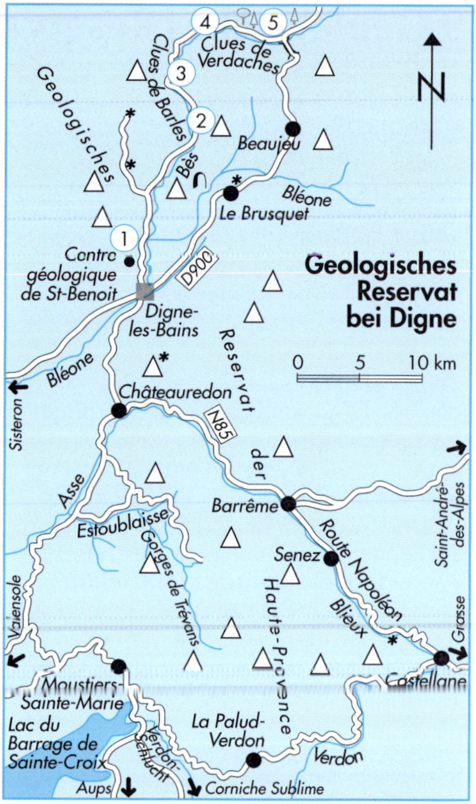

Die Ammoniten-Felswand nordöstlich von Digne-les-Bains

Thymian gedeiht auf Kalk.

Smaragdeidechsen schwimmen und klettern gut.

Nach dem Weiler Esclangon sind 20 Mio. Jahre alte Fußabdrücke von Vögeln versteinert, die über eine Sandbank gelaufen sind, als sich das Meer zurückzuziehen begann. Ihre Spuren haben sich erhalten, weil sich der Sand in einem komplizierten Prozeß in Sandstein verwandelte. Weiter hinten im Tal, bei den Clues de Verdaches, sind fossilierte Pflanzen konserviert, die vor ungefähr 300 Mio. Jahren hier gewachsen sind. Das geologische Zentrum führt zudem Wanderungen zu Fundstellen abseits der Autostraße durch, z.B. zu einem versteinerten Ichthyosaurier, einer meerbewohnenden Fischechse, deren Abdruck im Museum zu sehen ist.

Pflanzen und Tiere

Im Frühling und Frühsommer bringt die Kalkregion der Haute-Provence eine Blütenpracht hervor, die ihresgleichen sucht. Pfirsich- und Mandelbäume, Ginster, Lavendel und Mohn verwandeln die im Spätsommer karg wirkende Landschaft in einen riesigen Garten. Olivenbäume gedeihen in den unteren Lagen und bilden immer noch eine wichtige Einkommensquelle, obwohl die spanische und italienische Konkurrenz stark ist. Zum provenzalischen Landschaftsbild gehört die Zypresse, deren dunkle, schlanke Säulen häufig in Friedhöfen aufragen oder in Rei-

Die Zwiebeln der Schopf-Traubenhyazinthen sind bei Wildschweinen und Dachsen beliebt.

Der Mandelbaum hat bräunlich-grüne Früchte und ist im östlichen Mittelmeerraum beheimatet.

Die angepflanzte Form der Mittelmeer-Zypresse hat einen säulenartigen Wuchs (im Gegensatz zur breit ausladenden Wildform), vierkantige Zweige und schuppenförmige Blätter. Die kugeligen weiblichen Zapfen (kleines Foto) hängen an Stielen und enthalten 5–7 Samen.

hen als Windschutz gepflanzt werden. Die Mittelmeer-Zypresse ist im östlichen Mittelmeergebiet heimisch und kommt in Frankreich nicht wild vor.
Gelegenheit, die duftenden Garriguepflanzen kennenzulernen, bietet der **Jardin botanique des Cordeliers** in Digne. Im alten Franziskanerkloster wurde eine interessante Sammlung von 350 Aroma-, Küchen- und Heilpflanzen angelegt, die in der Gegend wild wachsen. Geöffnet 1. April bis 30. September, Dienstag bis Samstag 15–19 Uhr.
Die Garrigue ist ein Reservat für Insekten und Reptilien, die hier noch besonders vielfältig und zahlreich vorkommen. Die schönen Smaragdeidechsen sind häufig, aber scheu, und verschwinden blitzartig

im Gebüsch, wenn man sich nähert. Die kleineren und unscheinbaren Mauereidechsen werden hingegen oft zutraulich und lassen sich sogar füttern.
ACHTUNG: Obwohl nicht jede Schlange giftig ist und die Tiere im allgemeinen lieber flüchten als zubeißen, sollte man für Wanderungen auch bei heißem Wetter gutes Schuhwerk anziehen.

Im Gebiet unterwegs

Im geologischen Reservat der Haute-Provence entdeckt man auf Schritt und Tritt und mit jedem Fahrkilometer Sehenswürdigkeiten, die erdgeschichtliche Vergangenheit illustrieren. Am fündigsten wird der Laie auf der oben erwähnten, 60 km langen **Route des Clues**, die außer Fossilien beeindruckende Landschaftsbilder mit geologisch interessanten Formationen bietet. Von Digne her kommt man auf der D 900a nach der Ammoniten-Platte ① und den Vogelfußabdrücken auf der rechten Straßenseite etwa 2 km nach Esclangon zuerst zur Clue de Péouré ②, dann zur imposanteren Clue de Barles ③, einem mächtigen, vom Fluß durchbrochenen Felsriegel. Dagegen sind die bewaldeten Clues de Verdaches ④ kaum als Klusen erkennbar (Pflanzenfossilien!).
Bis zur Kreuzung nach Verdaches folgt die Straße dem Lauf des Bés, der dem Fuß des fast kreisrunden Blayeul-Massivs (2189 m) entlangfließt. Kurz vor dem Col du Labouret passiert man einen parkähnlichen Wald mit schönen Schwarz- und Strandkiefern ⑤, der Prosper Demontzey gewidmet ist, einem Forstingenieur aus Digne, der diese Bäume in die Gegend gebracht hatte. Der schwarze Mergelschutt an den Bergflanken nördlich der Clues de Verdaches bildet einen markanten Gegensatz zu den bunten Blumenwiesen und grünen Wäldern. Der Rückweg führt über Beaujeu, Le Brusquet (Aussicht!) und Marcoux, das auf schwarzen Mergelkegeln steht.

Praktische Tips

Anreise
Digne-les-Bains liegt an der Route Napoléon (N 85) Cannes–Grenoble, einer der schönsten Strecken Südostfrankreichs.
Aus Südwesten gelangt man auf der A 51 (Autoroute du Val de Durance) bis zur Ausfahrt vor Château-Arnoux und in östlicher Richtung über die N 85 nach Digne.
Idyllisch ist die Fahrt mit dem Train des Pignes, der das ganze Jahr über viermal täglich zwischen Nizza und Digne verkehrt. Die Linie mit zahlreichen Viadukten, Metallbrücken und Tunnels wurde 1890–1911 gebaut.

Klima/Reisezeit
Entsprechend den großen Höhendifferenzen im geologischen Schutzgebiet Haute-Provence variiert auch das Klima. Allgemein ist es in der Haute-Provence im Sommer heiß und trocken, im Herbst mild, im Winter schön und kalt und im Frühjahr eher feucht und wechselhaft. Doch immer wieder fegt der Mistral den Himmel blau.
Abgesehen von den neuralgischen Punkten (z.B. die Verdon-Schlucht) ist die Haute-Provence auch während der Sommermonate nicht überlaufen. Zum Wandern sind Frühling und Herbst ideal, dann ist auch die Vegetation farbenprächtig.

Adressen
➪ Réserve géologique de Haute-Provence, Centre de Géologie, Parc Saint-Benoît, 04000 Digne-les-Bains, Tel. 04 92 36 70 70.
➪ Office du tour., Le Rond-point, 04000 Digne-les-Bains, Tel. 04 92 36 62 62.
➪ Chemins de fer de Provence (Train des Pignes), Gare, 04000 Digne-les-Bains, Tel. 04 92 31 01 58.

Unterkunft
Die Thermalstadt Digne verfügt über verhältnismäßig viele Hotels und Restaurants sowie zwei komfortable Campingplätze.

10 Verdon-Schlucht

Eine der berühmtesten Natursehenswürdigkeiten Europas mit mehreren hundert Meter tiefen Cañons, durch die ein türkisfarbenes Wildwasser rauscht; atemberaubende Ausblicke, Panoramastraßen und anstrengende, aber romantische Wanderungen; mehrere Stauseen in typischer Haute-Provence-Landschaft.

Die Verdon-Schlucht ist der spektakulärste aller französischer Cañons mit Felsabstürzen bis zu 700 m und einem Wildbach, dessen außergewöhnliches Grün ihm den Namen gegeben hat (»vert« = grün). Sie zählt zu den Dreistern-Sehenswürdigkeiten, die bequem mit Bus oder Privatauto besucht werden können und entsprechend viele Touristen anlocken. Der 21 km lange Grand Cañon vom Point Sublime bis zum Aussichtspunkt über dem Lac Sainte-Croix (Belvédère de Galetas) ist der großartigste Teil des Flusses. Er macht bei den Balcons de la Mescla einen scharfen Knick, wo sich drei Schluchten treffen: die Grande Gorge im Osten, der Petit Cañon im Westen und der Artuby-Cañon von Süden her. Der Artuby versiegt in den Sommermonaten vollständig, hat sich aber trotzdem eine tiefe Rinne in den Fels gesägt. Der Verdon entspringt beim Mercantour-Nationalpark nahe dem Allos-Paß und mündet nach 175 km unterhalb von Manosque in die Durance.

Die Kalkplateaus, durch die sich der Verdon seinen Weg gebahnt hat, entstanden vor 200–80 Mio. Jahren durch Meeresablagerungen. In einem langen Prozeß ver-

Blick vom Point Sublime auf der Nordseite der beidseits mit Panoramastraßen erschlossenen Verdon-Schlucht. ▷

Moustiers-Sainte-Marie am Ausgang der Gorges du Verdon ist seit dem 5. Jh. besiedelt.

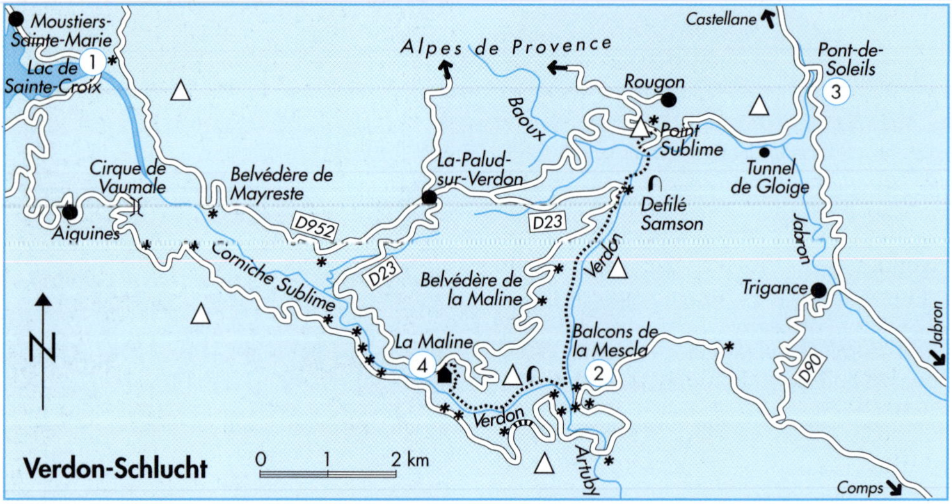

formten sich die Sedimentschichten, am prägendsten bei der letzten Auffaltung der Alpen, als eine große, von Osten nach Westen verlaufende Bruchzone entstand, in der sich Süß- und Meerwasser sammelte. Eines dieser Sammelbecken war die Hochebene von Valensole, die durch Konglomeratgestein (mit Gips zusammengebackene Kiesel) aufgefüllt ist. Die Wassermassen stauten sich und überflossen. Dabei bildeten sich mit der Zeit Schluchten und Klusen. Damit war vor 12 Mio. Jahren für den Verdon das Flußbett geschaffen, und er benötigte nochmals 6 Jahrmillionen, um zu dem zu werden, was er heute ist. Es muß ein gewaltiger Wildbach gewesen sein, der das Geröll aus den Cañons schob, neue Schluchten grub, alte vertiefte und vor allem verbreiterte. Die durch das Absinken der Sammelbecken in Bewegung gesetzten Wassermassen strömten am Fuß der Felswände entlang und unterspülten sie. Die von Spalten und Rissen durchzogenen Vorsprünge stürzten schließlich in die Tiefe, und dadurch wurde die Schlucht einige Meter breiter. Die Schuttmassen mußten wiederum zu Tal transportiert werden. Weil die Schluchten des Verdon verschiedene Gesteinsschichten aufweisen, hat das Erosionswerk so unterschiedliche Ergebnisse gezeitigt, wie sie heute zu bestaunen sind.

Als vor 2 Mio. Jahren die Vereisung einsetzte, wurde auch das Gebiet des Verdon davon betroffen. Erst vor weniger als 100 000 Jahren begann er wieder zu sprudeln, wurde im Lauf der Jahrtausende ein wenig zahmer, bis er durch die Stauseen von Castillon und Chaudanne, die 1947 gebaut wurden, viel von seiner Wildheit einbüßte. Später entstanden am Unterlauf des Verdon die Stauseen von Gréoux, Quinson und schließlich 1975 der 2200 ha große Lac de Sainte-Croix, der zu einem beliebten Ausflugsziel und Wassersportgewässer geworden ist. Auch der Verdon selbst ist bei Wildwasserfahrern geschätzt, seine Felswände bei Extremkletterern. Sie sind die »Nachfolger« der Steinzeitmenschen, die in den Höhlen des Cañons gehaust und im Verdon gefischt haben, sowie des Speläologen Edouard Martel, der offiziell 1905 als erster mit seinen Begleitern den ganzen Cañon durchquerte. Damit hat Martel den Tourismus in dieser einsamen Gegend populär gemacht: 1928 wurde der Sentier Martel angelegt.

Pflanzen und Tiere

Die Verdon-Schlucht war einst für ihre prächtigen Wälder mit großen Buchsbäumen bekannt, die man erst zu Beginn des 19. Jh. zu nutzen begann. Die bis zu 20 m hohen, dicken Stämme liefern ein außerordentlich hartes Material, das für die Herstellung von Geräten und Maschinen verwendet wurde. Solche Baumveteranen sind selten geworden, aber der Immergrüne Buchs ist immer noch häufig. Wald und Macchie auf den Hochebenen auf beiden Seiten der Schlucht scheinen nur auf den ersten Blick eintönig. Im Frühjahr, wenn Sträucher und Blumen blühen, wird die hier herrschende Pflanzenvielfalt besonders augenfällig.
In den Felswänden brütende Vögel, für die die Schlucht im Grunde genommen ein idealer Lebensraum wäre, werden von den zahlreichen Kletterern vertrieben und finden hier nur noch wenige ungestörte Refugien. In den Wäldern lassen die zahlreichen Wildschweinspuren auf größere Bestände schließen, und die Insektenwelt ist wie in allen Macchien, die von steinigen Magerwiesen unterbrochen werden, reich und bunt.

Im steilen Fels brütet die in der ganzen Provence selten gewordene Zippammer.

Im Gebiet unterwegs

Die D 71, die dem linken Ufer des Flusses entlangführt, bietet spektakulärere Ausblicke als die D 952 und D 23 auf der Nordseite (ACHTUNG: Nach Moustiers-Sainte-Marie ① D 957 Richtung Aiguines nehmen).
Nach den **Balcons de la Mescla** ② fährt man am besten über Trigance (D 90) und die D 955 zur Verdon-Brücke Pont-de-Soleils ③ an der D 952. (Die D 23, die Route des Crêtes, führt über 23 km von La Palud-sur-Verdon zum Chalet Maline und an verschiedenen Aussichtspunkten vorbei zurück zum Ausgangspunkt; sie ist jedoch im Winter für den Personenverkehr gesperrt.) Um den Grand Cañon vom **Point Sublime** bis zum **Belvédère de Galetas** vollständig gesehen zu haben, sollte die ganze Rundfahrt von Moustiers bis Pont-de-Soleils und auf dem Nordufer zurück gemacht werden. Mit der Besichtigung der wichtigsten Aussichtspunkte, zu denen man zum Teil vom Parkplatz aus (Diebstahlgefahr!) ein kurzes Stück spaziert, muß man dafür einen halben Tag reservieren.
Vom Pont-de-Soleils erreicht man flußaufwärts in nordöstlicher Richtung das Städtchen **Castellane.** Es wird von einem 184 m hohen Felsenkegel dominiert, auf dem sich in vorgeschichtlicher Zeit ein Oppidum befand (heute eine Kapelle). Der mühsame Aufstieg lohnt sich: Von der Terrasse aus hat man einen schönen Blick auf den Ort und den Eingang der Verdon-Schlucht.
Der »grüne Prinz«, wie der Verdon in der Gegend scherzhaft genannt wird, zeigt sich in seiner ganzen Schönheit und Majestät aber nur den Wanderern, die sich in

◁ Neuntöter – im Bild ein Männchen – spießen ihre Beute zur Vorratshaltung auf.

Die Felswände des Cañons beim Belvédère de l'Escalès ▷ sind im Sommer ein Dorado für Extremkletterer.

Die Terpentinpistazie gehört wie der Mastixstrauch (S. 107) zu den Sumachgewächsen.

sein Flußbett hinunterwagen. Am gefahrlosesten ist dies auf der GR 4 »Sentier Martel« möglich, die bei der Schutzhütte **Chalet Maline** ④ (mit Restaurationsbetrieb, im Winter geschlossen) zum Grund hinunter und in anstrengendem Auf und Ab in 5–6 Stunden bis zum Point Sublime führt. Man kommt dabei an zwei Höhlen vorbei, der Baume aux Bœufs und der Baume aux Pigeons, und kann einen Abstecher zur **Mescla** machen, wo der Artuby in den Verdon mündet (zusätzlich 30 Minuten). Der Weg wurde durch steile Eisenleitern, Felsstufen und bis zu 600 m lange Tunnels begehbar gemacht und ist deshalb nur Schwindelfreien zu empfehlen. Man sollte sich mit einer Taschenlampe, genügend Trinkwasser, etwas Proviant, gutem Schuhwerk und wetterfester, warmer Kleidung versehen. Daß die Tour nur bei sicherer Wetterlage (Wetterbericht beachten) unternommen werden darf, versteht sich von selbst: Bei heftigen Regenfällen drohen Steinschlag und Hochwasser. Der Lohn der Mühe sind einzigartige, wildromantische Landschaftsbilder.
Der untere Teil des Grand Cañons ist schlechter erschlossen und entsprechend gefahrvoller. Zudem muß dabei mehrmals durchs eisigkalte Wasser geschwommen werden. Bequemer und völlig ungefährlich sind hingegen die zahlreichen Wander- und Fahrradwege auf den Höhen beidseits des Flusses. Außer dem Fernwanderweg GR 4, der die Provence von Pont-Saint-Esprit bis Grasse durchquert, ist die Auswahl an Routen abseits der Autostraßen groß.

Das Etruskische Geißblatt mit seinen gelbrosa Blütenständen ist ein niederer Strauch der warmen Wälder.

Praktische Tips

Anreise
Auf der Autoroute du Val de Durance A 51 bis Manosque, dann in östlicher Richtung auf der D 6 und D 952 über Valensole–Riez–Moustiers-Sainte-Marie, wo die Straße zur Panoramastraße auf der linken Uferhöhe abzweigt. Auf der Route Napoléon N 85 gelangt man von Château-Arnoux (interessantes Arboretum im Schloßpark) über Digne nach Castellane. Eisenbahn gibt es hier keine, und Busse verkehren sehr sporadisch. Dafür ist der Taxidienst gut organisiert und auf die Bedürfnisse der Wanderer eingestellt.

Klima/Reisezeit
Das Klima ist provenzalisch-mediterran, kontinental und alpin beeinflußt. Das heißt: Hitze im Sommer, heftige Gewitter vor allem in Frühjahr und Herbst, aber nicht selten auch kalte Winter mit beachtlichen Schneemengen. An Ostern und Pfingsten sowie im Juli und August ist die Verdon-Schlucht Treffpunkt der Extremkletterer und Wildwasserfahrer, abgesehen von den vielen Motorisierten, die einen Blick in die Tiefe werfen wollen. Sonst ist es ein bißchen ruhiger; abseits der Touristenpfade kann man auf den Plateaus sogar stundenlang wandern, ohne einer Menschenseele zu begegnen. Im Winter, bei Eis und Schnee, sind manche Pfade und Straßen gefährlich (z.B. durch die Schlucht und die Route de la Crête vor La Palud-sur-Verdon).

Adressen
- Centre d'informations, Rue Nationale, 04120 Castellane, Tel. 04 92 83 61 14.
- Mairie (Centre d'informations), 04120 La Palud-sur-Verdon, Tel. 04 92 77 32 02.

Unterkunft
Das Zentrum der Kletterer und Kanuten ist La Palud-sur-Verdon, wo es eine Jugendherberge, eine Schutzhütte, Etappenunterkünfte und Hotels gibt. Zwischen Porte de Saint-Jean und Castellane gibt es am Ufer des Verdon mehrere Campingplätze.

11 Mercantour-Nationalpark

Jüngster Nationalpark Frankreichs wenige Kilometer vom Mittelmeer entfernt; außergewöhnlich breite Palette von Pflanzen und Tieren wie Bartgeier, Auerhuhn, Steinbock, Mufflon und viele Schmetterlingsarten; Vallée des Merveilles mit dem größten »Freilichtmuseum« prähistorischer Felsgravuren Europas.

Obwohl das Mercantour-Massiv auf der Liste der auf nationaler Ebene zu schützenden Landschaften weit oben stand, war der Widerstand gegen die Gründung des Nationalparks so heftig, daß sie nach jahrelangen Auseinandersetzungen erst 1979 stattfand. Damals wurde das seit 1947 existierende Boréon-Reservat in das neue Parkgebiet integriert. Die Kernzone umfaßt 68 500 ha, davon liegen 53 100 ha in den Departements Alpes-Maritimes (Seealpen) und 15 400 ha in den Alpes-de-Haute-Provence. Der höchste Punkt ist mit 3143 m die Cime du Gelas, der tiefste mit 490 m das Bachbett in den Gorges de la Bévéra. 28 Gemeinden bilden die sogenannte Pufferzone (136 500 ha), wobei ein Teil des langgezogenen Gebiets an Italien stößt. Auf einer Länge von rund 30 km grenzt der Mercantour-Nationalpark an den Regionalpark Argentera, mit dem in verschiedenen Bereichen (Forschung, Schutzmaßnahmen, Auswilderungen usw.) eng zusammengearbeitet wird.

Ob der Wolf in Frankreich definitiv wieder Fuß fassen kann, steht noch keineswegs fest.

Ein überzeugendes Argument, das Gebirge im Rücken von Nizza, der fünftgrößten Stadt Frankreichs, in seiner Natürlichkeit zu erhalten, war seine Funktion als Wasserreservoir der Côte d'Azur. Diesen südlichsten Ausläufer der Westalpen, der mit Seen, Tümpeln, Mooren und Bächen reich gesegnet ist, entwässern zahlreiche Flüsse mit klingenden Namen. Durch tiefe und zum Teil spektakuläre Schluchten fließen Verdon, Vésubie, Var, Tinée, Saorge und andere südwärts dem Mittelmeer entgegen. Die tiefblauen Bergseen und die Hochmoore sind das Werk der Gletscher, die die höchstgelegenen Bereiche des Parks bedeckten, heute jedoch vollständig verschwunden sind. Der bekannteste – und zuweilen allzu viel besuchte – See der Haute-Provence ist der **Lac d'Allos** (2225 m). Mit seinen 62 ha Fläche und 52 m Tiefe ist er der größte natürliche Bergsee Europas auf dieser Höhe.

Geologisch bietet diese Landschaft viel. Ein interessantes Phänomen sind die **Gipsdolinen** in der Nähe der Felsarena von Salso-Moreno im nördlichsten Zipfel des Nationalparks. Die Trichter von unter-

Der sogenannte »Christus« ist eine der rätselhaftesten neolithischen Gravuren der Vallée des Merveilles.

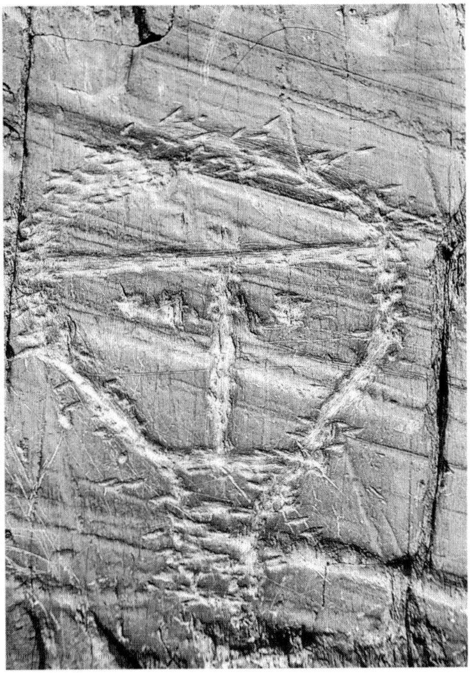

schiedlicher Tiefe erinnern an eine Mondlandschaft oder an Bombenkrater. Sie bildeten sich jedoch, als Schnee- und Regenwasser beim Versickern das erosionsanfällige Gestein auflösten. Der Abbau und die Verarbeitung von Gips zu Baumaterial wird heute noch in Lantosque in der Vallée de la Vésubie betrieben. Die unterschiedliche Beschaffenheit von weichem Gips und hartem Dolomitgestein hat die Mondlandschaft beim malerischen Dorf Péone (nordöstlich von Guillaumes) entstehen lassen. Die gestalterische Kraft des Wassers offenbart sich ebenfalls an den anthrazitfarbenen Mergelhängen, die von Bächen und Rinnsalen durchfurcht und allmählich abgetragen werden.

Ins Auge sticht das flammendrote oder violett-rötliche Sedimentgestein im **Merveilles-Tal** und in den **Gorges de la Tinée** bei Saint-Sauveur in der Randzone. Für die Färbung ist das in mehr oder weniger großen Mengen enthaltene Eisenoxid verantwortlich. Außerhalb der Parkgrenzen kann man diese Erscheinung auch in den **Gorges de Daluis** (S.99) südwestlich von Guillaumes beobachten, die der Var gegraben hat.

Am Fuß des **Mont Bégo** (2873 m) haben Hirten und Bauern der Bronzezeit die vom Gletscher glattgeschliffenen, feuerroten und hellrosa Steinplatten und Felswände benutzt, um stilisierte Stiere, Dolche und andere Waffen, Werkzeuge, geometrische Figuren und einige wenige Menschenfiguren einzumeißeln. Über 30 000 Zeichnungen wurden registriert, die aus der Zeit um 1800–1500 v. Chr. stammen. Damit zählt die **Vallée des Merveilles**, das Tal der Wunder, zu den weltweit bedeutendsten archäologischen Denkmälern aus vorgeschichtlicher Zeit. Zweifelsohne war es ein Heiligtum, und der Mont Bégo galt als der Sitz einer verehrten Berggottheit. Es gehört zu den Aufgaben der Parkverwaltung, die einzigartigen Gravuren vor Vandalismus zu schützen.

Das Gebiet um den Mont Bégo hatte bei den Hirten seit alters einen schlechten Ruf, da hier die Gewitter besonders häufig und heftig zu sein scheinen. Trotzdem sömmern in der Vallée des Merveilles ungefähr 1500 Schafe und Ziegen.

In der Kernzone gibt es einige pittoreske Weiler, die jedoch nur während der wärmeren Monate bewohnt sind. In den Randgebieten haben sich hingegen mehrere Gemeinden zu florierenden Winter- und Sommersportorten entwickelt, so Auron, Barcelonnette und Saint-Martin-Vésubie, oder sind wie Isola 2000 neu entstanden. Der Tourismus vermag die Landflucht wenigstens einigermaßen zu stoppen. Die Förderung eines umweltverträglichen Fremdenverkehrs gehört aus diesem Grund ebenfalls zum Aufgabenbereich des Nationalparks.

◁ Der Lac d'Allos im Nordwesten des Nationalparks ist Ausgangspunkt für mehrere Seenwanderungen.

Die mediterrane Nizza-Kreuzblume fällt mit ihren ▷ leuchtend rosa Blüten auf.

Pflanzen und Tiere

Bis sich die französischen Nationalparks ein einheitliches Emblem in Form einer Spirale zulegten, war eine Pflanze das Erkennungszeichen des Mercantour: eine seltene Steinbrechart, die nur ein einziges Mal blüht und dann verdorrt. Der **Mercantour-Steinbrech** wächst an nordexponierten Felswänden und produziert nach Jahrzehnten eine lange Rispe mit hellrosa Blüten. Das voreiszeitliche Relikt gedeiht nur auf dem Silikatboden des Mercantour-Massivs und ist als einer der berühmtesten Endemiten in die botanische Literatur eingegangen.
Doch auch sonst ist der Nationalpark ein Pflanzenparadies: Von 4200 in Frankreich vorkommenden höheren Pflanzenarten sind hier 2000 heimisch, darunter etwa 40, die es nur in dieser Gegend gibt. Eine der schönsten ist die kalkliebende Prachtlilie mit ihren großen scharlachroten Blüten. Intensiv gefärbt sind auch die rosarote Pfauen-Nelke, der tiefblaue Stengellose Enzian, das Rote Kohlröschen, das hellgelbe Langspornige Veilchen, der knallgelbe Rutenförmige Schöterich, die bis auf 1500 m vorkommende rosa oder blaue Nizza-Kreuzblume, die purpurn gezeichnete Hüllblatt-Schachblume, die rote Großblumige Pfingstrose. Der Orchideen-Bestand ist beachtlich: Von 79 in den Seealpen vorkommenden Arten sind bis heute rund 60 im Park festgestellt worden.
Die Lärche ist der »Charakterbaum« des Parks: Hier stehen die ältesten Exemplare Frankreichs dieses normalerweise bis zu 500 Jahre alt werdenden Nadelbaums: Beim Lac Carbon südlich des Refuge des Merveilles soll es sogar über tausendjährige Lärchen geben! In den tiefsten Lagen, von 500–800 m, gedeihen Olivenbäume (S.71) und Steineichen (S.187), auf der nächsten Stufe Kiefern und Buchen, schließlich Fichten unterhalb der Lärchen- und Arvenstufe.

◁ Erosionslandschaft an der Südflanke des Col d'Allos.

Die Lärche, Charakterbaum des Mercantour, wirft nach ▷ ihrem goldgelben Schlußbukett im Herbst die Nadeln ab.

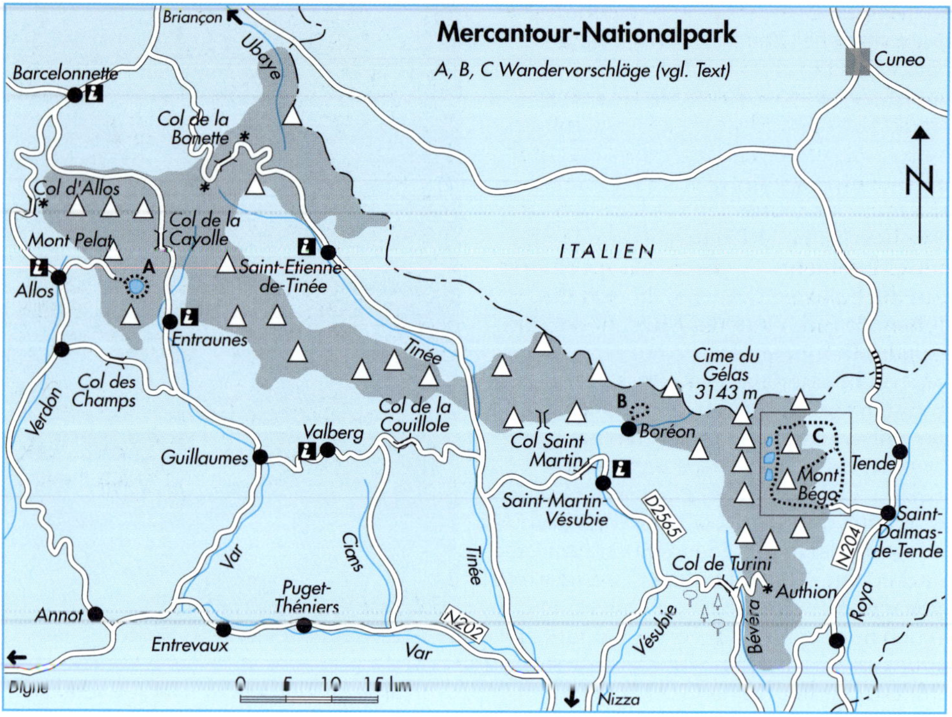

Die einzigartigen Wälder des Mercantour beherbergen Wildschweine, Rothirsche und Rehe. 1950 wurden im Boréon-Reservat einige Mufflons (S.136) ausgewildert, die sich prächtig eingelebt haben: Ihre Zahl ist bis Ende der achtziger Jahre auf 1450 gestiegen. Im Winter wandern die ursprünglich in Korsika beheimateten Wildschafe in die tiefergelegenen Wälder, während sie sich im Sommer in den sonnenbeschienenen Busch- und Heidegebieten aufhalten. Vermehrt haben sich auch die Gemsen und Steinböcke. 1987–1990 wurden 38 mit Radiosendern ausgestattete Steinböcke im Var-, Tinée- und Ubaye-Tal ausgesetzt und via Satellit beobachtet. Es sieht so aus, als ob sich einige daranmachten, den südlichen Teil der Alpes-Maritimes zu erobern. Genau gesehen ist es eine Rückeroberung, da der »König der Alpen« im Quartär auch an der Côte d'Azur geäst hat.

Seit November 1992 sind zudem wieder Wölfe im Mercantour zu Hause. Zwei Jungtiere sind zur Freude der Parkleitung auf der Suche nach unbesetzten Territorien von Ligurien her eingewandert. Widerstand gegen die scheuen Jäger ist jedoch von seiten der Schafhalter zu erwarten, die ihre Herden traditionsgemäß unbeaufsichtigt auf den Weiden lassen.
Auch die Vögel fühlen sich offensichtlich im Mercantour wohl. Das beweisen die 1993 hier freigelassenen Bartgeier (S.21), die man bei ihren Suchflügen über der Baumgrenze beobachten kann. Sie werden von den Parkwächtern aufmerksam überwacht, nicht zuletzt, um sie vor Wilderern zu schützen. Der Steinadlerbestand (s.S.54) hat sich auf etwa 30 Paare erhöht. Damit wird die obere Grenze erreicht sein, obwohl es genügend Murmeltiere (S.47) gibt, ihre wichtigste Beute zur Aufzuchtzeit. (Murmeltiere sind übrigens am besten

am Morgen zu fotografieren, wenn sie die Baue verlassen haben, um nach langer Nacht den Hunger zu stillen.)
Eine der größten Birkhuhn-Balzarenen Frankreichs befindet sich im Mercantour. In der Lichtung eines Lärchenwalds tanzen und kullern mehrere prachtvolle Hähne (S.52) um die Gunst der aus Tarngründen unscheinbar befiederten Hennen. Der Ort dieses beeindruckenden Schauspiels wird von der Parkverwaltung nicht bekanntgegeben, da Birkhühner auf Störungen sehr empfindlich reagieren.
Alpenschneehühner (S.43) leben in Hängen knapp unter der Schneegrenze und sind mit ihrem perfekten Tarnkleid – im Sommer bräunlich, im Winter fast schneeweiß – nur schwer auszumachen. Hier kommen auch Alpenbraunelle (S.102), Schneefink, Steinrötel und der anpassungsfähige Hausrotschwanz vor, der in den Alpen bis auf 3200 m Höhe brütet und in den milderen Tieflagen Südfrankreichs überwintert. Unter den Greifvögeln seien Schlangenadler (S.166) und Turmfalke erwähnt. Die naturnahen Wälder bieten Lebensraum für Schwarzspecht (S.33), Sommergoldhähnchen, Waldbaumläufer, Tannenmeise, Fichtenkreuzschnabel, Baumpieper, Ringdrossel und Zitronengirlitz.
Wo die Pflanzenvielfalt so reich ist wie im Mercantour, ist auch für die Lebensgrundlage der Falter gesorgt. Eine Besonderheit ist der behaarte Apollo *Parnassius phoebus gazelli*, der nur in den oberen Abschnitten des Boréon- und Gordolasque-Tals fliegt. Daß er wie alle andern Schmetterlinge im Park vollständig geschützt ist, sei nur erwähnt, weil zahlreiche Arten durch die Sammelwut der »Naturfreunde« beinahe oder ganz ausgerottet wurden. Fotografieren hingegen ist erlaubt. Die Insektenwelt ist überhaupt ausgesprochen interessant und bunt: Kenner behaupten, Käfer und Schmetterlinge seien im Mercantour-Massiv intensiver gefärbt als anderswo.

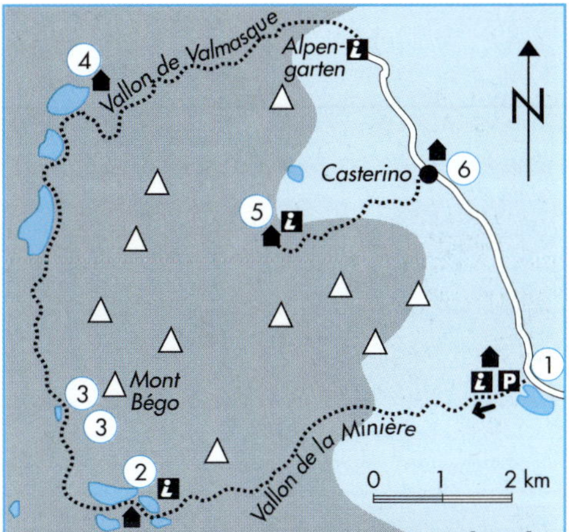

Mercantour-Nationalpark, Wanderung C

Im Gebiet unterwegs

Allein in der Kernzone sind 600 km als Wanderwege markiert und ausgeschildert. Die Fernwanderwege GR 5 (Amsterdam – Nizza), GR 52 und GR 52 A durchqueren den Park. Ein Verzeichnis der Berggasthäuser und Schutzhütten ist bei den Informationszentren des Parks erhältlich. Die vielbesuchten »Klassiker« – Lac d'Allos, Vallée des Merveilles, Tour des Monts d'Authion, Col de la Bonette – sind mit Informations- und Orientierungstafeln ausgestattet.
Ein Ausflug zum <u>Lac d'Allos</u> (A) ist für Besucher des westlichen Teils des Nationalparks fast ein Muß, den auch kleinere Kinder problemlos schaffen. Für »richtige« Wanderer ist er ein reizvoller Ausgangspunkt für längere Wanderungen, z.B. zu den Lacs de l'Encombrette, zum Col de la Cayolle oder auf den Mont Pelat. Vom Dorf Allos windet sich die D 226 in 12 km zu einem großen Parkplatz hinauf. Der gut ausgebaute Weg führt nach einem kurzen Anstieg über das große Plateau de Laus (ein zum Hochmoor mutierter Gletscher-

Eine Unterart des abgebildeten Alpenapollo fliegt ausschließlich im Mercantour-Gebiet.

In den Bergregionen der Südalpen kommt die prächtige Großblättrige Pfingstrose vor.

Das Neapolitanische Alpenveilchen ist eine von vielen *Cyclamen*-Arten, die im Mittelmeerraum verbreitet sind.

see), durch das ein kristallklarer Bergbach mäandert. Mit »Laus« werden in der Gegend übrigens größere Seen bezeichnet. Weiter geht's durch den Wald (Lärchen, Kiefern) bergauf, vorbei an einer Quelle, die vom Allos-See gespeist wird. Der Weg rund um den See ist etwa 3 km lang, das Bergrestaurant sympathisch. Marschzeit vom Parkplatz zum See: 30–45 Minuten.
Eine landschaftlich und botanisch sehr abwechslungsreiche Tour führt ins alte Naturreservat Haut-Boréon (B), wo man gute Chancen hat, Gemsen und Mufflons zu sehen. Auf der D 89 gelangt man von Saint-Martin-Vésubie über Le Boréon zum Parkplatz Vacheries du Boréon. Auf dem linken Ufer des Bergbachs steigt der Weg zu den Wasserfällen und weiter hinauf zum Refuge de Cougourde auf 2100 m (mit Restauration Mitte Juni bis Ende September). Vom Berghaus zweigt der Weg in südöstlicher Richtung zum **Lac de Trecoulpes** (2150 m) ab. Auf der GR 52 geht's zurück ins Boréon-Tal und wieder hinunter zum Parkplatz. Marschzeit: 3–3,5 Stunden.
Will man die Felsgravuren der Vallée des Merveilles (C) in Ruhe betrachten, sollten für diese Tour 2 Tage eingeplant werden. Vom Parkplatz am **Lac des Mesches** ① in 1390 m Höhe steigt der Weg recht steil durchs Vallon de la Minière zum Lac Long supérieur und zum **Refuge des Merveilles** (2111 m) ② hinauf. Es lohnt den Aufwand, sich vorher über die bronzezeitlichen Ritzzeichnungen ③ zu informieren oder an einem der geführten Rundgänge teilzunehmen, die mehrmals täglich vom Berghaus aus durchgeführt werden (2,5 Std.) und es ermöglichen, sonst unzugängliche Bereiche zu betreten. Der **Rocher de l'Autel** zu Füßen des Mont Bégo ist mit 1000 Zeichnungen die bedeutendste Fundstätte. Anschließend führt der Weg dem Lac de Basto, dem Lac Noir und dem Lac Vert entlang zum **Refuge Valmasque** (2221 m) ④. Das gleichnamige Tal wird durchwandert, und nach dem Alpengarten erreicht man die Fahrstraße im Vallon de Casterino. Wer

noch mehr Lust auf prähistorische Gravuren hat, wandert zum **Refuge de Fontanalbe** ⑤, in dessen Umgebung noch viele zu entdecken sind (zur Hütte und hinunter nach Casterino ⑥: 2,5 Std.). Schade, daß die 7 km lange Strecke vom Alpengarten über Casterino (Restaurants, Hotels) bis zum Lac des Mesches auf Asphalt gewandert werden muß! Immerhin: Vom 15. Juli bis 3. September kann mit dem Bus ins Tal gefahren werden. Und wer den Aufstieg vom Parkplatz zum Refuge des Merveilles scheut, kann einen Jeep samt Führer mieten (Auskunft bei den Informationszentren oder Verkehrsbüros).

Praktische Tips

Anreise

Nizza und Menton an der Küste und Barcelonnette im Nordwesten des Parks sind die größeren »Eingangspforten« zum Mercantour-Nationalpark. Von Westen ist die Route Napoléon bis Digne-les-Bains zu empfehlen; von hier aus gibt es mehrere Möglichkeiten, auf malerischen Nebenstraßen ans Ziel zu gelangen. Der Zug (auch TGV) fährt täglich mehrmals von Paris nach Nizza.

Klima/Reisezeit

Infolge der Höhenunterschiede und der Länge des Parks von rund 80 km ist das Klima sehr unterschiedlich. Die Gipfelregion ist noch tief verschneit, wenn im unteren Roya-Tal die Obstbäume blühen. Generell sind die Winter zwar spürbar milder als in den Zentralalpen, aber die Wandersaison beginnt auch erst im Mai/Juni. Dann halten sich Gemsen, Mufflons und Steinböcke noch in tieferen Lagen auf und sind weniger scheu. Dafür ist die Flora im Juli und in der ersten Augusthälfte am schönsten.

Adressen

- ➭ Parc national du Mercantour, Centre d'information, 23, Rue d'Italie, BP 1316, 06006 Nice Cedex 1, Tel. 04 93 16 78 88.

Schneefinken leben das ganze Jahr über der Schneegrenze und nisten oft an Alphütten und anderen Bauten.

- ➭ Maison du PN du Mercantour, Quartier de l'Ardon, 06660 Saint-Etienne-de-Tinée, Tel. 04 93 02 42 27.
- ➭ Maison du PN du Mercantour, Rue Kellerman-Serrurier, 06450 Saint-Martin-Vésubie, Tel. 04 93 03 23 15.
- ➭ Maison du PN du Mercantour, La Sapinière, 04400 Barcelonnette, Tel. 04 92 81 21 31.
- ➭ Maison du PN du Mercantour, Rue de la Placette, 04260 Allos, Tel. 04 92 83 04 18.
- ➭ Comité régional du tourisme (CRT), Prom. des Anglais, B.P. 1602, 06011 Nice Cedex 1, Tel. 04 93 37 78 78.

Unterkunft

In der Kernzone gibt es viele Berghütten, in denen man während der Wandersaison sich verpflegen und nächtigen kann; Auskunft geben die Informationszentren und Verkehrsbüros. In der Randzone und in den angrenzenden Gebieten findet man zahlreiche Restaurants, Hotels und Privatunterkünfte. Wie bei den Berghäusern ist auch hier im Juli und August frühzeitiges Reservieren empfohlen.

12 Var-Tal und Umgebung

Urtümliche Flußlandschaften im Hinterland von Nizza; die Nähe von Gebirge und Meer, eindrucksvolle Schluchten und eine vielfältige Pflanzenwelt bilden den besonderen Reiz.

Der Var hatte einst einen denkbar schlechten Ruf: Er galt als wild, unberechenbar und vagabundierend. Die gewaltigen Hochwasser rissen immer wieder Häuser und Brücken mit sich, die ihnen im Wege standen. Das Wasser stieg bei einem Unwetter dermaßen schnell an, daß es oft unmöglich war, seine Habe in Sicherheit zu bringen. Der Warentransport ohne Brücken im Unterlauf war umständlich, da man je nach Wasserstand mit dem Boot oder bei Furten zu Fuß übersetzte. Der mißlichen Situation wurde 1860 ein Ende gesetzt, als man den Fluß zu zähmen begann. Durch Eindämmungen und Verbauungen hat der Var seine Wildheit weitgehend verloren und tritt seltener über die Ufer. Geblieben sind jedoch die imposanten Schluchten und Täler, die er und seine Zuflüsse geschaffen haben. Gleichzeitig begann sich die Erkenntnis durchzusetzen, daß die häufigen Hochwasser nicht einfach naturgegeben, sondern eine Folge der Entwaldung durch Überweidung, Rodungen und Feuersbrünste waren. 1891–1910 kaufte der Staat im Quellgebiet 3750 ha Land und forstete einen Teil mit Hakenkiefern und Lärchen auf. Heute umfaßt der

Die eisenhaltigen roten Felsen der Daluis-Schlucht kontrastieren mit dem Blau des Var.

Staatswald der Sources du Var 435 ha, und es wird weiter aufgeforstet.
Der Var ist 120 km lang und liegt überwiegend im Departement Alpes-Maritimes. Er entspringt am Fuß des Cayolle-Passes oberhalb von Esteng auf ungefähr 1800 m im oberen Entraunes-Tal. Im Herbst, wenn sich die Lärchen goldgelb verfärben, zeigt es sich von seiner schönsten Seite. Es grenzt an den Nationalpark **Mercantour** (s.S.90–97) und liegt zu einem Teil in dessen Pufferzone. Bis zum Ersten Weltkrieg, als eine Straße gebaut wurde, war das Tal weitgehend isoliert und ist deshalb erstaunlich unberührt geblieben. Daß dies so bleibt, dafür sorgt die Parkverwaltung, die sich bemüht, ein Gleichgewicht von Naturschutz, traditioneller Landwirtschaft und Tourismus zu finden. Man will vor allem Wanderer ansprechen, die ein gut ausgebautes Wegenetz und eine malerische Landschaft mit Wasserfällen, Seen und bunten Blumenwiesen schätzen.
Zwischen Guillaumes und Daluis hat sich der Fluß tief in den roten Schiefer geschnitten. Unterhalb der **Gorges de Daluis** ① erhebt sich die »Wächterin der Schlucht«, ein mächtiger Steinblock, dessen Silhouette an die Marianne erinnert. Bei Pont-de-Gueydan macht der Var einen scharfen Knick und fließt bis zu den Gorges de la Mescla ② in östlicher Richtung. Auf diesem Weg münden zwei Zuflüsse ein, die Roudoule und der Cians, beide mit großartigen Schluchten, die einen Abstecher lohnen. Nach der Mescla-Schlucht macht der Var wiederum einen Bogen und eilt nun in südlicher Richtung dem Meer entgegen. Imposant das **Défilé de Chaudan** ③, ein langer Engpaß, in den die Vésubie einmündet, deren Gorges ebenfalls sehenswert sind. Auf der rechten Seite hoch über dem Var liegt das Dörfchen Bonson ⑤. Von der Terrasse der Kirche hat man eine prächtige Sicht auf die beiden Natursehenswürdigkeiten und in die umliegenden Hügel. Das Tal der **Vésubie** mit seinen rau-

◁ Das Var-Tal hat seine ursprüngliche Wildheit nicht ganz verloren.

In lichten Wäldern der höheren Lagen kann man den ▷ streng geschützten Frauenschuh entdecken.

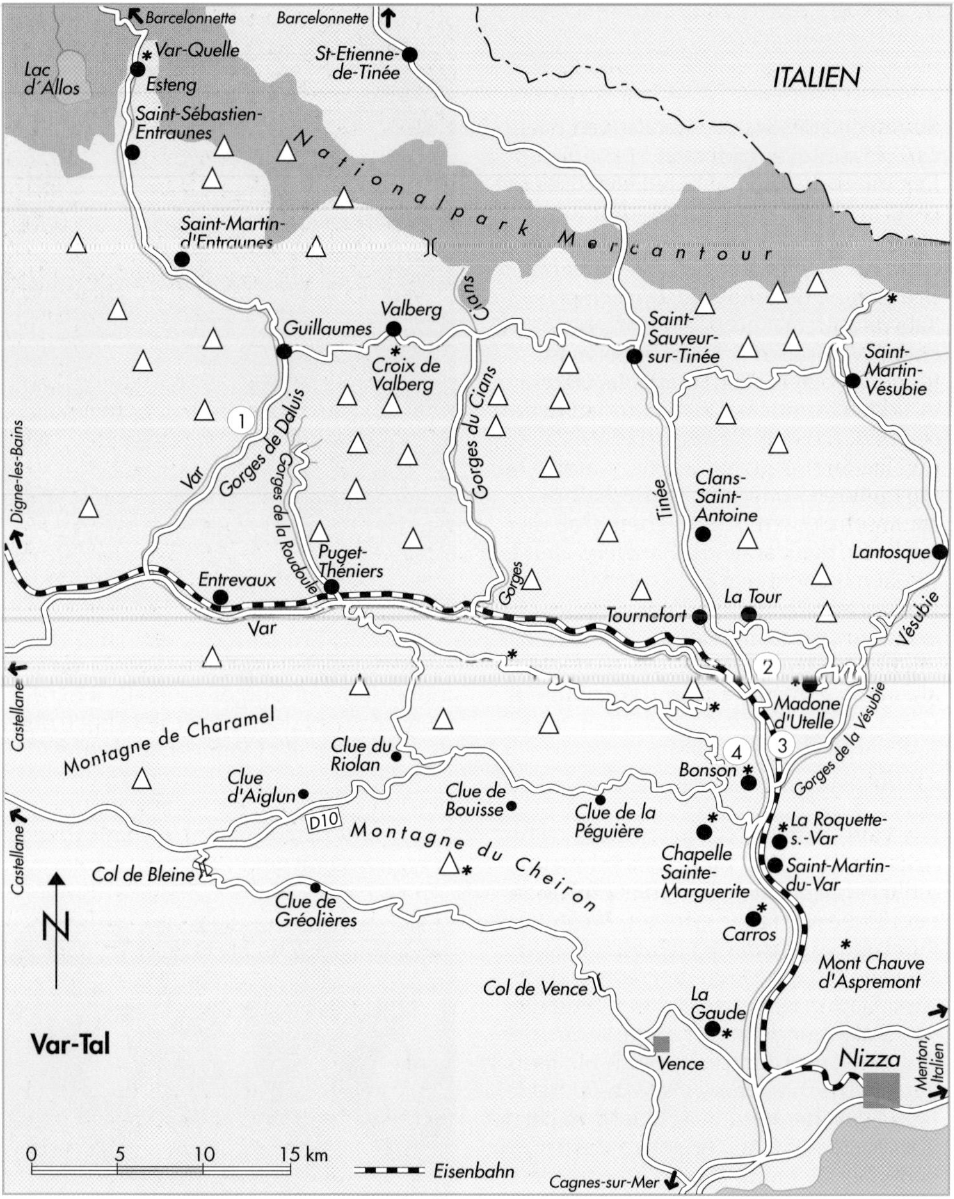

schenden Wasserfällen und berühmten Panoramablicken gehört zu den schönsten Landschaften des Nizzaer Hinterlands. Bei Saint-Martin-du-Var mündet der Esteron ein, und das Flußbett verbreitert sich. Bis Nizza durchquert der Var mediterranes Kulturland mit Olivenhainen und pittoresken Dörfern.

Pflanzen und Tiere

Reizvoll an dieser Flußreise sind die verschiedenen Vegetationsstufen auf engem Raum, die von südlich-exotischen Pflanzen bis zu den Bergblumen der alpinen Region reichen. Das obere Entraunes-Tal ist für seine Vielfalt an Alpenblumen bekannt (wie auf S. 93 beschrieben). In den Lärchenwäldern leben viele Vogelarten wie Fichtenkreuzschnabel, Baumpieper, Schwarzspecht (S.33), Sommergoldhähnchen, Waldbaumläufer, Tannenmeise, Ringdrossel und Zitronengirlitz. Über der Waldgrenze gibt es zahlreiche Murmeltiere (S.47). Sie sind nicht besonders scheu und lassen sich gut beobachten, vor allem am früheren Vormittag. Stolz ist man auf die ansehnlichen Bestände der geschützten Roten Waldameise; allerdings erwecken die schönen Schmetterlinge wie der große Silbergrüne Bläuling, der orangefarbene Dukatenfalter, der Große Perlmuttfalter, der Kaisermantel und der Hochalpenapollo mehr Aufmerksamkeit.

Im Gebiet unterwegs

Die Vallée du Var und alle anderen genannten Täler sind durch **Autostraßen** erschlossen. Das Var-Tal ist mit dem Cians-, dem Tinée- und dem Vésubie-Tal zudem durch eine Bergstraße verbunden, die parallel zum Mercantour-Nationalpark verläuft. Dadurch lassen sich verschiedene Rundreisen zusammenstellen.
Umweltfreundlich ist die Fahrt mit dem berühmten **Pinienzapfen-Bähnchen**, das von Nizza durchs untere Var-Tal und weiter über Annot und Barrême nach Digne-les-Bains fährt. Genannt wird der »Train des Pignes« so, weil es heißt, früher sei die Lokomotive mit den großen Zapfen eingeheizt worden, die der Führer am Trassenrand einsammelte. Jedenfalls ist das nostalgische Bähnchen, das 1911 zum ersten Mal über die 151 km lange einspurige Trasse dampfte, auch heute noch nichts für Eilige, obwohl es nur etwas mehr als 3 Stunden vom monumentalen Jugendstilbahnhof der Chemins de fer de Provence in Nizza bis nach Digne benötigt. Dabei steigt es von 22 m Höhe auf 1013 m nach der Station von Méailles, fährt durch mehrere Tunnels und über 33 Brücken und Viadukte. Die vielen kleinen Bahnhöfe und Haltestellen an der Strecke erlauben es auch, nur auf einem Teilstück mitzufahren.

Die immergrüne, weißblühende Französische Zistrose.

Praktische Tips

Anreise
Von Marseille her über die A 8 nach Nizza oder auf der Route Napoléon N 85 über Grenoble–Digne-les-Bains–Cagnes-sur-Mer nach Nizza. Mit der Eisenbahn bis Nizza (TGV bis Toulon). Auf dem linken Var-Ufer direkt am Meer liegt der Flughafen Nizza-Côte d'Azur, umsatzmäßig der zweitgrößte Frankreichs.

Klima/Reisezeit
Das Var-Tal weist einen Höhenunterschied von fast 1800 m auf. Entsprechend unterschiedlich ist das Klima: Möglicherweise kann man in Nizza bereits im Meer schwimmen, während im Quellgebiet noch Schnee liegt. Die kleine Reise ist vom Frühling bis in den Herbst empfehlenswert. Während der Sommerzeit kann es allerdings schwierig sein, sich im Train des Pignes einen freien Platz zu erobern.

Die Alpenbraunelle brütet in der Regel in der alpinen Stufe, manchmal aber auch unterhalb der Baumgrenze.

Adressen

➪ Office du tourisme, Gare S.N.C.F., Av. Thiers, 06000 Nice, Tel. 04 93 87 07 07.

Train des Pignes:

➪ Chemins de fer de Provence, 40, Rue Clément-Roassal, 06007 Nice Cedex 1, Tel. 04 93 88 34 72.

➪ Chemins de fer de Provence, Gare, 04000 Digne-les-B., Tel. 04 92 31 01 58.

Unterkunft

Nizza als Augangspunkt bietet für fast jeden Geschmack und Geldbeutel etwas Passendes. Wer lieber in ländlicher und ruhigerer Umgebung übernachtet, findet in den größeren Dörfern des Hinterlandes sympathische Hotels und Restaurants.

Die Vésubie hat im Hinterland von Nizza eines der reizvollsten Täler Südfrankreichs geschaffen.

13 Côte d'Azur mit dem Nationalpark Port-Cros

An manchen Stellen noch einsame Strände, türkisfarbenes Wasser, malerische Fjorde, eine prächtige mediterrane Vegetation; im nahen Hinterland ausgedehnte Wälder und tiefe Schluchten, bizarre Felsformationen und eine faszinierende Tierwelt.

Die Mittelmeerküste östlich der Rhone ist das größte Sorgenkind des französischen Naturschutzes, ein von Industrie, Spekulation, Bauwut, Tourismus und Verschmutzung bis zum Kollaps gestreßtes Ökosystem. Initiativen zur Rettung stoßen in den meisten Fällen auf Widerstand, da finanzielle Interessen im Vordergrund stehen. Der Umweltschutz findet jedoch immer mehr Anhänger, und seit 1986 bestehen gesetzliche Grundlagen zum Schutz von Frankreichs Küsten. Nationale und internationale Interessengruppen setzen sich für sie ein, so der WWF oder das Conservatoire de l'Espace littoral et des Rivages lacustres, die staatliche Küstenschutzbehörde, die besonders wertvolle und gefährdete Uferzonen aufzukaufen versucht. Für den zumindest punktuellen Schutz der einst reichen Tier- und Pflanzenwelt des Mittelmeers gründete man bereits 1963 den Nationalpark Port-Cros, der diese urtümlichste Hyèrische Insel mit ihrem Küstensockel umfaßt.
Das Hinterland der Côte leidet am meisten unter den Waldbränden, die im Sommer ganze Landstriche in Schutt und Asche legen. Im Mauren- und Esterel-Massiv sind speziell gefährdete Zonen bei Mistral oder großer Trockenheit gesperrt. Es muß nicht unbedingt Brandstiftung sein; ein glimmender Zigarettenstummel oder eine Glasscherbe können eine Katastrophe auslösen und jahrhundertealte Baumbestände vernichten. Mit 1 ha Wald sollen zudem jeweils rund 300 Vögel, 400 Säugetiere, 100 Reptilien und Tausende Insekten umkommen, ganz abgesehen von den Menschen, die hier Jahr für Jahr dem Feuer zum Opfer fallen. Deshalb: Das Rauchverbot außerhalb des Dorfes in Port-Cros ist keine Schikane.
Mit dem Auseinanderdriften der Kontinente vor 200 Mio. Jahren entstand die Tethys. Sie ist die Urahnin des heutigen **Mittelmeers**. Als sich die Pforte von Gibral-

Die Pflanzenwelt der Felsküste von Port-Cros ist dank dem beinahe afrikanischen Klima vielfältig.

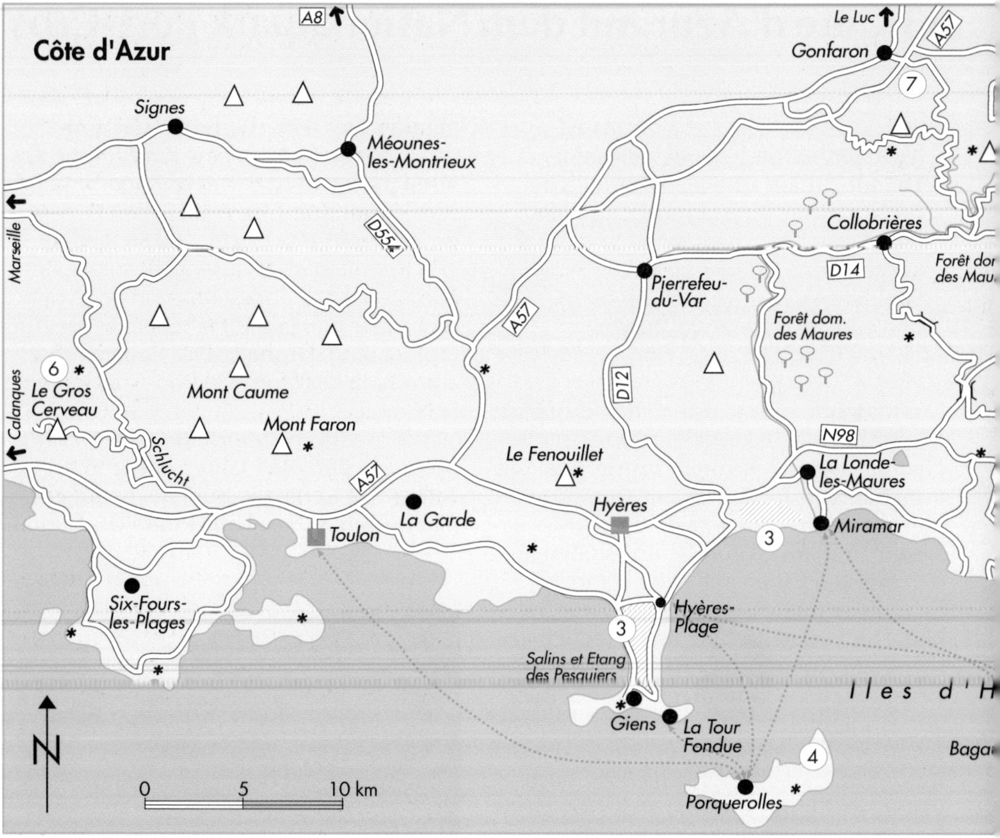

tar schloß, trocknete das Binnenmeer aus und verwandelte sich in eine riesige Salzwüste. Das Becken wurde vor Jahrmillionen wieder aufgefüllt, als Wasser aus dem Atlantik hineinströmte. Der schmale Durchgang, der übrigens langsam, aber ständig zusammenrückt, ist die einzige Stelle, an der ein Wasseraustausch mit dem Ozean stattfindet. Die Wärme bewirkt, daß eine Menge Wasser verdunstet. Dies erhöht die Salzkonzentration (sie beträgt etwa 4 Gramm pro Liter mehr als im Atlantik) und erschwert die Selbstreinigung: Das Wasser des Mittelmeers erneuert sich theoretisch alle 90 Jahre nur einmal. Die Oberfläche umfaßt 2,5 Mio. km^2; die mittlere Tiefe beträgt 1500 m, der tiefste Punkt liegt bei 4632 m vor dem Peloponnes. Obwohl die Gezeiten sehr schwach sind, werden die Felsen der Uferzonen von Wind und Wellen geformt: Zur Tagundnachtgleiche peitschen die gefürchteten Äquinoktialstürme die Felsen, und der Wind schleift sie mit Sand zu bizarren Gebilden.

Bis Théoule-sur-Mer westlich von Cannes bietet die Côte wenige Naturerlebnisse: Von der italienischen Grenze an beherrscht der Autoverkehr das Bild. Dann wird die Straße schmaler und umkurvt den **Esterel**, ein vor 300 Mio. Jahren durch vulkanische Tätigkeit entstandenes Porphyrmassiv. Höchster Punkt ist der Gipfel des Mont Vinaigre (618 m).

Ein Beispiel mediterraner Küstenvegetation vermittelt die **Pointe de l'Aiguille** kurz nach Théoule, ein Schutzgebiet der Forstverwaltung mit mehreren Wegen, die zu drei kleinen öffentlichen Stränden hinunterführen, die von rotem Fels eingerahmt sind. Große Flächen des Esterel-Waldes (Korkeiche, Strandkiefer) brannten bei verschiedenen Feuersbrünsten nieder, und die Aufforstung bereitet Schwierigkeiten, so daß sich Blumen und Sträucher ausbreiteten, die im Frühling eine Augenweide sind. Die schönste Rundsicht hat man vom **Pic de l'Ours** (496 m), der vom Col Notre-Dame in 30–45 Minuten zu erwandern ist. Auch die wilde **Mal-Infernet-Schlucht** mit dem malerischen Eichhörnchen-See ist nur zu Fuß passierbar (vom Parkplatz beim Col Belle-Barbe und zurück in gut 2,5 Std.).

Zwischen Fréjus und Hyères ist die Küste außerordentlich reizvoll. Der Südabhang des Mauren-Massivs ist mit wunderschönen Buchten, zerklüfteten Felsküsten, großen Sandstränden und einer oft geradezu atemberaubenden Flora gesegnet. Es gibt Möglichkeiten, stundenlang dem Meer entlang zu wandern und zu schwimmen (z.B. auf der Halbinsel von Saint-Tropez ① und bei Le Lavandou). Die Küstenstraße **Corniche des Maures** ② zwischen Cavalaire-sur-Mer und Le Lavandou ist für ihre einzigartigen Ausblicke sowie die prächtigen Gärten berühmt. Waldbrände haben leider auch hier häßliche Lücken gerissen.

Bei **Hyères**, im Osten und westlich der Straße zur Halbinsel Giens, gibt es die letzten Salinen ③ der Côte d'Azur mit einer Jahresproduktion von 25 000 Tonnen Speise- und Industriesalz. Die Becken wurden vor 500 Jahren von den Jesuiten angelegt.

Die wohlriechende Myrte blüht im Sommer in Wäldern und Macchien des Küstengebiets.

Im Pesquiers-Teich gibt es zahlreiche Wasservögel, unter anderem Flamingos (s.S.121), die jedoch hier nicht brüten. Die Vögel sind von der »Salzstraße« aus, die sich auf der Westseite den Salinen entlangzieht, am besten zu beobachten.

Die **Hyères-Inseln** sind für alle, die naturnahe Inselromantik und Stille suchen, ein lohnendes Ausflugsziel. Der Archipel war einst mit dem Mauren-Massiv verbunden und ist rund 30 km von Giens entfernt. **Porquerolles** ④ ist mit einer Länge von 7 km und 1250 ha die größte der drei Hauptinseln. Mit ihren weiten Buchten und langen Sandstränden war sie geradezu ideal, um in ein »Urlaubsparadies« verwandelt zu werden. Glücklicherweise schob der Staat 1972 diesen Plänen einen Riegel vor und stellte die ganze Insel unter Aufsicht des Nationalparks Port-Cros. Auf Porquerolles befindet sich zudem ein Conservatoire botanique national, das in erster Linie die Aufgabe hat, wilde und gezüchtete Mittelmeerpflanzen zu erhalten, die selten sind oder durch die moderne Landwirtschaft zu verschwinden drohen. Es

◁ Die berühmte Calanque d'En-Vau ist zu Fuß durch die Steilwand, bequemer aber mit dem Schiff erreichbar.

Korkeichen – hier frisch geschält – bevorzugen ▷ Silikatböden des westlichen Mittelmeerraums.

werden z.B. 22 Mandel-, 40 Maulbeer-, 41 Öl-, 50 Aprikosen-, 154 Feigen- und 200 Pfirsichbaumvarietäten gepflegt. Mehrere Wanderwege umrunden und durchqueren die Insel.

Port-Cros ⑤ ist etwa halb so groß, ragt jedoch höher aus dem Meer: der Mont Vinaigre erreicht 194 m. Der Nationalpark umfaßt neben dem terrestrischen Gebiet rund 1200 ha Meeresraum, wo weder geangelt noch harpuniert werden darf. Außer dem ehemaligen Fischerdörfchen am Hafen ist die Insel unbesiedelt. Ein Pflanzenlehrpfad wurde der Küste entlang angelegt, ein historischer Weg führt an alten Bastionen und Forts vorbei. Eine Besonderheit ist jedoch der Unterwasserlehrpfad, der mit Schnorchel und Flossen absolviert werden kann und keine speziellen Schwimm- und Tauchkünste erfordert. Dabei entdeckt man eine reiche Unterwasserwelt, die beispielhaft ist für die geschützten Zonen rund um die Insel.

Gegenüber der Bucht von Port-Cros liegt die kleine **Ile de Bagaud,** ein langgezogenes Eiland mit militärischen Anlagen, das für Besucher gesperrt ist. Das Naturreservat ist den Vögeln reserviert, die hier brüten oder auf dem Zug rasten. Im Nordosten von Port-Cros liegt die Levant-Insel, ein Refugium für Nudisten und das Militär.

Von Hyères bis La Ciotat ist die Küste ziemlich dicht bebaut. An spektakulären Aussichten mangelt es trotzdem nicht, z.B. auf den Halbinseln südwestlich von Toulon (Saint-Mandrier-sur-Mer und Notre-Dame du Mai). Einen Katzensprung ist es von Ollioules auf der D 20 zur **Montagne du Gros Cerveau** (großes Gehirn) ⑥, einem Sandsteinmassiv mit phantastischen Erosionsgebilden. Von La Ciotat, wo Tradition, Tourismus und Industrie ein organisches Nebeneinander bilden, klettert die

Die weißen Blütchen der Bougainvillea kontrastieren effektvoll zu den drei violetten Hochblättern.

Die roten Blütenrispen des Mastixstrauchs sind eine Zierde von Macchie und Garrigue.

D 40 auf ein kahles Kalkmassiv, die **Montagne de la Canaille.** Hier steht man auf den höchsten Klippen Frankreichs (bis 399 m) und schaut aus der schrägen Vogelperspektive auf Cassis und die östlichsten Calanques hinunter.
Die **Calanques** sind ein einzigartiges Relikt der Eiszeit, das einst von Flüssen geschaffen wurde. Sie haben sich in den weißen Kalk gefressen und schmale und breitere Cañons geschaffen, die sich vor etwa 6000 Jahren mit dem steigenden Meerwasser füllten und zu Fjorden wurden. Das 20 km lange und 4 km breite Massiv mit diesen Naturwundern zwischen Cassis und Marseille ist annähernd kahl, da Feuersbrünste und Schafe die Wälder bis auf wenige Reste zerstörten. Die Aufforstung bereitet in dem extrem trockenen und heißen Gebiet große Schwierigkeiten. Von der D 559 zweigen mehrere Straßen in Richtung Calanques ab, doch das letzte Stück geht man zu Fuß. Aus einer andern Perspektive erlebt man die »Finger Gottes« vom Schiff aus (z.B. von Cassis bis zur Calanque d'En-Vau, die schönste und grandioseste dieser ertrunkenen Schluchten).

Pflanzen und Tiere

Eine der berühmtesten mediterranen Blütenpflanzen, die sogenannte Mimose, kam 1880 von Australien an die Côte d'Azur. Die Blaugrüne Akazie, wie sie richtig heißt, blüht hier bereits im Dezember/Januar und wurde zum knallgelben Sinnbild des ewigen Frühlings an mediterranen Küsten.
Zu den Einwanderern, die heute als typisch mediterran gelten, zählen auch die violett leuchtende Bougainvillea aus Brasilien, die Dattelpalme aus Arabien und der Orangenbaum aus Asien. Die ursprünglich amerikanischen Feigenkakteen (S.16), deren stachlige Früchte eßbar sind, verwildern ebenso leicht wie die peruanische Baumwolle, die amerikanische Agave und der Granatapfel aus Südwestasien.
Ein Einheimischer, der an der ganzen Küste verschwenderisch blüht, ist der Oleander. Sein bevorzugter Lebensraum sind Flußbette, die zeitweise austrocknen. Leicht feuchte Böden will die Myrte, deren zarten weißen Blüten das Haar der Bräute schmückten. Mit dem Mastixstrauch und der Wildform des Olivenbaums bildet die Myrte eine typische Pflanzengemeinschaft, die sich nur an den heißesten Orten bildet. Eine charakteristische Pflanze der felsigen mediterranen Küsten ist die Baum-Wolfsmilch, die bei Sommerbeginn die Blätter abwirft und erst bei den ersten Regenfällen im Herbst wieder austreibt. Am selben Standort steht die Zwergpalme. Neben Strandkiefern sind die dekorativen Pinien häufig; ihre köstlichen Samen, die Pinienkerne, werden zu regionalen Spezialitäten verarbeitet.
In der hohen Macchie an der Küste und im Landesinnern leuchten die roten Früchte der Erdbeerbäume (S.198), die auf Port-Cros und im Massif des Maures größere Bestände bilden. Der prachtvolle Erdbeerbaumfalter ist von ihm abhängig, da er sich im Raupenstadium ausschließlich von seinen ledrigen Blättern ernährt. Der »Zweischwänzige Pascha«, wie ihn die Franzosen nennen, wird immer seltener, einerseits wegen der Sammler und andererseits, weil die Waldbrände seine Futterpflanze vernichten.
Ein Baum, der auf den Inseln rar ist (auf Port-Cros kommt er nur in der Vallée de la Solitude vor), war im Mauren-Massiv von wirtschaftlicher Bedeutung: die Korkeiche. Ihre etwa 5 cm dicke Borke wird abgeschält und zu Zapfen, Isolationsmaterial usw. verarbeitet. Frisch entrindet ist der Stamm leuchtendrot, später wird er dann schwarz; die Borke wächst innerhalb von 10 Jahren nach. Aus dem Holz der Baumheide werden auch heute noch in Cogolin Bruyèrepfeifen hergestellt.
Auf **Port-Cros** ⑤ gibt es rund 530 einhei-

Das Schildkrötendorf im Mauren-Massiv

Nur wenige Kilometer von Nizza, Cannes, Toulon oder Marseille entfernt landeinwärts findet man Landschaften und Dörfer, die sich in den letzten hundert Jahren kaum verändert zu haben scheinen. Statt Verkehrslärm Zikadengesang, statt überfüllter Strände einsame Cañons und Hirtinnen, die ihre Ziegen und Schafe zu den kargen Weideplätzen führen. Daß die Idylle auch hier bedroht ist, wen wundert's. Daß dagegen etwas unternommen werden kann, beweist das Schildkrötendorf bei Gonfaron ⑦ in der Macchie des nördlichen Mauren-Massivs. Die heimische Landschildkröte stand in Frankreich kurz vor der Ausrottung. Sie ist eine Unterart der Griechischen Landschildkröte *(Testudo hermanni)* und wird in der Provence »Mauren-Schildkröte« genannt, weil sie innerhalb Frankreichs nur noch hier und auf Korsika vorkommt. Den urtümlichen Panzertieren setzen Straßenverkehr, Landwirtschaft und Waldbrände zu. Bevor sie geschützt waren, wurden sie zudem massenhaft eingesammelt, um sie als Haustiere zu halten. Als die Öffentlichkeit auf den alarmierenden Zustand aufmerksam gemacht wurde, herrschte Betroffenheit: Die Griechische Landschildkröte wurde zum Symbol für die gesamte Tierwelt der Côte d'Azur.

1988 öffnete das Schildkrötendorf seine Pforten. In verschiedenen Holzgebäuden und Gehegen werden Schildkröten erforscht, gezüchtet und von Verletzungen und Krankheiten kuriert. Die Besucher lernen die seltenen Reptilien durch Führungen, Ausstellungen und Filme kennen. Am beeindruckendsten sind jedoch die Freiland-Kinderstuben, wo der Nachwuchs vor Freßfeinden geschützt aufwächst, bis die Tiere im Alter von 5 Jahren freigelassen werden. Vorderstes Ziel der Vereinigung ist es, die im Var seit Urzeiten heimische Schildkröte vor dem Aussterben zu retten. Im Hintergrund steht jedoch der Gedanke, das Mauren-Massiv zum regionalen Naturpark zu erklären.

➪ Le village des tortues, B.P. 24, 83590 Gonfaron, Tel. 04 94 78 26 41. Täglich geöffnet 9–19 Uhr.

mische Pflanzenarten, darunter ein paar, die nur hier vorkommen. Da die Insel seit 1890 nicht mehr landwirtschaftlich bebaut wird, ist sie fast vollständig bewaldet, vorwiegend mit Strandkiefern und Erdbeerbäumen. Von wissenschaftlichem Interesse ist dieser Wald in erster Linie, weil er sich seit mehreren Jahrzehnten ungestört entwickeln konnte. Die Unterwasserflora wird auf Port-Cros ebenfalls beobachtet.

Obwohl hier die Welt noch heil scheint, macht ihr die Verschmutzung zu schaffen. Eine nur im Mittelmeer vorkommende Blütenpflanze ist das Neptungras. Es bildet große und dichte Unterwasserwiesen und ist als »Kinderstube« zahlreicher Meerestiere von eminenter Bedeutung. Man hat festgestellt, daß die Wiesen langsam verschwinden und die Pflanzen sich nicht mehr vermehren. Versuche, Neptungras

◁ Südwestlich von Toulon, vor der schroffen Felsküste des Petit Gaou, liegen die Embiez-Inseln.

▽ Die buchtenreiche Küste des Mauren-Massivs gehört zu den schönsten Landschaften der Côte.

Blüht mitten im Winter: die Blaugrüne Akazie.

zu züchten und anzupflanzen, erwiesen sich als schwierig. Die braunen Kugeln, die man häufig am Strand findet, sind ausgerissene und von der Brandung zu Bällen geformte Neptungräser.
Die faszinierende Unterwasserwelt der Algen, Korallen, Fische, Muscheln und Schalentiere ist auf Port-Cros am leichtesten zwischen dem Strand von Palud und der Insel Rascas zu entdecken. Wer nicht

Der nacht- und dämmerungsaktive Blattfinger-Gecko ist am Tag hell und nachts bräunlichschwarz gefärbt.

tauchen oder schnorcheln mag, kann auch in der Uferzone Wassertiere und Algen entdecken.
Der Nationalpark hat zudem eine interessante terrestrische Tierwelt aufzuweisen. Der auf der Insel heimische Europäische Blattfinger-Gecko, eine kleine Echsenart, und der Sardische Scheibenzüngler, ein massiger Frosch, kommen auf dem französischen Festland nicht vor. Der Halbfinger-Gecko hingegen ist auch an der Küste verbreitet. Die besonders großen und anders als auf dem Festland gefärbten Mauereidechsen sind ein Beispiel für die Entwicklung einer Population, die während Jahrtausenden isoliert lebt.
Auffällig ist, daß außer Wildkaninchen, Hausratten und Waldmäusen fast keine Säugetiere vorkommen. Bis 1920 gab es auf den Iles d'Hyères zudem Mönchsrobben (bis 1940 an der Côte d'Azur). Man will die kurz vor der Ausrottung stehende Mittelmeer-Robbe züchten und auf Port-Cros ansiedeln.
Unter den 114 Vogelarten, die in Port-Cros regelmäßig beobachtet werden, brüten 21 auf der Insel; im Mauren-Massiv sind es 30–35. Am interessantesten ist die Vogelbeobachtung in Port-Cros während des Frühjahrszugs von April bis Mai. Allgegenwärtig und nicht zu überhören sind die Weißkopfmöwen, die seit 1940 an der südfranzösischen Küste in großen Kolonien im Fels nisten. Es brüten Wander- (S.29) und Turmfalken, Sperber, Zwergohreulen, Alpensegler, Wiedehopfe (S.186), Blaumerlen (S.159), Nachtigallen, Provencegrasmücken und Stieglitze. Der farbenfrohe Bienenfresser (S.17) pflanzt sich hier zwar nicht fort, wird aber den Sommer über immer wieder gesehen.
Im Hinterland der Côte d'Azur brütet er kolonieweise.

Im Gebiet unterwegs

Für die Côte d'Azur sollte man sich Zeit nehmen, da es alle paar Kilometer etwas zu sehen gibt. Entlang der Küstenstraße finden sich entsprechend viele Parkmöglichkeiten (Fotoapparate, Handtaschen usw. mitnehmen!). Es bietet sich immer wieder die Gelegenheit für kürzere oder längere Spaziergänge oder einen Sprung ins Wasser: Im Prinzip ist das Ufer überall frei zugänglich!
Für längere Wanderungen im Esterel- und Mauren-Massiv oder in den Calanques existieren mehrere gute Wanderführer und -karten. Verschiedene Fernwanderwege, die zu den schönsten Frankreichs zählen, führen durchs Küstengebiet: GR 51 von Menton durchs Esterel- und Calanques-Massiv nach Marseille; GR 9 durchs Massif

Die Nizza-Fetthenne gedeiht dank ihrer ausgeprägten Fähigkeit Wasser zu speichern auf extrem trockenen Böden.

des Maures. Ohne Getränk und Kopfbedeckung zu den Calanques zu wandern, verbietet sich sogar bei kürzeren Spaziergängen. Es kann hier auch im Frühling oder Herbst sehr heiß sein, und Schattenplätze, Brunnen, Quellen oder Restaurants fehlen. Im Hinterland, insbesondere im Mauren-Massiv, werden besonders brandgefährdete Waldgebiete geschützt, indem die Wege temporär gesperrt sind.
Port-Cros ⑤ ist von Hyères-Plage aus mit dem Schiff in einer Stunde erreichbar, Porquerolles ab La Tour Fondue in 20 Minuten. Weitere Häfen mit Kursen zu den Hyères-Inseln sind Giens, Miramar, Le Lavandou, Cavalaire-sur-Mer und Toulon. Im Informationszentrum am Hafen von Port-Cros werden Publikationen über Flora und Fauna sowie Wanderkarten angeboten. Während der Sommermonate kann man auf einem »Aquascope« durch den Glasboden die Unterwasserwelt zwischen dem Hafen und dem Strand von Palud entdecken; über die Fahrzeiten erkundige man sich im Informationszentrum. Der Unterwasser-Lehrpfad wird in der Hochsaison ab La Palud begleitet, man kann ihn aber jederzeit mit einem Plastikführer alleine absolvieren. ACHTUNG: Das letzte Schiff fährt relativ früh, und auf der Insel ist eventuell keine Unterkunft mehr frei!

Praktische Tips

Ankunft
Die ganze Côte d'Azur ist durch Autobahnen (A 8, A 57) erschlossen. Aus dem Norden führt die schnellste Zufahrt durchs Rhonetal (eventuell auch über Gotthard–Turin). Schöner reist, wer über die berühmte Route Napoléon von Grenoble nach Cannes fährt. Die Eisenbahn fährt zum Teil direkt der Küste entlang (TGV ab Paris).

Halbfinger-Geckos haben als Kletterhilfe an der Unterseite der bekrallten Zehen Haftlamellen.

Meerjunker erscheinen im Sommer oft truppweise an Felsküsten, die mehr oder weniger dicht bewachsen sind.

Im Raupenstadium frißt der Oleanderschwärmer außer Oleander auch Immergrün und Weinblätter.

Klima/Reisezeit

Das milde und ausgeglichene Klima verdankt die Côte ihrer südlichen Lage, dem Meer und den Bergen im Rücken. Im Sommer beträgt die mittlere Temperatur 22° C, im Januar 8° C. Es regnet selten und kurz, aber heftig, vor allem im Frühling und Herbst; die mittlere Niederschlagsmenge liegt bei 820 mm.
Man spürt den eisigkalten Mistral im Frühling auch an der vom Wettergott verwöhnten Küste, aber er bläst hier weniger heftig und lang als im Rhonetal. Es läßt sich das ganze Jahr über wandern und radfahren; gelegentlich kommt es jedoch auch hier zu extremen Kälteeinbrüchen. In der Hochsaison von Anfang Juli bis Ende August wird die Küste von Touristen förmlich überschwemmt, so daß man sich dann am besten ins Hinterland zurückzieht.

Adressen

- Parc national de Port-Cros, Castel Sainte-Claire, 83418 Hyères, Cedex, Tel. 04 94 12 82 30.
- Comité départemental du tourisme (Var), Boulevard Foch 1, 83003 Draguignan Cedex, Tel. 04 94 50 55 65.

Unterkunft

Die Côte d'Azur ist besser als ihr Ruf. Freundliche Bedienung, ausgezeichnetes und für eine so mondäne Ferienregion erstaunlich preisgünstiges Essen sowie Hotels aller Kategorien, in denen das Preis-Leistungs-Verhältnis stimmt, sind keine Ausnahmen. An der Küste und im Hinterland gibt es viele Campingplätze, auf Port-Cros ist Zelten verboten.

Der stark giftige Oleander wächst an der Côte d'Azur noch stellenweise wild.

14 Camargue

Eines der bedeutendsten Feuchtgebiete Europas; Brutplatz des Rosaflamingos und vieler seltener Vogelarten (Reiherkolonien); Herden von weißen Pferden und schwarzen Stieren in Halbfreiheit.

Die Insel zwischen den beiden Rhonearmen ist in zwei Schutzgebiete aufgeteilt. Das Herz bildet das 13 117 ha große nationale Naturreservat mit fast dem gesamten **Etang du Vaccarès** und den südlich vorgelagerten Lagunen, Salzsteppen, Dünen, dem Wacholderwäldchen Bois de Rièges und der Digue à la mer, dem Deich gegen das Meer. Es wurde 1928 gegründet und ist zum größeren Teil für die Öffentlichkeit gesperrt. Angegliedert sind ihm das sogenannte kaiserliche Reservat (Réserve départementale des Impériaux) mit 3000 ha und das 1000 ha große Reservat der Biologischen Station Tour-du-Valat am Ostufer der Vaccarès-Lagune; das private Forschungsinstitut ist für die Öffentlichkeit nicht zugänglich. In dem rund 18 000 ha umfassenden Schutzgebiet darf weder gejagt noch gefischt werden.
Der 85 000 ha große Regionalpark hingegen ist gleichzeitig ein beliebtes Revier für die Wasservogeljagd. Vom Hochsommer bis Ende Februar ist die Jagd offen; einzig während des Frühjahrszugs werden die Vögel geschont. Das Rhonedelta wurde schon in vorchristlicher Zeit bewohnt und als Jagd- und Weideland genutzt.
Seit dem Quartär schiebt der Strom Sand und Schlamm ins Meer und schuf dadurch eine Schwemmlandebene, vor der er sich in zwei Hauptarme trennt. Die Große Rhone transportiert heute noch Jahr für Jahr an die 20 Mio. Kubikmeter Kies, Sand und Schlamm ins Mittelmeer. Zahlreiche

Die Camargue ist eines der wenigen Brutgebiete des Rosaflamingos in Europa.

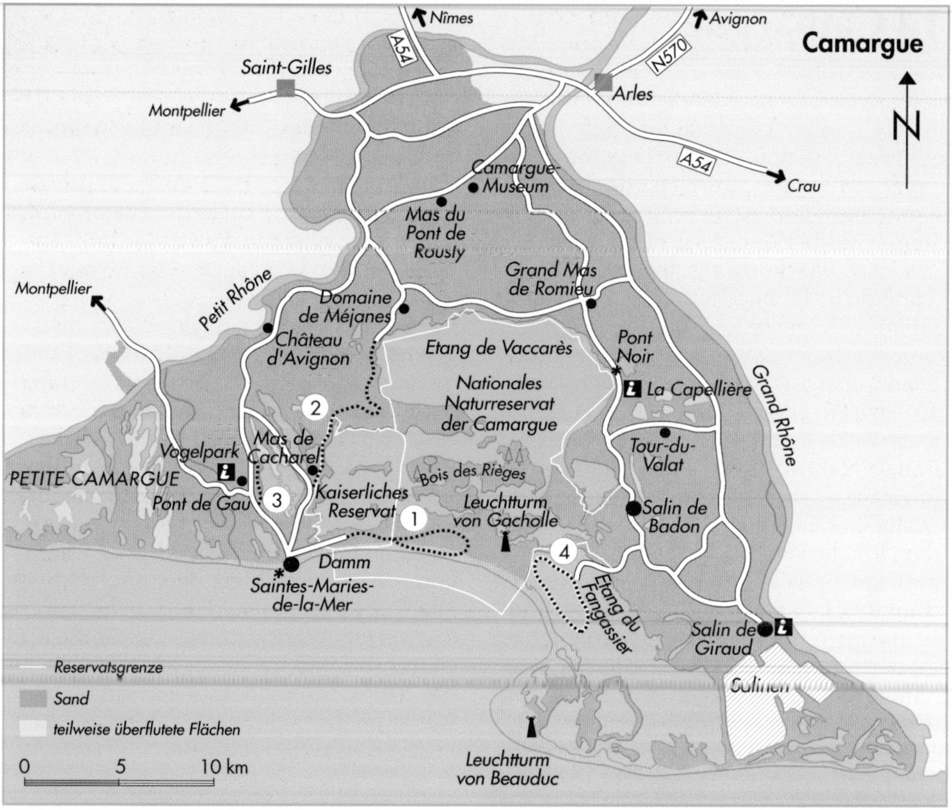

Wasseradern durchziehen das dauernd wachsende und sich wandelnde Gebiet. Sümpfe, Tümpel und flache Seen entstehen; das salzige Wasser des Meers und das Süßwasser des Stroms vermischen sich in einer brackigen Kampfzone. Der Salzgehalt steigt von Norden nach Süden, von 0,5 g/l bis zu 36 g/l im Meer.

Salz wird in der Camargue seit 1578 gewonnen; die Jahresproduktion beträgt beachtliche 900 000 Tonnen. Mit einer Fläche von ungefähr 10 000 ha ist die Saline von Giraud im Ostzipfel des Deltas die größte der Camargue. Das Meerwasser wird in weite Becken gepumpt, in denen es bis zur Konzentration von 260 g/l verdampft. Dann leitet man diese Salzlake in ein anderes Becken, wo sie vollständig eintrocknet. Das Salz wird im Herbst zu Bergen aufgehäuft, bevor es gereinigt und abtransportiert wird.

Der Mensch hat die unberechenbare Natur wenigstens teilweise gezügelt, indem er 1855–1870 die Rhone eindämmte und einen **Deich** gegen das Meer hin baute. Durch Regulation des Wasserstandes ist es z. B. möglich, den Flamingos das ganze Jahr über ideale Lebensbedingungen zu schaffen. Hydrotechnische Einrichtungen ermöglichten den Anbau von Getreide, Gemüse und Obst. Während des Zweiten Weltkriegs entstanden die **Reiskulturen**. Der rundkörnige Camargue-Reis brachte das ökologische Gleichgewicht des salzhaltigen Etang du Vaccarès beinahe zum Kippen, da die großen Mengen Süßwasser

der Reisbecken vor der Ernte samt den darin enthaltenen Düngerstoffen und Unkrautvernichtungsmitteln in die Lagune gepumpt wurden. Die Reisproduktion ist inzwischen stark zurückgegangen, und das Wasser wird in die Rhone geleitet. Umgekehrt wird der Boden durch das verschmutzte Rhonewasser vergiftet, mit dem Sümpfe und Felder bewässert werden.
Zwei Aspekte für die Veränderungen in der Camargue: Die heutige Jachthafenstadt Les Saintes-Maries-de-la Mer lag im Mittelalter mehrere Kilometer von der Küste entfernt; an anderer Stelle hat die Küste seit 1737 den alten Turm von Port-Saint-Louis am Ausfluß der Großen Rhone 7 km landeinwärts hinter sich gelassen.
Salz, Wasser und Wind sind die prägenden Einflüsse der dreieckigen Insel am Golf von Lion. Der **Mistral** – provenzalisch Meister – fegt von Norden her durchs Rhonetal hinunter und erreicht in der Camargue seine maximale Kraft: Windgeschwindigkeiten von über 50 km/h sind die Regel; Spitzen von 150 km/h werden immer wieder erreicht. Der Nordwind sorgt in der Regel für viel Sonne, trotzdem ist es an Mistraltagen meist recht kalt. Herrscht nicht Mistral, weht der **Marin** vom Meer her und jagt in umgekehrter Richtung das Tal hinauf. Die Winde dörren den nackten Boden aus und zerzausen Bäume und Sträucher. Sie formen das Ufer der Lagunen und Seen; Durch das Zusammenwirken von Wasser und Wind bilden sich an der Küste wandernde Dünen. Jäger und Fotografen machen sich den Wind zunutze, wenn die Vögel dagegen ankämpfen und in der Luft fast stillstehen.

Pflanzen und Tiere

Abgesehen von den Dünen, die sich andauernd verändern, liegt der höchste Punkt des Rhonedeltas nur 4,5 m hoch. Die 100 000 ha große Ebene wird vertikal lediglich durch Gebüsch und Wäldchen an den Kanälen strukturiert. Das leichte Gefälle von ungefähr 3 m von Arles bis zur Küste hat auf die Pflanzenwelt einen großen Einfluß, da das Grundwasser unter der lehmhaltigen Erdschicht salzhaltig ist. Dies vertragen nur einige »Spezialisten«. Einer der auffälligsten ist der im Sommer und Herbst zartviolett blühende Strandflieder, mit dem die Gardians, die Hirten, ihre Sättel schmücken; er scheidet die lebensfeindlichen Salze durch Drüsen an den Blättern wieder aus. Auf Trockenrasen wachsen auch Portulak-Salzmelde, Salz-Alant, Mariendistel, verschiedene Süßgräser und Orchideen wie das geschützte Riesenknabenkraut.
Noch größer muß die Salzverträglichkeit der Vegetation sein, die in den **Sansouires** Fuß faßt. Diese kargen Salzsteppen um die Lagunen im Zentrum und im Süden der Camargue werden im Winter und Frühjahr regelmäßig von Meerwasser überflutet. Die Salinität der Böden ist hier entsprechend hoch. Der einjährige Queller wächst am Rand der Salzseen und in Sümpfen, die mehrjährigen, größeren Arten hingegen bevorzugen weiter vom Gewässer entfernte Zonen mit niedrigerem Salzgehalt. Die fleischigen Gänsefußgewächse wurden früher zur Sodagewinnung und heute noch in der französischen Küche verwendet. Der lückige Bewuchs und die kugelförmige Wuchsform deuten darauf hin, daß die Pflanzen in den monotonen Sansouires einen harten Kampf ausfechten.
Im Frühling zeigt sich die Camargue von ihrer lieblichsten Seite. Um die Teiche und in den Sümpfen blühen Gelbe Schwertlilien (S.185), Strandkamillen, rosa Strandwinden (S.129), Tamarisken (S.200), weiße Meerzwiebeln und Brackwasserhahnenfuß. Trotzdem schwören Kenner auf den Winter, wenn die Landschaft sich karg und »unverblümt« zeigt: in verhaltenem Grau, Braun, Grün und dunklem Blau. Eine für Mensch und Tier sehr wichtige Pflanze ist das Schilfrohr. Es ist im Süßwasser fast

überall dominant, dient als Versteck, Lebensraum und Nistplatz für Vögel, als Futterpflanze für Pferde und Rinder sowie zum Decken der traditionellen weißgekalkten Häuser der Gardians. Schilfdächer finden sich allerdings mittlerweilen vor allem auf touristisch genutzten Cabanes. Manche Besucher, die die Camargue nur aus der Bildbandperspektive kennen, sind enttäuscht, nicht mehr Vögel zu sehen. Die Flamingos stehen selten am Straßenrand, um geknipst zu werden. An den beinahe schon legendären **weißen Pferden und schwarzen Stieren** kommt jedoch kei-

Kuhreiher suchen in der Camargue die Nähe von Rindern und Pferden.

◁ Die Salzwiesen oder Sansouires werden im Winter häufig von Meer- oder Brackwasser überflutet.

▽ Den Mittelmeer-Laubfrosch erkennt man an der runden Schnauze und der fehlenden Flankenlinie.

▽ Die zierlichen Camargue-Rinder durchstreifen das ganze Jahr über in kleinen Herden das Delta.

Die Schmuckfedern des Seidenreihers spielen bei der innerartlichen Kommunikation eine wichtige Rolle.

ner vorbei. Die kleinen Halbwilden, die das ganze Jahr über draußen bleiben, sind nicht besonders scheu. Viele der robusten und anspruchslosen Pferde, deren Vorfahren bereits während der Jungsteinzeit hier gelebt haben sollen, tragen lammfromm kleine und große Touristen durch die Gegend. Die Fohlen kommen von April bis Juli dunkel gefärbt zur Welt; das Fell erhält erst im Alter von 5–7 Jahren seine typische helle Färbung. Werden Zugtiere für die Landwirtschaft oder Reitpferde gebraucht, fangen die Gardians nach Bedarf Jungpferde ein und zähmen sie. In den Arenen innerhalb des Naturparks finden die eher harmlosen Stierspiele statt, bei der die Tiere nicht getötet werden. In der Camargue züchtet man jedoch auch Stiere für die spanischen Corridas, und die können äußerst reizbar sein! Es empfiehlt sich, die Einzäunungen nicht zu übersteigen und Stieren aus dem Weg zu gehen.
Wo Pferde und Rinder weiden, sind die weißen Kuhreiher nicht weit. Diese kleine Reiherart sucht sich ihre Nahrung in Sümpfen und Feuchtwiesen und schätzt die Nähe von Insekten aufscheuchenden Großsäugern. Insgesamt kommen neun Reiherarten in der Camargue vor: Graureiher, Purpurreiher, Silberreiher, Seidenreiher, Rallenreiher, Nachtreiher, Rohrdommel, Zwergdommel und Kuhreiher. Außer dem Silberreiher brüten hier alle, zum Teil in kopfstarken Kolonien gemeinsam mit anderen Reiherarten, auf Bäumen. Nach der Brutzeit halten sich schätzungsweise 15 000 Reiher in der Camargue auf.
70 000–80 000 Enten überwintern in der Camargue, eine beeindruckende Zahl, doch noch vor einigen Jahren waren es wesentlich mehr, bis zu 180 000. Zwar gibt es viele schöne und seltene Arten – z. B. Brandgans, Löffelente, Pfeifente, Marmelente –, es nisten hier aber lediglich drei: Stockente, Kolbenente und Schnatterente. Die 7 Monate lange Jagd und die Vergiftung durch mit der Nahrung verschluckten Bleischrot trifft in erster Linie die Enten.
Das Rhonedelta ist ein wichtiger Rastplatz im System europäischer Zugwege. Entsprechend viele Arten halten sich über kürzere oder längere Zeit hier auf. Der französische Vogelschutzverein hat eine – unvollständige – Liste erstellt, wer wann zu beobachten ist. Im Frühjahr und Sommer: außer den bereits erwähnten Flamingo- und Reiherkolonien Weißstorch, Lachmöwe, Schwarzkopfmöwe, Brandseeschwalbe, Zwergseeschwalbe, Stelzenläufer, Bienenfresser (S.17), Blauracke (S.155), Wiedehopf (S.186), Schafstelze, Rohrsänger. Im Herbst und Winter: Taucher, Graureiher, Silberreiher, Seidenreiher, Rohrdommel, Sichler, Löffler (S.191), Brachvögel, Säbelschnäbler, Wasserläufer, Enten, Turmfalke, Möwen, Seeschwalben. Unter den Greifvögeln ist die Rohrweihe am häufigsten. Etwa 80 Paare nisten im Schilf, wo es ein reiches Nahrungsangebot für sie gibt. Auch Schlangenadler (S.166) finden genügend Schlangen und Eidechsen, um sich und die Brut den Sommer über zu versorgen.

Flamingos – gefiederte Symbolträger

Die Camargue ist einer der wenigen regelmäßig besetzten Brutplätze des Rosaflamingos im westlichen Mittelmeer. Die Zahlen schwanken, doch in guten Jahren versammeln sich hier bis 45 000 Individuen. Etwa ein Fünftel davon sind Jahresvögel, die Mehrzahl zieht im Herbst auf die Iberische Halbinsel oder nach Westafrika (Senegal-Delta). Die Balz beginnt oft bereits Ende Dezember und dauert bis April. Ein Großteil nistet auf der künstlichen Brutinsel im Etang de Fangassier ④. Von den Deichen, die am brackigen Flachsee entlangführen, hat man die größten Chancen, prächtige Flugformationen oder große Trupps aus der Nähe zu beobachten.
Damit die Flamingos trotz der vielen Touristen ihre Jungen ungestört aufziehen können, werden sie während der Brutzeit rund um die Uhr bewacht. Und um die Küken vor dem Zugriff von Freßfeinden zu schützen, reguliert man den Wasserstand, so daß die Kolonie auch bei großer Trockenheit ständig von Wasser umspült ist. Sämtliche Gefahren können allerdings nicht abgewendet werden: Bei ungewöhnlicher Kälte, wie sie in den Wintern 1985/86 und 1986/87 herrschte, sind unzählige Vögel verendet, darunter auch Hunderte von Flamingos. In der Pflegestation von Pont de Gau wurden 170 aufgepäppelt und wieder freigelassen. Gefährlich wurden zudem die Möwen, die sich wegen des reichlichen Nahrungsangebots der monströsen Mülldeponie Entressen-Marseille stark vermehrten und massenweise Flamingoeier und -küken erbeuteten, bevor sie durch gezielte Dezimierung in Schach gehalten wurden.
Rosaflamingos legen ein Ei in die Vertiefung eines normalerweise mit dem Schnabel aufgebauten Schlammkegels. Auf der Brutinsel im Etang de Fangassier haben Vogelschützer 5000 Nester konstruiert, die seit 1973 Jahr für Jahr besetzt sind. Die Brutzeit dauert knapp einen Monat und beginnt Anfang April. In größeren Kolonien gibt es pro Quadratmeter zwei Nester. Männchen und Weibchen wechseln sich beim Brüten ab, die Küken werden in »Kindergärten« aufgezogen. Ende August sind die noch braungrau gefärbten Jungvögel flugtüchtig, und die meisten ziehen mit den Eltern ins Winterquartier.

Der bis 23 cm lange Blütenstand des Riesenknabenkrauts ist mit roten bis grünlichen Blüten besetzt.

Ringel- und Vipernattern jagen im Wasser, Eidechsen- (S.159) und Treppennattern hingegen an Land. Mauereidechsen und Smaragdeidechsen (S.81) sind häufig, ganz im Gegensatz zur Europäischen Sumpfschildkröte (S.201), die in der Süßwasserzone lebt und Kleintiere erbeutet. Auch für Amphibien ist das Delta ein Paradies, was in lauen Sommernächten, wenn die Mittelmeer-Laubfrösche quaken, nicht zu überhören ist.
Neben der reichen Vogelwelt rücken die wildlebenden Säugetiere in den Hintergrund. Unter den vielen Nagetieren sind zwei besonders charakteristisch: die aus

Der Schmalblättrige Strandflieder blüht in den Salzsümpfen des Rhonedeltas.

Südamerika eingeschleppte Nutria (auch Biberratte oder Sumpfbiber genannt) mit einer Kopfrumpflänge bis zu 60 cm und die einheimische Etruskerspitzmaus, die nicht schwerer als 2 Gramm wird und mit 2 cm Kopfrumpflänge eines der kleinsten Säugetiere der Welt ist. Es gibt Wildschweine, Füchse und Dachse, aber keine Fischotter mehr, obwohl der Lebensraum für diesen Wassermarder nach Ansicht der Biologen geeignet wäre.

Im Gebiet unterwegs

Das klassische Fortbewegungsmittel in der Camargue ist das Pferd. Touristen können heute vielerorts stunden- oder tageweise Reitpferde mieten, wobei die Ausritte in der Regel in geführten Gruppen erfolgen. Die robusten und geduldigen Tiere ertragen auch blutige Anfänger und Kinder. Auf den topfebenen und schnurgeraden Feldwegen und Nebenstraßen bietet sich ebenfalls das Fahrrad an, das zusätzlich den Vorteil hat, keine Mücken anzulocken (Auskunft beim Verkehrsbüro in Saintes-Maries). Am meisten entdeckt jedoch der stille Wanderer.
Eine der schönsten und interessantesten Reit-, Wander- und Radrouten führt über den Damm von Saintes-Maries-de-la-Mer bis zum Leuchtturm von **Gacholle** ① und um die **Lagune von Batayolles** (etwa 4 Std.). Der Weg zwischen dem Mas de Cacharel und der **Domaine de Méjanes** ② ist ornithologisch besonders ergiebig (3 Std.). Im Vogelpark von **Pont de Gau** ③ sind auf 8 km Spazierwegen Vögel in Volieren und im Freiland zu beobachten. Der 60 ha große Park unterhält ein ansprechend eingerichtetes Informationszentrum mit Ausstellung und eine Pflegestation für verletzte Vögel. Ebenfalls eine Ausstellung und einen 1,5 km langen Pfad durch charakteristische Landschaft gibt es auf der Ostseite der Vaccarès-Lagune im Naturschutzzentrum **La Capelière**.

Das zähe kleine Camargue-Pferd ist wahrscheinlich der Nachkomme einer uralten Rasse.

Rohrweihen nisten im Delta zwischen April und Juli.

Die Salinen von Giraud erstrecken sich über 10 000 ha.

Den Nutrias geht es in der Camargue gut, solange die Temperaturen nicht unter minus 10° Celsius sinken.

Des einen Freud ist des andern Leid: Von Mai bis Oktober gibt's in der Camargue eine Menge Stechmücken, die für Menschen lästig, für viele Vögel aber Nahrung sind. Bestrebungen, die Insekten mit der chemischen Keule auszurotten, würden den Vogelbestand zweifellos negativ beeinflussen. Bis heute konnten sich die Biologen einigermaßen erfolgreich gegen diesen Eingriff wehren. Übrigens: Außer Mückenschutzmitteln sollte man in der Camargue immer genügend Trinkwasser dabei haben, da es kaum Quellen und Brunnen gibt.

Praktische Tips

Anreise

Die schönste Strecke mit dem Auto: auf der A 7 bis Cavaillon, dann über St-Rémy-de-Provence und das Alpilles-Massiv nach Arles. Die D 570 führt von Arles nach Saintes-Maries-de-la-Mer. Die Züge fahren bis Arles. Der Busverkehr funktioniert im Rhonedelta vergleichsweise gut (ab Bahnhof Arles).

Klima/Reisezeit

April, Mai, Juni und September sind für Exkursionen die angenehmsten Reisezeiten. Der Sommer ist heiß und trocken, der Winter feucht und oft empfindlich kalt. Von September bis Dezember fallen 40–50% der Jahresniederschläge, von Januar bis April 25–30% von insgesamt 540 mm (Meßpunkt: Salin de Giraud). Windstill (unter 5 km/h) ist es in der Camargue im Mittel nur 83 Tage im Jahr.

Unterkunft

Hotels, die auch Pferde vermieten, sind an der Strecke nach Saintes-Maries häufig, aber meist nicht gerade billig. Im nationalen Reservat, zu dem auch der Strand und die Dünen an der Küste gehören, ist Campieren verboten. Einen komfortablen Campingplatz gibt's bei Saintes-Maries. Besonders romantisch wohnt, wer eine traditionelle Cabane mietet (Auskunft beim Verkehrsbüro von Saintes-Maries-de-la-Mer) oder auf einem Bauerngut (gîte rural) Unterkunft findet.

Adressen

- Parc nat. rég. de Camargue, Centre de Ginès, RD 570, Pont de Gau, 13460 Saintes-Maries-de-la-Mer, Tel. 04 90 97 86 32.
- Société nationale de protection de la Nature (Mas de la Capelière), RN 63 b, 13200 Arles, Tel. 04 90 97 00 97.
- Domaine de la Palissade, Centre d'interprétation de la nature, 13200 Salin-de-Giraud, Tel. 04 42 86 81 28.
- Parc ornithologique de Pont de Gau, RN 570, 13460 Saintes-Maries-de-la-Mer, Tel. 04 90 97 82 62.
- Office du tourisme, 5, Avenue Van Gogh, B.P. 16, 13732 Saintes-Maries-de-la-Mer Cedex, Tel. 04 90 97 82 55.

Blick in die Umgebung

Die Camargue und ihre Umgebung sind mit Sehenswürdigkeiten gesegnet. Klingende Namen wie Arles, Les Baux, Nîmes, Avignon, Aigues-Mortes sind fraglos besuchenswert. Das Alpilles-Massiv mit seinem beachtlichen Bestand an Greifvögeln ist nah (s.S. 214), aber auch die unwirtliche Crau-Ebene (s.S. 216), deren Schönheit man erst auf den zweiten oder dritten Blick entdeckt.

15 Languedoc und Roussillon: die Küste

Vom Badetourismus gezeichnetes Küstengebiet mit etlichen Naturschönheiten und ökologisch wertvollen »Inseln«; verlassene Sandstrände, Salzseen mit Rosaflamingos; Côte Vermeille mit reicher Meereslebewelt; einsame Garrigue- und Karstlandschaften im Landesinnern.

Die Küste des Golfe du Lion ist die unscheinbare und ärmere Schwester der Côte d'Azur, eine Tatsache, die Vor- und Nachteile mit sich bringt. Retorten-Badeorte in mehr oder weniger geglückter Umsetzung traditioneller Baustile oder seelenloser Allerweltsarchitektur stehen neben Stränden, die über mehrere Kilometer von der Bauwut verschont blieben und stellenweise wild und unberührt scheinen. (Die Zivilisation macht sich allerdings auch hier durch angeschwemmtes und liegengelassenes Strandgut bemerkbar.)
Von der Camargue bis zur spanischen Grenze spielen Industrie und Landwirtschaft neben dem Tourismus immer noch eine bedeutende Rolle. Reb- und Gemüsebau sowie die Salzgewinnung sind wichtige Einnahmequellen. Die berühmten Bouzigue-Austern sowie Miesmuscheln werden am Westufer des Bassins von Thau gezüchtet, während die Fischer in Küstennähe kaum mehr etwas fangen, weil das Meer über weite Strecken zur ökologischen Wüste verkommen ist. Eine rühmliche Ausnahme bilden die Gewässerzonen vor **Banyuls-sur-Mer** ①, die dank wissenschaftlicher Beobachtung und Schutzmaßnahmen des 1882 gegründeten meeresbiologischen Laboratoriums Arago vergleichsweise sauber und biologisch vielfältig blieben. Ein Querschnitt durch die lokale marine Tierwelt ist im Aquarium des Labors zu besichtigen. Sporttaucher nutzen die Gelegenheit, die anderswo selten gewordene Flora und Fauna im natürlichen Lebensraum zu beobachten.
Der Golf du Lion, die »Löwenbucht«, bildet einen beinahe perfekten Halbkreis. Schwemmstoffe der Rhone und anderer Zuflüsse des Mittelmeers haben sich von Marseille bis Argelès-Plage in einem 200 km langen Sandbogen abgelagert. Um Ackerflächen zu gewinnen, wurden die Sumpfgebiete, in denen es von Stechmücken wimmelte, vielerorts entwässert. Doch es gibt noch immer etliche undurchdringliche Sümpfe, und einige Flüsse ziehen in kaum verbauten, breiten Betten dem Meer entgegen. Ein schönes Beispiel dafür ist das **Mündungsgebiet des Tech** ② zwischen Saint-Cyprien-Plage und Argelès-Plage im Roussillon, ein Naturreservat, das durch Pfade erschlossen ist.
Zum herben landschaftlichen Reiz des Küstenbereichs des Languedoc-Roussillon

Cap Leucate und der Golfe du Lion im Roussillon. Der Felsriegel trennt den Etang de Leucate vom Meer.

Das Zisterzienserkloster Fontfroide liegt in traumhaft schöner Garrigue-Landschaft.

tragen jedoch in erster Linie die **Etangs oder Lagunen** bei, große und kleinere, meist seichte Salz- und Brackwasserseen, die durch schmale Sandbänke vom Meer abgetrennt sind. Sie sind ein Paradies für Wasservögel, die von den Strandtouristen weitgehend in Ruhe gelassen werden. Vielfach führen die Autostraßen so dicht am Ufer vorbei, daß sie sich zum Beobachten eignen. Auf Naturstraßen und Pfaden kann man sich noch näher heranpirschen, sollte jedoch die Verbotstafeln beachten, nicht zuletzt, um die Vögel nicht zu verscheuchen. Mit 12 km Länge und 6 km Breite ist der Salzsee von Thau ③ bei **Sète** im Departement Hérault, der größte dieses Gebiets und mit 25 m der tiefste Frankreichs. Den besten Blick über das **Bassin de Thau** und seine Austernbänke hat man vom 175 m hohen Mont Saint-Clair, dem Hausberg von Sète. Der heute weitgehend überbaute Kalkhügel ist durch eine Panoramastraße erschlossen.

Im Nordosten von Sète, gegen Montpellier, erhebt sich die Montagne de la Gardiole. Das langgestreckte, zerklüftete Massiv erreicht an seinem höchsten Punkt 234 m. Die flache Strandlandschaft wird in **Agde** wiederum jäh unterbrochen. Zwischen der Feriensiedlung Cap d'Agde und dem malerischen alten Hafenstädtchen Agde erhebt sich der Mont Saint-Loup, ein 111 m hoher erloschener Vulkan, dessen dunkler Basalt für den Häuserbau verwendet wurde und der vor 900 000 bis 700 000 Jahren aktiv war.

Wenden wir uns nach Norden, schauen wir auf den geschützten Süßwassersee von

Der recht giftige Gelbe Skorpion versteckt sich an der Küste des Languedoc tagsüber unter Steinen.

Das Unterwasserreservat bei Banyuls-sur-Mer erstreckt sich über eine Länge von 6,5 km.

Bagnas ④ mit seiner interessanten Tierwelt, der in Privatbesitz und leider unzugänglich ist. Zwischen dem kleinen und dem großen Teich von Bagnas fließt der **Canal du Midi**, der Atlantik und Mittelmeer verbindet, ins Bassin de Thau.
Hinter Saint-Pierre-sur-Mer nordöstlich von Narbonne liegt in einer Bilderbuch-Garrigue der **Gouffre de l'Œil-Doux** ⑤. Das kreisrunde Seelein in einem dolinenartigen Schacht im Kalkmassiv der Montagne de la Clape wird vom Meerwasser gespeist, das vom 2 km nahen Ufer eindringt und zusammen mit dem Grundwasser hochgedrückt wird. Erreichbar ist das Karstphänomen von einem großen Parkplatz an der D 118 aus, der sich etwa 1 km vor Saint-Pierre befindet. Von dort führt ein Fußweg in 20 Minuten zum See.
Nähert man sich der spanischen Grenze, schließt schon von weither das Albères-Massiv den Horizont ab. Der östliche Ausläufer der Pyrenäenkette verliert sich an der **Côte Vermeille**, der »roten Küste«, im Meer. Das Massiv besteht aus Glimmerschiefer, Gneis und Quarz, eine Mischung, die den Reben sichtlich behagt.
Im nahen Hinterland, nur wenige Kilometer von der Küste entfernt, gibt es viel Wildnis und Ausflugsziele, bei denen sich mediterrane Natur und Kultur vereinigen. Das **Naturreservat von Massane** ⑥ ist eines davon. Der geschützte Wald mit einer Fläche von 336 ha zieht sich von 600–1150 m an der Nordflanke des Albères-Massivs hoch und wird vom Laboratorium Arago in Banyuls betreut. Das Schutzgebiet ist nur zu Fuß zugänglich und wegen seines

Zahlreiche Kormorane überwintern in den fischreichen Salzseen des Languedoc-Roussillon.

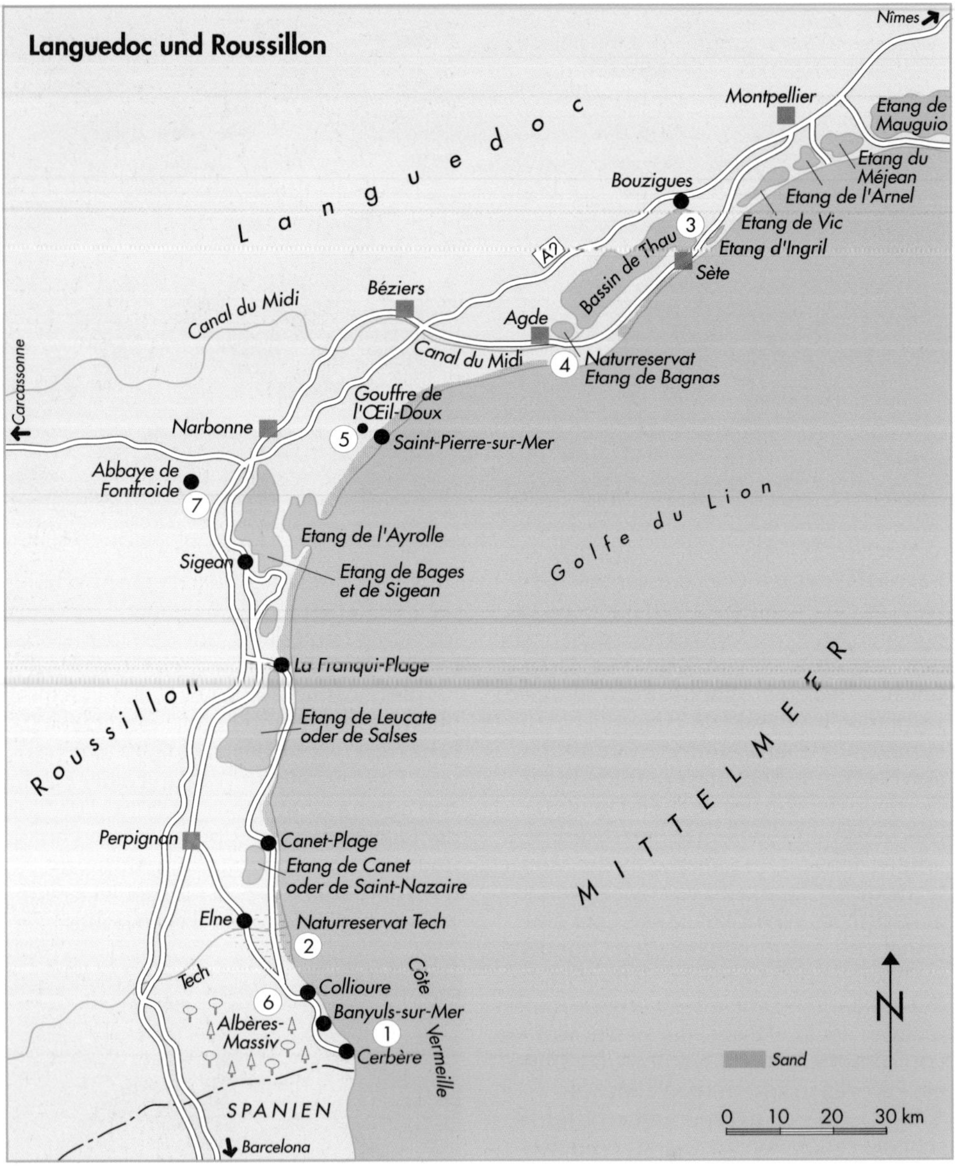

Pflanzen- und Insektenreichtums interessant; ein Ausgangspunkt ist Lavall oberhalb von Argelès-sur-Mer.
Ein lohnenswerter Abstecher führt in die Corbières-Region, wo nicht nur Wein wächst: Westlich des Etang de Bages et de Sigean wurde 1093 die Zisterzienserabtei **Fontfroide** ⑦ gegründet. Bei der eiskalten Quelle mitten in der trockenen Garrigue entstand eines der einflußreichsten Klöster

Südfrankreichs. Ein Pflanzenlehrpfad führt durch die Erdbeerbaum-Heide den Hang über dem idyllischen Tal hinauf. Fontfroide ist überdies Ausgangspunkt für verschiedene Wanderungen.

Pflanzen und Tiere

Die kilometerlangen Sandstrände des Golfe du Lion wurden bis vor einigen Jahrzehnten wenig frequentiert: Die Mücken und die pestilenzartigen Gerüche der Seen und Sümpfe sorgten dafür, daß Pflanzen und Tiere relativ ungestört blieben. Die drastische Vernichtung der Stechmücken hat einerseits das Nahrungsangebot für Vögel und andere Tiere verringert, anderseits dem Tourismus grünes Licht gegeben. Verschiedenste Umwelteinflüsse haben zur biologischen Verarmung des Küstenbereichs beigetragen. Heute befriedigt der Strand vor allem die Wünsche der Sonnenanbeter, Tier- und Pflanzenfreunden hat er wenig zu bieten. Immerhin werden Dünen zum Teil bepflanzt und mit Zäunen geschützt, damit die trittempfindliche Sandflora (z.B. Strandknöterich, die selten gewordene Strandmalcolmie und die niedrige Wolfsmilch *Euphorbia peplis*) wieder Fuß fassen können. Abseits der Ballungszentren findet man jedoch noch artenreiche Gebiete, die sich im Frühjahr von ihrer schönsten Seite zeigen, wenn die zartrosa Blütenkelche der Strandwinde und gelber Strand-Schneckenklee die Dünen überziehen. Vielleicht entdecken wir im Frühsommer die riesigen, duftenden Blüten der Pankrazlilie oder Dünen-Trichternarzisse, die sich nur vom Nachmittag bis zum Morgen öffnen. Mit der Zeit werden die Dünen bewaldet. Diese Entwicklung kündigt sich mit der Brennenden Waldrebe an, einer häufigen Kletterpflanze mit weißen Blüten.
Die Ligue française pour la Protection des Oiseaux (LPO) empfiehlt die folgenden Küstengewässer als besonders interessant:

Strandwinden kriechen über die Dünen und schmücken sie mit ihren bis zu 6 cm langen Blüten.

An den Sandküsten des Mittelmeers und Atlantiks kommt der Strand-Schneckenklee vor.

Die Strandmalcolmie blüht von Mai bis Juni am westlichen Mittelmeerbecken.

Etang de Canet ou de Saint-Nazaire, Etang de Leucate ou de Salses, Etang de Bages et de Sigean, Etang de l'Ayrolle davor, Etang de Vic (am besten bei Vic-la-Gardiole), Etang du Prévost und du Grec (vor dem Etang du Méjean). Rosaflamingos sind in den Salzseen praktisch überall und das ganze Jahr über zu beobachten, am zahlreichsten jedoch im Winter. Im Frühling und Herbst erscheinen zudem viele Zugvögel wie Graureiher, Purpurreiher, Nachtreiher, Seidenreiher (S.120) und Kuhreiher (S.118), Weiß- und Schwarzstorch, Kormoran, Rotschenkel, Grünschenkel, Dunkler Wasserläufer, Rotmilan, Wespenbussard (S.137), Schlangenadler (S.166), Eleonorenfalke, Würger und Schwalben. Tausende von Enten überwintern hier, unter anderen Stockenten, Pfeifenten, Löffelenten und Spießenten. Hin und wieder kann man Kraniche und Graugänse ausmachen.
An der Côte Vermeille kommen in erster Linie Taucher und Schnorchler auf ihre Kosten. Das **Naturreservat Cerbère-Banyuls**

Die weißblühende Pankrazlilie oder Dünen-Trichternarzisse ist eine typische Art der Sandstrände

① ist ein rein marines Schutzgebiet von 600 ha auf 6,5 km Uferlänge zwischen dem Laboratorium Arago und Cap Peyrefitte. Das Zentrum ist vollständig geschützt, während in der größeren Pufferzone in beschränktem Rahmen gefischt werden darf; jährlich sind es etwa 4 Tonnen Fisch und bis 1 500 kg »Meeresfrüchte«. Seit der Gründung 1974 hat sich der Fischbestand, um den es vorher sehr schlecht stand, erstaunlich gut erholt.
Das Unterwasserreservat reicht bis in eine Tiefe von 60 m mit verschiedenen Stufen, die von Kalkrotalgen, Neptungräsern, Grünalgen und Korallen bewachsen sind. Sie werden von Heuschreckenkrebsen, Hummern, Langusten und zahlreichen Schalentieren bevölkert. Es gibt Seepferdchen, Mittelmeer-Seequappen, Graue Zackenbarsche, Kleine Sägebarsche, Katzenhaie, Riesenhaie, Himmelsgucker und Fliegende Fische. Arten, die vollständig verschwunden waren, kehrten zurück und laichen hier ab, z.B. Seeraben und Felsen-Seequappen. Im Aquarium des Ozeanographischen Observatoriums am Strand von Banyuls sind sie alle in 36 Bassins zu bewundern, neben einer Parade ausgestopfter Vögel, die hier vorkommen (vorwiegend Seevögel).

Die Brennende Waldrebe blüht auf den Dünen rund um den Golfe du Lion, in Macchien und trockenen Wäldern.

Im Gebiet unterwegs

Die schönste Küstenroute führt zum Großteil über die Departementstraßen nahe am Meer und den Strandseen entlang. Vorausgesetzt, man ist im Besitz einer detaillierten Straßenkarte (z.B. 3615 IGN 1:250 000 Nr. 114) und nimmt sich die Zeit für Abstecher, Halts und kurze Fußmärsche zu Beobachtungsplätzen und Aussichtspunkten, wird die Reise zwischen den Urlaubspyramiden von La Grande-Motte östlich von Montpellier und dem Grenzort Cerbère zur erlebnisreichen Begegnung mit einer Landschaft, in der urtümliche Natur und Zivilisation eng nebeneinanderliegen und gelegentlich auch hart aufeinanderprallen. Schilfgedeckte Fischerhütten, vor denen wie eh und je die Netze hängen, die alten, dem Meer den Rücken kehrenden Städte, Schlösser, Obst- und Gemüseplantagen, Garrigue- und Waldgebiete gehören ebenfalls zur Küste des Löwengolfs. Beinahe überall ist der Zutritt zum Strand frei, und an vielbesuchten Orten gibt's Parkplätze.
Der **Côte Vermeille** entlang führen zwei attraktive Routen: die Küstenstraße und die D 86 durch terrassierte Rebhügel und die Macchie der Berge von Collioure nach Banyuls-sur-Mer. Der in kurzem Spaziergang erreichbare **Madeloc-Turm** bietet einen atemberaubenden Ausblick auf Meer und Küste. Eine der wenigen Möglichkeiten, an der Vermeille-Küste entlangzuspazieren, bietet der Felsenweg des berühmten Künstlerstädtchens Collioure, der vom Schloß Saint-Vincent gegen Argelès führt. Im Frühling und Herbst sowie an schönen Wintertagen ist das Radfahren auf Nebenstraßen auch für weniger Sportliche ein Vergnügen. Mit dem Hausboot kann man von Béziers bis Aigues-Mortes auf Kanälen und quer durch die Etangs fahren. Boote müssen rechtzeitig reserviert werden.

Kraniche ernähren sich zum größeren Teil von Pflanzen, darunter auch Oliven, Eicheln und Getreide.

Praktische Tips

Anreise
Von Norden über die A 7 und A 9 (Languedocienne) nach Aigues-Mortes. Die Städte Nîmes, Aigues-Mortes, Montpellier, Sète, Agde, Béziers, Narbonne, Perpignan, Argèles-sur-Mer und Cerbère sind mit der Bahn erreichbar. Zu den Küstenorten gibt es Busverbindungen, die zur Hauptreisezeit relativ häufig, sonst sporadisch verkehren.

Klima/Reisezeit
Vor allem das Roussillon ist das heißeste Gebiet Frankreichs mit milden Wintern und geringen Niederschlägen. Die mittlere Jahrestemperatur beträgt 14°C, wobei es an der Côte Vermeille im Winter äußerst selten kälter als 4°C ist und im Sommer im Mittel 30°C erreicht werden. Die Niederschläge schwanken zwischen 400 mm in Port-la-Nouvelle-Leucate bis 684 mm in Sète. Die Côte Vermeille verzeichnet etwa 70 Regentage pro Jahr, rund 20 Tage mehr

An felsigen Küsten des Mittelmeers und Atlantiks ist der Purpurstern häufig.

als Perpignan. Trocken ist es von Mai bis Ende August allemal. Von Marseille bis Montpellier spürt man noch den Mistral, der das Rhonetal hinunterfegt und kaltes, aber schönes Wetter bringt. Westlich davon bläst die Tramontane 150–200 Tage im Jahr und trocknet den Boden aus. Der Südwind wird Marin genannt und bringt Regen, wenn auch meist erst den Bergen im Hinterland.
Für Naturfreunde ist das Languedoc-Roussillon das ganze Jahr über attraktiv, am wenigsten in der Hochsaison (Juli/August). Im Frühling und Herbst, während der Zugzeit der Vögel, ist es am interessantesten; schöne Beobachtungen können jedoch bei gutem Wetter auch im Winter gemacht werden.

Europäische Langusten werden bis 45 cm lang; Langusten haben im Gegensatz zu Hummern keine vergrößerten Scheren.

Die Kombination von Sand und Fels vor Banyuls entspricht den Lebensraumansprüchen der Seeraben.

Adressen

- Aquarium de l'Observatoire océanographique, Plage de Fontaulé, 66650 Banyuls-sur-Mer, Tel. 04 68 88 73 39. Täglich geöffnet 9–12, 14–18.30 Uhr; im Sommer bis 22 Uhr.
- Office du tourisme de la région de Montpellier, 30, Allée Jean-de-Lattre-de-Tassigny, 34000 Montpellier, Tel. 04 67 60 60 60.
- Comité départemental du tourisme, Quai de Lattre-de-Tassigny, 66005 Perpignan Cedex, Tel. 04 68 34 29 94.
- Office du tourisme, 5, Place Jean-Jaurès, BP 64071, 34545 Béziers, Tel. 04 67 28 05 97.

Unterkunft

Hotels in jeder Preiskategorie direkt an der Küste und im nahen Hinterland. In den Feriensiedlungen am Meer sind viele nur während der Hauptsaison in Betrieb oder schließen im Winter längere Zeit. Dasselbe gilt für die Campingplätze; im Juli und August kommt man ohne frühzeitige Reservierung unter Umständen kaum unter.

16 Regionalpark Haut-Languedoc

Kontrastreiche Landschaft in den Departements Hérault und Tarn mit viel Wald, von tiefen Flußtälern durchfurchten Gebirgsmassiven, großen Stauseen, märchenhaften Granitformationen und prähistorischen Megalithen.

Der 1973 gegründete Parc naturel régional du Haut Languedoc ist 145 000 ha groß; über zwei Drittel davon sind bewaldet. Er umfaßt die Montagne Noire im Süden, die Monts de l'Espinouse im Osten, einen Teil der Monts de Lacaune im Norden und das Massiv von Sidobre im nordwestlichen Zipfel des Parks. Die Landschaft ist von einem dichten Netz von Bächen und Flüssen durchzogen, die entweder in den Atlantik oder ins Mittelmeer fließen (Wasserscheide).

Nähert man sich von der Ebene des Bas Languedoc, bildet die langgezogene Montagne Noire den Horizont. Die Südabdachung gegen Carcassonne und das Minervois fällt wesentlich sanfter ab als die Nordseite und bildet ein stark gegliedertes Hügelland mit zahlreichen Cañons und Höhlen (teils mit Tropfsteingebilden), die zum Teil in vorgeschichtlicher Zeit bewohnt waren. Hier besteht der Untergrund aus Kalkgestein, während sich das Massiv selbst aus Granit und metamorphischem Gestein zusammensetzt. Vom **Pic de Nore,** der durch eine Fahrstraße erschlossen und mit 1211 m der höchste Punkt der Montagne Noire ist, überblickt man das weite Tal der Aude mit dem Canal du Midi im Süden und einen großen Teil des Parks im Norden, Osten und Westen.
Eine Schneise zieht sich zwischen Castres und Bédarieux quer durch den Park; im Westen das Tal des Thoré, im Osten jenes

Die Montagne Noire bildet den südlichen Ausläufer des Zentralmassivs.

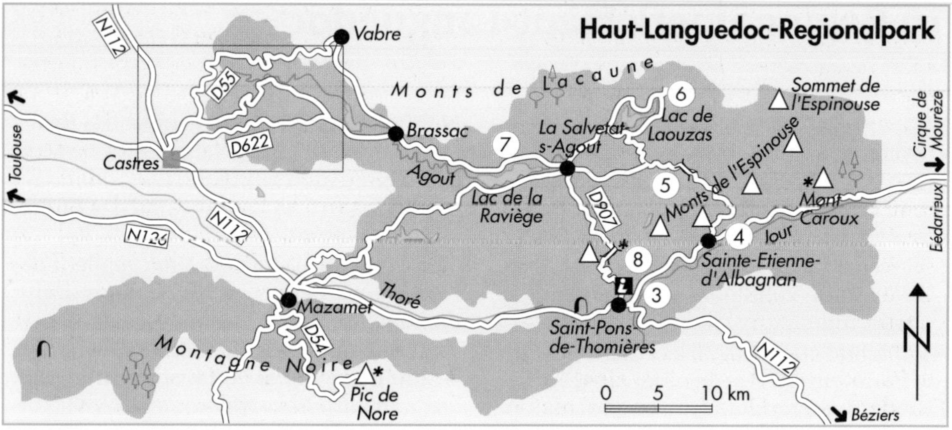

von Jaur und Orb. Sie trennen die Monts de l'Espinouse sowie das Sidobre-Massiv von der Montagne Noire. Das Thoré-Tal ist ein Zentrum der Textil- und Lederindustrie und deshalb vom Park ausgegrenzt worden. Einst wurden in Mazamet vorwiegend Schaffelle von Tieren aus der Umgebung und aus den Cevennen verarbeitet, heute stammen die Häute zum größeren Teil aus Australien, Südafrika und Argentinien. Die **Monts de l'Espinouse** bilden das Herz des Regionalparks. Sie werden im Norden von den Schluchten des Agout begrenzt, einem Gebirgsfluß, der auf seinem Weg nach Castres mehrmals gestaut wird. Der langgezogene Lac de la Raviège bedeckt

450 ha; fjordartig verzweigt ist der Stausee des östlichen Zuflusses Vèbre am Fuß der Monts de Lacaune. Die Berge von Espinouse sind während der Sommermonate auch ein beliebtes Wandergebiet mit markierten Routen und Etappenunterkünften. Der besonders geschützte **Mont Caroux** (1040 m) wird vom Héric von seinem Muttergebirge abgeschnitten. Sein Name soll vom keltischen Wort »karr« für Felsen abgeleitet sein, angesichts der eindrucksvollen Schluchten und Felstürme eine einleuchtende Erklärung. Das Hochplateau mit Panoramatafel ist in einer einstündigen Wanderung von Douch aus erreichbar; der Aufstieg wird mit einem phantastischen Blick bis zum Mittelmeer und in die Pyrenäen belohnt. Am Nordostabhang, an der D 180, wurde in den dreißiger Jahren ein 78 ha großer Wald aus prächtigen Zedern (S.75), Flaumeichen, Kastanien (S.154) und Fichten aufgeforstet.

Die Hauptattraktion des Parks ist jedoch das **Plateau von Sidobre.** Die nordöstlich von Castres gelegene Hochebene gleicht einem Freiluftmuseum mit riesigen Granitskulpturen, die Assoziationen auslösen. Nicht Menschenhand, sondern Erosionskräfte haben Figuren wie die übereinandergestapelten »Drei Käse«, den »Gänsefelsen», »Pfaffenhut« und »Napoleonshut« geschaffen. Zittersteine heißen Blöcke, die ihr Gleichgewicht erstaunlicherweise halten, obwohl sie so aussehen, als würden sie bei der geringsten Berührung herunterfallen. Der Rocher des Sept-Faux (Stein der 7 Sicheln) und der Rocher de Peyro-Clabado, dem ein natürlicher Keil Halt gibt, sind die schönsten. Daneben kann man in den Wäldern zahlreiche namenlose, verblüffende Formationen und von giftgrünen Flechten überzogene Felsenmeere entdecken und sich an Wasserfällen wie dem **Saut de la Truite** (Forellensprung) Kühlung verschaffen.

Zahlreiche Legenden ranken sich um diese Naturdenkmäler, die Touristen in die einsame und wirtschaftlich benachteiligte Gegend locken. Ein bescheidenes Einkommen verschaffen Steinbrüche, deren Ausbeute auch überregional gefragt ist. Die Gefahr besteht jedoch, daß zu viele der landschaftsgestaltenden Granitblöcke gesprengt und abtransportiert werden.

Wie im Sidobre-Gebiet hat die Erosion auch im Cirque de Mourèze faszinierende Skulpturen modelliert.

Mufflons sind die wilden Vorfahren der europäischen Hausschafe.

Pflanzen und Tiere

Innerhalb der Parkgrenzen wurden über 1000 Pflanzenarten registriert. Die mediterrane Stufe (z.B. Südflanke des Espinouse-Massivs) wird von Steineichen (S.187), Garrigue und Macchie geprägt. Hier blühen Salbeiblättrige Zistrose, Schopflavendel und Besenginster. Auf der submediterranen Stufe mischen sich mittelmeerische und atlantische Einflüsse (Südfuß von Montagne Noire und Monts de l'Espinouse, Westteil von Sidobre, die Vallée de l'Agout); hier gibt es Flaumeichen und Feldahorn. Eßkastanien (S.154) wachsen auf sauren Böden derselben Stufe, wobei die einst gepflegten Haine mehr und mehr verwildern. Der atlantische Einfluß macht sich stark im Westen bemerkbar (Sidobre, Nordseite der Montagne Noire) und hat als Charakterbaum die sommergrüne Stieleiche. Traubeneichen bevorzugen steinige Böden in Hügellage, während oberhalb von 800 m Buchen, Heidelbeeren, Stechpalmen und Adlerfarn gedeihen. Ausgedehnte Moorgebiete mit Sonnentau (S.178), Wollgras und Bärlapp gibt es auf der Montagne Noire und auf der Hochebene des Caroux.
Besonders artenreich ist der Bestand an Greifvögeln: Es kreisen Stein- (S.54), Schlangen- (S.166) und Habichtsadler (S.163), Habicht, Sperber und Wespenbussard. Im Caroux-Massiv konnten sich Rebhühner trotz Jagddruck halten. Wärmeliebende Reptilien wie Perleidechse (S.78), Gironde-Glattnatter (S.191) und Treppennatter sind in Weinbergen und in der Garrigue zu beobachten. In höheren Regionen leben Bergeidechse, Feuersalamander, Grasfrosch und die bis zu 2 m lange Gelbgrüne Zornnatter.

In feuchten Wäldern Südfrankreichs verbreitet: die gelbgefleckten Feuersalamander.

Die Wurzeln des immergrünen Mäusedorns werden zu Heilmitteln verarbeitet.

Im Gegensatz zum kalkliebenden Pfriemenginster wächst der Dornginster (Foto) häufiger auf sauren Böden.

Die Karsthöhlen bieten 21 Fledermausarten Unterschlupf, darunter so seltenen wie der Mittelmeer-Hufeisennase und Langfußfledermaus. Unter den größeren Säugern seien Ginsterkatze (S.153), Wildkatze (S.175) und Fischotter (S.184) erwähnt. 1956 wurden im Espinouse-Massiv Mufflons ausgesetzt. Dieser geschützte Bestand gilt als bester Frankreichs und dient als Grundstock für Auswilderungen in anderen Gebieten.

Charakterbaum der feuchteren Gebiete im südlichen Frankreich ist die Flaumeiche.

Im Gebiet unterwegs

Um Sidobre mit dem Auto zu entdecken, startet man am besten in Castres, da von hier aus sämtliche wichtigen Sehenswürdigkeiten ausgeschildert sind. Zum Wasserfall **Saut de la Truite** ① zwischen Burlat (sehenswertes Ortsbild) und Lacrouzette führt ein kurzer, steiler Weg vom Fahrsträßchen bergauf. Eine gute Stunde sollte man hingegen für die große »Gans« und die andern Megaskulpturen reservieren, die man über einen Fußweg vom Parkplatz mit Ausflugsrestaurant beim Weiler **Ricard** ② aus erreicht. Sie liegen zum Teil etwas versteckt im Wald, doch die Suche lohnt sich.
Eine schöne Rundtour, bei der die verschiedenen Klimastufen des Parks durchquert werden, führt von Saint-Pons-de-Thomières ③ talaus nach Sainte-Etienne-d'Albagnan ④ und von dort auf der D 14, einem kurvenreichen Sträßchen, über den Col de Font-Froide (972 m) ⑤ an den Lac de Laouzas ⑥ und den Lac de la Raviège ⑦. Beim Rückweg auf der D 907 passieren wir den rund 1000 m hohen Cabaretou-Paß ⑧, einen der schönsten Aussichtspunkte des Haut-Languedoc-Parks.

Wespenbussarde nisten auf Bäumen in der Waldrandzone und suchen im offenen Gelände nach Nahrung.

Waldreiche Gebiete mit Höhlen und Gewässern sind die bevorzugten Biotope der Mittelmeer-Hufeisennase.

Praktische Tips

Anreise

Saint-Pons-de-Thomières ist von der A 9 über die Ausfahrt Béziers-Ouest auf der N 112 erreichbar. Von Carcassonne und Castelnaudary an der A 61 gelangt man auf guten Straßen nach Mazamet und Castres am Westrand des Parks.

Es gibt verschiedene Eisenbahnlinien im oder in der Nähe des Parks: Toulouse–Castres–Mazamet; Montpellier–Béziers; Béziers–Bédarieux. Über den Fahrplan der Autocars geben die Verkehrsbüros oder Bahnhöfe Auskunft.

Klima/Reisezeit

Die Winde aus Westen und Süden prallen hier öfters zusammen und lösen Regenfälle aus. Im allgemeinen sind die Sommermonate jedoch warm und trocken, so daß es sich in den höhergelegenen Regionen angenehm wandern läßt. Auch Frühherbst und Spätfrühling eignen sich ausgezeichnet. Im Winter sind viele Hotels geschlossen, und die Landschaft wirkt ein wenig trostlos.

Adressen

- Parc naturel régional du Haut-Languedoc, Rue du Cloître 13, 34220 Saint-Pons-de-Thomières, Tel. 04 67 97 38 22. Das Info-Zentrum ist das ganze Jahr über von Montag bis Freitag geöffnet; im Juli und August zusätzlich am Samstagnachmittag 15.00–18.30 Uhr.
- Ecomusée, Rue de la Rive, 81270 Labastide-Rouairoux, Tel. 05 63 98 08 60 (gibt auch Auskunft).
- Syndicat d'initiative, Place Forail, 34220 Saint-Pons-de-Thomières, Tel. 04 67 97 06 65.
- Le Comité du Bassin Sud Tarn, Allée Alphonse-Juin 40, 81100 Castres, Tel. 05 63 72 35 35.

Unterkunft

Das Info-Zentrum gibt ein Verzeichnis der Etappenunterkünfte, Ferienwohnungen und Fermes-auberges heraus, die das Panda-Label besitzen. In größeren Ortschaften findet man meist ein Hotel oder einen Campingplatz, wenn auch nicht immer für höhere Ansprüche. In Castres und Mazamet ist das Angebot breiter.

Blick in die Umgebung

Östlich des Parks, wenige Kilometer vom Stausee von Salagou und dem mittelalterlichen Städtchen Clermont-l'Hérault entfernt, liegt der **Cirque de Mourèze** beim gleichnamigen malerischen Ort. Auf 340 ha bilden bizarr geformte Dolomitfelsen einen Talzirkus, der trotz großer Höhenunterschiede gefahrlos durchwandert werden kann. Zum Fotografieren ist das Licht am frühen Morgen und abends am besten.

17 Die Großen Causses

Weite Kalkplateaus im Süden des Zentralmassivs mit tiefen Schluchten, bizarren Felsformationen, weiten Steppen, naturnahen Wäldern, märchenhaften Tropfsteinhöhlen und Denkmälern aus grauer Vorzeit.

Die Großen Vier – Causse de Sauveterre, Causse Méjean (s. Cevennen-Nationalpark S. 147), Causse Noir und Causse du Larzac – bilden eine geologische, aber keine politische Einheit: Sie liegen in den Departements Aveyron, Gard, Hérault und Lozère. Vor 200–140 Mio. Jahren hatte das Tethysmeer hier eine mehrere hundert Meter dicke Sedimentschicht aus pflanzlichem und tierischem Material abgelagert. Als sich das Meer zurückzog, blieb ein riesiges Kalkplateau übrig. Es wurde in der Folge angehoben, bei leichtem Gefälle in südwestlicher Richtung, und in einem Jahrmillionen dauernden Prozeß in kleinere Hochebenen zerschnitten.

Die Flüsse Tarn, Jonte und Dourbie sowie der Hérault im Süden haben sich eine Schleifenspur in den Kalk gefressen und dabei tiefe Cañons gegraben. Am malerischsten ist die **Tarn-Schlucht** (s. nächstes Reiseziel), die den Causse de Sauveterre vom Causse Méjean trennt; die Straße verläuft nahe dem Fluß. Die **Jonte** ist vor allem im Sommer ein harmloses Rinnsal. Trotzdem hat sie sich zwischen dem Causse Méjean und dem Causse Noir ein enges, bis zu 190 m tiefes Bett gegraben. Etwa 5 km nach Meyrueis talabwärts kann man am Steilabfall des Méjean zwei Eingänge zu Höhlen erkennen. Diese waren in der Jungsteinzeit bewohnt und sind wichtige archäologische Fundstätten.

Wie die Jonte fließt auch die **Dourbie** in die Tarn. In unzähligen Mäandern schlängelt

La Roque-Sainte-Marguerite über dem wilden, bis zu 300 m tiefen Dourbie-Cañon.

sie sich vom Aigoual-Massiv zwischen dem Causse Noir und dem Hochplateau von Larzac bis nach Millau und grüßt dabei aus der Tiefe von Wind und Wetter verformte Felsskulpturen wie jene von **Montpellier-le-Vieux** ⑦, Roquesaltes und Rajol. Das nach der Hauptstadt des Languedoc benannte Felsenchaos an der D 110 offenbart sich erst richtig, wenn man zwischen den Erosionstrümmern herumspaziert, was ohne Voranmeldung nur von März bis November möglich ist. Es ist das Gegenstück von Nîmes-le-Vieux auf dem Causse Méjean (s. S. 149).

Die immense Kalkterrasse des Larzac wird in ihrem östlichen Teil von der Vis durchschnitten. Nachdem sich das Flüßchen mit dem **Felszirkus von Navacelles** ③ einen gewaltigen Mäander geschaffen hatte, bahnte es sich eines Tages bei Hochwasser einen direkten Weg, und die Schlaufe lag fortan trocken. Der Cirque de Navacelles ist ein fast 300 m tiefer Talkessel, der mit fruchtbarer Erde aufgefüllt wurde und von den Bewohnern des Weilers bebaut wird. Das saftige Grün sticht vom Rand des weiten Runds ins Auge, ein Fremdkörper in den steinigen Hängen und Ebenen des Larzac.

◁ Der gewaltige Felskessel von Navacelles ist eine ehemalige Flußschlaufe der Vis.

▽ Eisvögel graben sich Bruthöhlen ins Steilufer und jagen kleine Fische und Insekten.

△ Die dekorativen Ährchen des Großen Zittergrases bewegen sich beim geringsten Lufthauch.

Die faszinierende Unterwelt der Causses ist ebenfalls ein Werk des Wassers. Die versickernden Niederschläge lösten das Gestein stellenweise auf, drangen ein und bildeten Risse, Spalten und schließlich Höhlen. Steter Tropfen schuf phantastische Tropfsteingebilde, die in mehreren Höhlen bequem besichtigt werden können. Die

Balzende Zwergtrappen-Männchen sind in den Steppen der Causses ein seltener, aber großartiger Anblick.

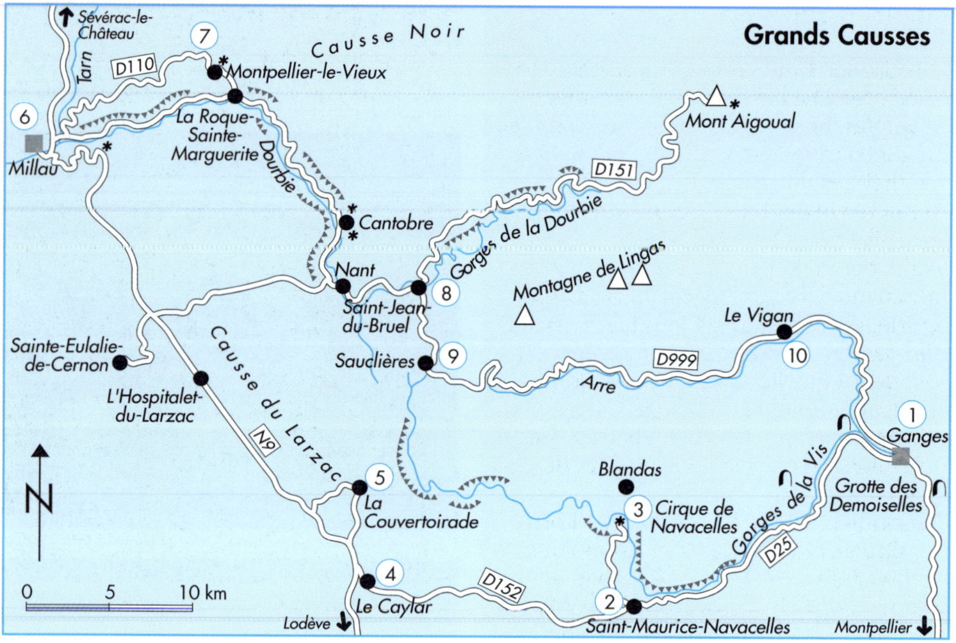

wohl eindrucksvollste dieser Gegend ist die **Grotte des Demoiselles** wenige Kilometer südöstlich von Ganges. Die »Grande salle du chaos« der **Grotte de Dargilan** auf dem linken Jonte-Ufer gehört ebenfalls zu den Tropfsteinwundern des Landes und wird mit »Moschee« charakterisiert. Für Höhlenbesuche sollte man sich warm anziehen, da hier die Temperatur selbst im Sommer lediglich 10–14°C beträgt.
Die Kalkplateaus sind traditionelles Schafweideland. Ein Großteil der Schafmilch wird zur Produktion des weltberühmten Roquefort verwendet. Der rezente Blauschimmelkäse reift in den Felsenkellern beim Ort **Roquefort-sur-Soulzon** südwestlich von Millau. In den weitläufigen Kalkgewölben des Cambalou-Massivs gedeiht der Schimmelpilz *Penicillium roqueforti*, der dem Käse zur wohlschmeckenden Marmorierung verhilft (ganzjährig zu besichtigen mit Ausnahme der Weihnachtswoche).
Seit der Steinzeit werden die Causses kultiviert und beweidet. Dolmengräber und Menhire sind die kultischen Überreste der frühen bäuerlichen Gesellschaft dieser Gegend. Die Hirten haben im Lauf der Jahrtausende die ursprünglich bewaldeten Gebiete bis auf wenige Ausnahmen gerodet, was zur Folge hatte, daß der Humus weggeschwemmt wurde, das Wasser noch rascher als vorher versickerte und den Felsuntergrund noch stärker verkarstete. Im Kampf gegen die Trockenheit wurden für die Schafe teichartige Tränken ausgehoben und mit Lehm oder Steinen versiegelt, um das Regenwasser zu sammeln. Eingesackte große Trichter werden »Scotchs« genannt. In den kreisrunden oder ovalen Dolinen hat sich rotbraune Erde angesammelt, die sorgfältig beackert wird. Mauern und Haufen aus Lesesteinen berichten von der Mühsal, den Halbwüsten fruchtbares Land abzuringen. Viele Bauern haben resigniert und sind abgewandert. Zahlreiche Höfe wurden zu komfortablen Ferienhäusern ausgebaut.

Pflanzen und Tiere

Die Großen Causses haben verschiedene Gesichter. Die Hochebene von Sauveterre ist vergleichsweise feucht und wird soweit möglich landwirtschaftlich genutzt. Die westliche Hälfte ist zum Teil bewaldet. Ähnlich wie das Kalkplateau von Sauveterre gibt es auch im Méjean im Westteil Wald, der in den fünfziger und sechziger Jahren mit Schwarzkiefern aufgeforstet wurde, die nicht so recht ins Landschaftsbild passen. Dadurch wird die Steppe zurückgedrängt, die zwar lebensfeindlich wirkt, aber für eine Reihe von selten gewordenen Spezialisten unter den Tieren und Pflanzen die letzte Zuflucht bedeutet (s. S.151/152).

Wesentlich älteren Datums ist der Forst des **Causse Noir**, dessen Name von den »schwarzen« Kiefernwäldern abgeleitet wurde, die nach dem Rückzug der Gletscher Fuß faßten und an unzugänglichen Stellen von der Axt verschont blieben. Urwald hatte auch das Felsenlabyrinth Montpellier-le-Vieux überwuchert, bis es Ende des 19. Jh. entdeckt und ans Licht gebracht wurde. An den Abhängen der Jonte-Schlucht hatte man das windgeschützte Mikroklima für den Wein- und Obstbau genutzt, indem man handtuchschmale Terrassen baute.

Der **Larzac** ist das trockenste und kahlste der vier Kalkplateaus. Das bewirkt zum einen die südliche Lage, zum andern die vergleichsweise geringe Höhe von 560–920 m. Harte Steppengräser, die zwischen den Steinen sprießen, werden von den Schafherden von Mitte Juni bis in den Herbst abgeweidet. Im Frühling verwandelt sich der Causse in einen bunten Blumengarten mit zahlreichen Zwiebelpflanzen, Orchideen und aromatischen Kräutern wie Thymian (S.81), Lavendel und Bohnenkraut. Nur zähes, stacheliges Gebüsch bleibt von den Rupfmäulern der Schafe verschont. Auch hier werden »Scotchs« und steile Hänge beackert: Ein

Mäuse und Kaninchen sind die wichtigsten Beutetiere der Uhus in den Causses.

Beispiel dafür sind die kleinen Weinberge im Cirque de Navacelles, die noch um 1955 angelegt wurden.

Wo es Höhlen und Grotten in größerem Ausmaß gibt, stellen sich auch Fledermäuse ein. In der Dämmerung können sie beim Ausfliegen und bei der Insektenjagd beobachtet werden.

Die Steppen beherbergen interessante **Vogelarten**, deren Bestände mit dem Verschwinden ihres trockenen und übersichtlichen Lebensraums (z. B. durch Bewässerung) ebenfalls schrumpfen: Dazu gehören Zwergtrappe, Triel, Kornweihe, Rebhuhn, Feld- und Kalanderlerche. In den Büschen spießen Neuntöter (S.88), Raub- (S.178) und Rotkopfwürger ihre Beute auf lange Stacheln. Gänsegeier (S.213) kreisen über den Schafherden in der Hoffnung, Aas zu entdecken. Sie brüten seit ihrer Wiedereinbürgerung 1981 in den Felswänden der Jonte-Schlucht (S.155). In den Cañons gibt es Uhus, Wanderfalken (S.29), Alpensegler, Felsen-

schwalben, Eisvögel, Wasseramseln (S.29). Dank Aufklärung und Schutzbestimmungen vermehren sich Biber (S.169) und Fischotter (S.184) in den immer noch recht sauberen und unverbauten Flüssen.

Im Gebiet unterwegs

Das Seidenweberstädtchen **Ganges** ① am Rand des Causse de Larzac ist Ausgangspunkt für einen gemütlichen Tagesausflug mit dem Auto. Von Ganges geht's auf der D 25 die Gorges de la Vis hinauf aufs Kalkplateau bis **Saint-Maurice-Navacelles** ② und zum Aussichtspunkt über dem Felszirkus von Navacelles ③. Eine schmale Bergstraße führt hinunter ins Dorf. Wir kehren auf die D 25 zurück und durchqueren den Causse in Richtung **Le Caylar** ④ an der Hauptstraße N 9, wobei man die etwas schnellere D 9 oder die gemächlichere D 152 nehmen kann. Das mittelalterliche Dorf ist von turmartigen Felsen überragt, von denen man eine schöne Aussicht hat. Einige Kilometer weiter nördlich liegt die

Wie alle Affodillgewächse ist der Röhrige Affodill giftig und wird vom Vieh gemieden.

Anfang September sammeln sich die Triele auf den Causses für den Zug in den Süden.

◁ Schäferidyllen wie diese gehören in den Causses immer noch zum Alltag.

Für die in Erdbauen hausenden Wildkaninchen sind die ▷ Böden der Causses ideal.

Couvertoirade ⑤, ein vom Templerorden im 12.–15. Jh. errichtetes Festungsstädtchen.
Fast schnurgerade führt die breite N 9 über den Causse du Larzac, bis sie in weitausholenden Kehren vom Rand des Plateaus in den Talkessel sticht, wo Tarn und Dourbie zusammenfließen. **Millau** ⑥ war bereits im 12. Jh. für seine Handschuhe aus Lammhäuten berühmt, die in großen Mengen anfielen, weil die Mutterschafe gemolken wurden. Wir steigen auf der D 110 durch schöne Wälder auf den Causse Noir. Nach 16 km gelangt man zur Auberge du Maubert, wo ein Sträßchen zum Parkplatz von **Montpellier-le-Vieux** ⑦ abzweigt (geöffnet von Ende März bis Anfang November). Ein markierter Weg leitet die Besucher durch das chaotische Felsenwunder; man weicht besser nicht von ihm ab, da die Orientierung rasch verloren ist. Dann geht es hinunter zum Dörfchen La Roque-Sainte-Marguerite, das von den Kalksteinfiguren von Montpellier überragt wird, und weiter in östlicher Richtung durch die malerische Dourbie-Schlucht bis **Saint-Jean-du-Bruel** ⑧. Auch hier flankieren skurrile Felsformationen beide Ufer.
Wir verlassen die Dourbie und bleiben auf der D 999, die ab Sauclières ⑨ in typischer Cevennenlandschaft durchs Arre-Tal über Le Vigan ⑩ und zurück nach Ganges führt. Linkerhand die Schieferausläufer der Montagne de Lingas, auf der rechten Seite die Kalksteinabhänge des Causse de Clandas. In den mächtigen, heute zumeist leerstehenden Steinbauten wurde früher Seide gesponnen (Musée cévenol in Le Vigan, geöffnet von April bis Ende Oktober, mit interessanten Exponaten zum alten Handwerk der Region).

Praktische Tips

Anreise
Von Norden entweder über Clermont-Ferrand oder auf der Autoroute du Soleil A 7 bis Montélimar und weiter in Richtung Westen über Aubenas nach Mende. Gute Zufahrten in die Causses gibt es auch über Pont-Saint-Esprit–Bagnols–Alès sowie ab Nîmes und Montpellier. Das Fahrrad ist auf den Plateaus im Frühling und Herbst ein ideales Fortbewegungsmittel, wenn man gelegentliche Steilstrecken nicht scheut. Bus und Bahn verkehren in diesem Gebiet selten.

Klima/Reisezeit
Das Kalkgestein speichert Wärme und gibt sie langsam wieder ab. Die Temperaturen auf den Causses bleiben deshalb in der Regel bis Mitte Oktober angenehm. Der Winter ist jedoch trotzdem hart und schneereich und als Reisezeit nicht empfehlenswert, obwohl es im Dezember und Januar strahlend schön und warm sein kann. Im Sommer wird es auf den baumlosen Ebenen mitunter fast unerträglich heiß. TIP: Flüchten Sie in eine der vielen Tropfsteinhöhlen.

Die bizarr erodierten Felsen von Montpellier-le-Vieux ähneln einer Ruinenstadt.

Adressen

- Comité départemental du tourisme de Lozère, 14, Bd. Henri-Bourillon, 48002 Mende Cedex, Tel. 04 66 65 60 00.
- Syndicat d'initiative, Av. A.-Merle, 12100 Millau, Tel. 05 65 60 02 42.
- Syndicat d'initiative, Plan de l'Ormeau, 34190 Ganges, Tel. 04 67 73 00 56.

Unterkunft

Hotels und Privatunterkünfte sind in den Causses dünn gesät. In der Zwischensaison findet man hingegen in den dichter besiedelten Randgebieten problemlos ein Dach über dem Kopf. Im Sommer ist der Andrang größer, so daß frühzeitige Reservierung Ärger erspart. Dasselbe gilt für die Campingplätze, wobei anzufügen ist, daß die Flüsse bei Regenfällen beinahe unvorstellbar schnell ansteigen können.

An südexponierten Felswänden nisten Felsenschwalben in kleinen Gruppen.

Blick in die Umgebung

Saint-Guilhem-le-Désert am Südostabhang des Causse de Larzac, in der Schlucht des Hérault gelegen, ist eines der schönsten Beispiele dafür, wie sich Natur und Architektur zu einem harmonischen Ganzen verbinden können. Anstelle der ursprünglichen Abtei Wilhelms von Aquitanien, der sich zu Beginn des 9. Jh. in diese Wüstenei zurückzog, steht eine romanische Kirche mit einer mächtigen Platane auf dem Vorplatz. Die alten Wohnhäuser und Ställe passen sich stufenartig dem Hang an. Der Hérault hat sich hier mitten durch eine der reichsten Garrigue-Landschaften Südfrankreichs geschnitten: Es wurden 500 Pflanzenarten gezählt, darunter viele ausgesprochene Raritäten.
3 km weiter südlich, an der D 4, liegt die **Grotte de Clamouse**, eine Höhle mit außergewöhnlich kunstvollen Tropfsteingebilden (geöffnet von Ostern bis 11. November, übrige Zeit nur Sonntagnachmittag).

18 Cevennen-Nationalpark

Landschaftliche Gegensätze auf engem Raum; Greifvögel, vor allem Gänsegeier; imposante Schluchten und der Causse Méjean, ein gewaltiges Kalkplateau mit skurrilen Steinformationen und weiten Steppen.

Der Parc national des Cévennes ist das einzige nationale Reservat Frankreichs, dessen Kernzone ganzjährig bewohnt ist. Er wurde 1985 zum Biosphärenreservat erklärt. Pflege der architektonischen Tradition sowie Ökologie in Landwirtschaft und Tourismus zählen denn auch zu den wichtigsten Anliegen der Parkverwaltung. Die Kernzone des 1970 gegründeten Parks im Süden des Zentralmassivs umfaßt 91 416 ha, die Randzone 237 000 ha. Er liegt zur Hauptsache im Departement Lozère. Die Kernzone gliedert sich in: Causse Méjean, Mont Lozère, Montagne de Bougès, die Gardons-Täler, die Einzelmassive Aigoual und Lingas.

Im geschützten inneren Park ist die Einwohnerzahl in den letzten Jahrzehnten wieder angestiegen, ein Beweis dafür, daß die Maßnahmen der Verwaltung gegen die Entvölkerung der Bergregion greifen. Das vielleicht widersinnig scheinende Programm, der Abwanderung der Bauern einen Riegel vorzuschieben, ja die Landwirtschaft durch Beratung und finanzielle Hilfe zu fördern, ist als beste, wenn nicht einzige Möglichkeit erkannt worden, die Vielfalt dieser alten Kulturlandschaft zu retten. Einer der wohl notwendigen Kompromisse in einem bewohnten Naturschutzgebiet in diesem Teil Europas ist, daß die Einheimischen auch in der Kernzone innerhalb bestimmter Richtlinien jagen dürfen.

Das **Zentralmassiv** erhebt sich auf einem Granitsockel, der vor rund 600 Mio. Jahren entstanden ist. Vor 200 Mio. Jahren

Die tonige Ackererde in den großen Senken des Causse Méjean ist eisenhaltig und deshalb tiefrot gefärbt.

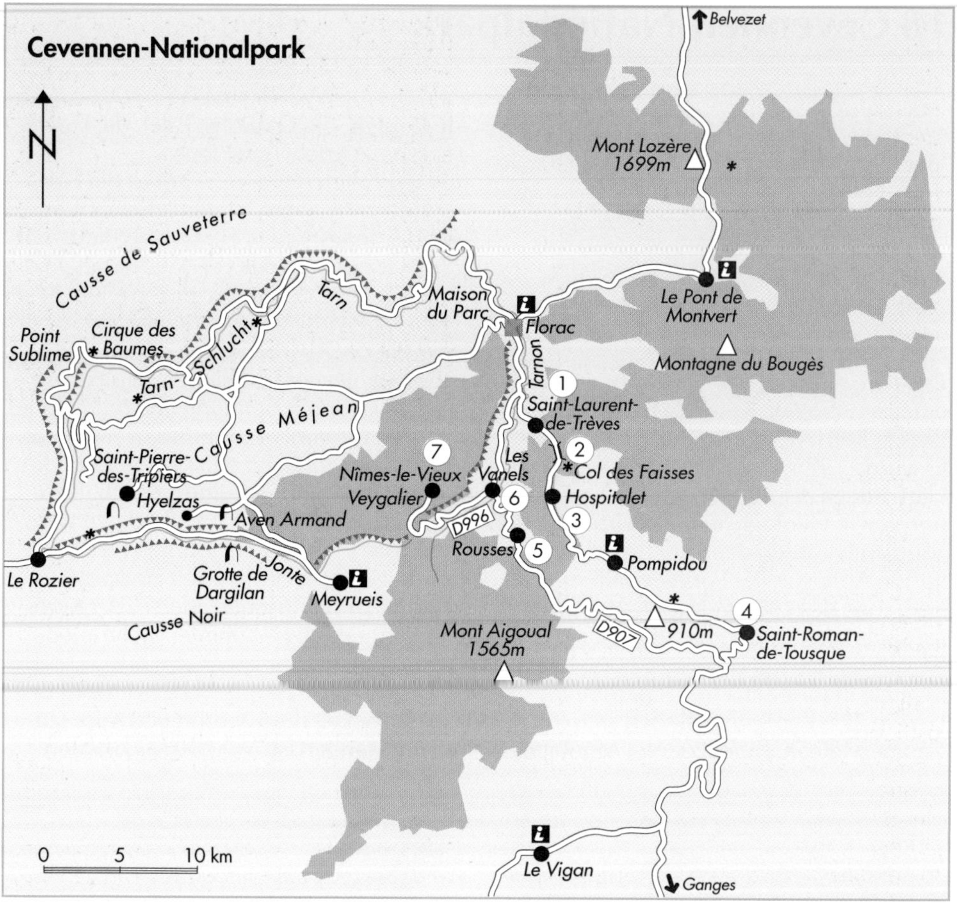

senkten sich Teile dieses Sockels ab. Sie wurden vom Meer überflutet, und aus den pflanzlichen und tierischen Ablagerungen bildeten sich in unendlich langer Zeit die Kalksedimente, aus denen die heutigen Karstformationen entstanden. Die **Cevennen** sind als südöstlicher Teil des Massivs im wesentlichen im Tertiär mit der Entstehung der Alpen und Pyrenäen aufgefaltet worden.

Das kristalline Gebirge aus Granit und Schiefer bildet das »Gerüst« des Parks: Mit 1699 m ist der **Mont Lozère** der höchste Berg der Cevennen. Kahle Grate, bewaldete Hänge und tiefe Täler sind für dieses Granitmassiv charakteristisch. Die von gelben Landkartenflechten überkrusteten Felsblöcke, mit denen die Höhen übersät sind, entstanden durch die Sprengkraft von Wasser und Kälte und machen den herben Reiz dieser offenen Landschaft aus. Viel Himmel und Weitsicht genießt man auch vom **Mont Aigoual** (1567 m) aus, bis in die Alpen, zum Mont Ventoux, in die Pyrenäen und in die Vulkangipfel der Auvergne. Obwohl es bis zur Mittelmeerküste nur etwa 70 km weit ist, weht hier oben oft ein rauher Wind, und die meteorologische Station ist im Winter nicht selten tief eingeschneit.

Die Kultivierung der Cevennen setzte bereits während der Eisenzeit ein, als man den Wald rodete, um Weideland für die Haustierherden zu gewinnen. Radikal dezimiert wurden die Waldbestände jedoch erst Ende des 18. Jh., als die Krise der französischen Seidenindustrie (s. S. 160) die Bauern zwang, als Ersatz für die Seidenraupenzucht die Schafherden zu vergrößern und vermehrt Buchenholz für den Verkauf zu schlagen. Erdrutsche und Hochwasser waren die Folge. Die Wiederaufforstung wurde 1875 in Angriff genommen, vorwiegend mit anspruchslosen Kiefernarten und schnellwüchsigen Fichten. Gleichzeitig entstanden verschiedene Arboreten mit Bäumen aus Nordafrika, Asien und Amerika, wie jenes unterhalb des Observatoriums auf dem Aigoual (l'Hort de Dieu, der Garten Gottes) oder von la Foux bei Camprieu.

Einen krassen Gegensatz zur bewaldeten Gebirgslandschaft bildet der annähernd flache **Causse Méjean**, eines der großen Kalkhochplateaus der Cevennen. Der südöstliche, bizarrste Teil gehört zur inneren Parkzone; trotz des Umwegs lohnt sich der Besuch von **Nîmes-le-Vieux** ⑦, dem einer Ruinenstadt ähnelnden Felschaos bei Veygalier.

In der Randzone des Parks liegt der **Aven Armand**, eine der berühmtesten Tropfsteinhöhlen der Welt mit phantastischen, bis zu 30 m hohen Stalagmiten. Auf der linken Seite der Jonte-Schlucht ist eine weitere Schachthöhle mit wunderschönen Kalkgebilden zugänglich: Die **Grotte von Dargilan** auf dem **Causse Noir**, 8,5 km von Meyrueis entfernt, soll 1880 zufällig entdeckt worden sein, als ein Fuchs vor einem Schäfer in eine Erdspalte flüchtete.

Der Causse Méjean umfaßt 330 km^2, liegt auf 1000–1247 m und ist von den Cañons der Jonte, des Tarn und des Tarnon inselhaft ausgeschnitten. Diese Schluchten entsprechen Rissen, die bei der Alpenauffaltung entstanden und durch die Fließgewässer noch tiefer ausgewaschen wurden.

Das Federgras mit seinen langen Grannen ist eine Leitpflanze der Grassteppe.

Der imposanteste und malerischste Cañon ist zweifellos jener des **Tarn**, ein vor allem im Juli und August stark frequentierter touristischer Klassiker. Von Florac bis Le Rozier windet sich der Fluß 30 km südwestwärts.

Der Causse Méjean gehört zu den am dünnsten besiedelten Gegenden Frankreichs. Ruinen von Weilern und Einzelhöfen bestimmen die Landschaft. In Hyelzas, unweit des Aven Armand, wurde ein Bauernhof als typisches Beispiel heimischer Bauweise nach altem Vorbild restauriert. Haupteinnahmequelle der Landwirte bilden seit alters Viehzucht und Transhumanz. Die kopfstarken Schafherden, die hier gesömmert werden, liefern die Milch für den berühmten Roquefort-Käse, der weiter südlich in Kalksteinkavernen reift. In den Dolinen – runde Senken mit fruchtbarer Erde, hier »Scotch« genannt – wird meist Getreide angebaut.

Spuren prähistorischer Jäger und Bauern sind auf dem ganzen Causses-Gebiet zahlreich, vor allem Menhire und Dolmen aus der Kupfersteinzeit, die allerdings in den Steinmassen oft schwer auszumachen sind. Eine der bedeutendsten archäologischen Fundstätten der Gegend ist die romantische Grotte bei Saint-Pierre-des-Tripiers im Südosten des Plateaus.

In der windgeschützten Tarn-Schlucht ist das Klima mediterran.

Pflanzen und Tiere

Die **Eßkastanie** spielt seit alters in den Cevennen als Brotbaum eine besonders wichtige Rolle. Sie gedeiht auf Granit und Schiefer und benötigt wenig Humus. Bis auf 400 m bildet sie eine eigene Waldstufe, kann aber problemlos bis auf 900 m Höhe gezogen werden. Der wohl aus Kleinasien stammende sommergrüne Baum ernährte Mensch und Vieh und lieferte zudem vielseitig verwendbares Holz. In den Cevennen waren früher rund 200 Kastaniensorten bekannt, deren Früchte je nach Größe und Geschmack unterschiedlich verwendet wurden. Die Tintenkrankheit, die 1875 zum ersten Mal auftauchte, vernichtete große Bestände, und in den fünfziger Jahren wurden die Kastanienwälder durch den aus Amerika eingeschleppten Rindenkrebs erneut gezehntet.
In jüngster Zeit findet eine bescheidene Renaissance der Kastanie statt, nicht zuletzt dank der Unterstützung durch die Parkverwaltung, indem die alten Bäume wieder gepflegt und neue Sorten angepflanzt werden. Die verwilderten Haine haben vor allem ökologischen Wert, da sie Höhlenbrütern wie Kleiber, Grün- und Buntspecht Nistplätze, Hirschen und

Blick vom Point Sublime gegen Osten auf die Gorges du Tarn.

Wildschweinen Nahrung bieten. Die Rothirsche wurden wie die Rehe und Mufflons – letztere am Mont Aigoual, wo sich eine Population gebildet hat — in den siebziger Jahren ausgesetzt.

Am Nordhang der Montagne du Bougès wurden Auerhühner angesiedelt, die seit dem 18. Jh. verschwunden waren. Heidelbeeren und offene Balzarenen stehen für diese ganzjährig geschützten Rauhfußhühner ausreichend zur Verfügung. Auf den baumfreien Höhen blühen vorwiegend Ginster und Erika, aber auch Türkenbundlilien (S.25), Narzissen (S.37), Tulpen (S.75), Gebirgsveilchen und Orchideen; 47 Orchideenarten wurden im gesamten Parkgebiet gezählt.

Auf dem **Mont Lozère** haben die Gletscher an die tausend Hochmoore zurückgelassen. Weißflockige Wollgräser biegen sich im Wind, und der »fleischfressende« Rundblattrige Sonnentau (S. 178) ist häufig. Von botanischem Interesse ist der Lozère auch dank der endemischen, d.h. nur hier vorkommenden Steinbrechart *Saxifraga prosti*.

So karg und trocken die Kalksteppe des Causse im Sommer und Herbst ist, so üppig blüht sie dank warmer Regengüsse im Frühling. Die dünne Humusdecke – im

Die Astlose Graslilie wächst auf Trockenrasen.

Mittel mißt sie 5 cm –, Wasserarmut und der kalkige Boden lassen nur Spezialisten Fuß fassen: Wacholder (S.28), Buchs, Thymian (S.81), Lavendel, Affodill (S.144), Zwergnarzissen, Frühlings-Adonisröschen (S.169), Gewöhnliche Küchenschelle. Die Charakterpflanze der trockensten Standorte ist aber das zierliche Federgras, das die Frühlingsblüher ablöst.

Kaninchen und Feldhasen als ursprüngliche Steppentiere könnten hier trotz relativ geringem Nahrungsangebot gut überleben, doch die Jagd setzt beiden zu. Der Causse gehört jedoch in erster Linie den Vögeln wie der sehr selten gewordenen Zwergtrappe (S.141) sowie Rebhuhn, Triel (S.144), Feldlerche, Ammern und Steinschmätzer. In den Schluchten am Rand des Plateaus sind Steinrötel, Rothuhn, Ringeltaube, Kolkrabe, Dohle, Blauracke, Felsenschwalbe das ganze Jahr über, Mauerläufer und Schneefink (S.97) nur im Winter anzutreffen. Zu den zahlreichen Greifvögeln gehören Schlangen- (S.166) und Steinadler (s.S.54). Uhu (S.143), Wald- und Steinkauz finden in den Causses Nahrung und Nistplätze.

Der Stolz des Parks sind jedoch die **Gänsegeier** (S.213): Um 1940 ausgerottet, wurden nach mehreren Jahren sorgfältiger Vorbereitung die ersten fünf Paare im Dezember 1981 über der Jonte-Schlucht ausgesetzt. Weitere folgten, und die Vögel haben mehrmals gebrütet. Zentrum der mittlerweile etwa fünfzig- bis sechzigköpfigen Bestands sind die Brutfelsen oberhalb von Truel, wo die Geier regelmäßig mit Schlachtabfällen und Aas gefüttert werden. Allein könnten sie sich heute nicht mehr versorgen, da die Schaf- und Rinderherden auf dem Causse wesentlich kleiner als früher sind und Kadaver nicht mehr einfach liegengelassen, sondern entsorgt werden. Am besten können die Vögel vom Informationszentrum in Truel oder vom Rand des Plateaus oberhalb des Dorfs aus beobachtet werden. Regelmäßig tauchen zudem einzelne Schmutzgeier (S.78) aus den Pyrenäen auf, die der Gegend einen Besuch abstatten.

In Bächen und Flüssen im und am Rand des Nationalparks sind seit ihrer Aussetzung wieder Biber (S.169) zu Hause, während Fischotter (S.184) wie beinahe überall in Westeuropa sehr selten geworden sind; in den Zuflüssen des Tarn sollen noch einige nach Forellen und Krebsen jagen, ausnahmsweise auch tagsüber.

Im Gebiet unterwegs

Das Straßennetz ist auch innerhalb der Parkgrenzen gut ausgebaut. Bei Rundtouren mit dem Auto ist es kaum zu vermeiden, die Kernzone zu verlassen, doch in den Randbereichen gibt es ebenfalls eine Reihe von grandiosen Naturdenkmälern und Landschaften. Eine interessante **Rundstrecke** von 86 km, für die man sich in Anbetracht der vielen Kurven einen halben Tag reservieren sollte, führt ab Florac in südlicher Richtung dem Tarnon entlang hinauf nach **Saint-Laurent-de-Trèves** ①. Hier haben vor 190 Mio. Jahren 4 m große Saurier fossilierte Fußspuren hinterlassen, als sie durch eine seichte Lagune gestapft waren. Vom Col de Faïsses ② genießt man eine schöne Rundsicht, während das kahle Plateau des Hospitalet ③ den Blick auf das Aigoual-Massiv freigibt. Auf der D 9 geht es weiter über die Panoramastraße der Cevennen bis zum von Kastanienwäldern umgebenen Dörfchen **Saint-Roman-de-Tousque** ④ und hinunter ins bewaldete Tal des Gardon de Saint-Jean. Auf der D 907 erreichen wir wieder Höhe und gelangen über Rousses ⑤ nach Les Vanels ⑥; von hier zweigt die D 996 zum Col de Perjuret und zur Felstrümmerlandschaft von **Nîmes-le-Vieux** ⑦ ab, wofür zusätzlich etwa 12 km gerechnet werden müssen. Die Straße zurück nach Florac kurvt dem schroffen Ostabhang des Causse Méjean entlang.

Die zumeist diskreten Schönheiten des Cevennen-Nationalparks können wahlweise auch zu Fuß oder zu Pferd entdeckt werden. Ein dichtes Wanderwegnetz mit Etappenunterkünften und Informationszentren überzieht das ganze Gebiet. Das interessanteste Ökomuseum (Maison du Mont Lozère) befindet sich im Dörfchen Pont de Montvert nordöstlich von **Florac**. Auf lebendige Art sind unter anderem Geologie, Pflanzen, Tiere, Geschichte der Landwirtschaft und die Religionskriege zwischen Katholiken und Protestanten in der Gegend dokumentiert. Verschiedene thematisch geordnete Wandervorschläge sind im Touristenführer des Nationalparks aufgeführt; es empfiehlt sich, zusätzlich die Karte IGN 1:100 000 des Cevennen-Nationalparks zu benutzen.

Folgende wichtige Wanderwege durchqueren den Park: GR 6 (Alpen–Ozean); GR 7 (Vogesen–Pyrenäen); Europawanderweg Nr. 4 Österreich–Spanien. Einzelne Gebiete wie Mont Aigoual, Mont Lozère oder Causse Méjean sind durch ausgeschilderte Touren erschlossen. Es besteht überdies die Möglichkeit, in den Monaten Juli und August Wanderungen und Tierbeobachtungen mit Parkführern zu unternehmen (Auskunft: Informationszentrum in Florac).

In den Schluchten des Tarn kann ab La Malène eine Strecke von 8 km in geführten Booten befahren werden. Für Kanu- und Kajakfahrer ist Vorsicht am Platz, da sich der normalerweise harmlose Fluß bei Unwettern rasch in ein gefährliches Gewässer verwandelt.

Praktische Tips

Anreise

Florac ist von der Autobahn A 9 oder A 7 (Rhonetal) auf verschiedenen Straßen erreichbar. Empfehlenswert ist die Route über Alès, Anduze (sehenswerter Bambusgarten) und die aussichtsreiche Panoramastraße der Corniche des Cévennes. Der Zug fährt bis Alès; Busse verkehren zwischen Alès und Florac sowie Florac und Mende, allerdings nur verhältnismäßig selten.

Klima/Reisezeit

Am angenehmsten ist der Causse im Mai, Juni und September. Im Hochsommer kann die Hitze extrem sein; die Winter sind empfindlich kalt und schneereich. In den Cevennen hingegen ist die Temperatur meist auch im Juli und August erträglich, wobei Gewitter für Abkühlung sorgen, die sowohl im Frühsommer wie im Herbst mit geradezu tropischer Heftigkeit toben können. Der mediterrane und der ozeanische Einfluß machen sich hier gleichermaßen bemerkbar.

Ginsterkatzen sind westlich der Rhone verbreitet.

Die männlichen Blütenstände der Eßkastanie und der stachelige, offene Fruchtbecher mit Maronen (kleines Foto).

Adressen

➪ Parc national des Cévennes, Maison du Parc, Château de Florac, B.P. 15, 48400 Florac, Tel. 04 66 45 01 75. Im Juli und August ist das Besucherzentrum täglich geöffnet.

Der Aven d'Armand unter dem Causse Méjean gehört zu den schönsten Tropfsteinhöhlen Europas.

➪ Maison/Ecomusée du Mont Lozère, 48220 Le Pont-de-Montvert, Tel. 04 66 45 80 73.

➪ Centre d'information du Parc, Château de Roquedols, 48150 Meyrueis, Tel. 04 66 45 62 81.

➪ Centre d'information du Parc, Place du village, 48110 Pompidou, Tel. 04 66 60 32 00.

➪ Centre d'information du Parc, Maison du Pays, 30120 Le Vigan, Tel. 04 67 81 01 72.

Die Info-Zentren in Meyrueis, Pompidou und Le Vigan sind nur im Juli und August geöffnet.

➪ Office du tourisme, Avenue Jean-Monestier, 48400 Florac, Tel. 04 66 45 01 14.

Unterkunft

Der praktischste Standort ist Florac mit Hotels, Pensionen und Campingplätzen. Ansonsten sind Unterkünfte innerhalb des Nationalparks dünn gesät; es gibt einige empfehlenswerte Ferienwohnungen auf Bauernhöfen (Auskunft: Office du tourisme oder Relais des Gîtes ruraux, Maison de la Lozère, 27, Rue de l'Aiguillerie, 3400 Montpellier, Tel. 04 67 66 36 10). Campen ist im Kerngebiet des National-

Auf der rechten Seite der Jonte-Schlucht, am Rand des Causse Méjean, wurden Gänsegeier angesiedelt.

parks untersagt; zahlreiche schöne Plätze befinden sich jedoch in unmittelbarer Nähe außerhalb des Schutzgebiets.

Blick in die Umgebung

Im Bambusgarten von **Prafrance** nördlich des malerischen Städtchens Anduze gedeihen 150 Bambusarten; sie bilden auf 12 ha weitläufige, dichte Wälder. Bäume aus allen Erdteilen und Lotusteiche sind weitere Attraktionen, die in den Sommermonaten Tausende von Besuchern anlocken (von März bis Dezember täglich geöffnet).

Etwa 9 km nördlich von Marvejoles, beim Dorf Sainte-Lucie, liegt auf 1100 m Höhe der **Parc zoologique du Gévaudan**, wo der Journalist Gérard Ménatory Wölfe in Freilandgehegen hält und auf diese Weise um Sympathie für die einst hier heimischen Tiere wirbt (Tel. 04 66 32 09 22).

Blauracken brüten in Baum-, Fels- und selbstgegrabenen Erdhöhlen.

Saurierspuren über dem Dorf Saint-Laurent-de-Trèves. Von hier aus sieht man zudem drei Causses.

19 Ardèche-Tal und Umgebung

Eine der beeindruckendsten Landschaften Frankreichs; Kalksteinformationen, Tropfsteinhöhlen, prähistorische Fundstätten und Megalithe in der näheren und weiteren Umgebung; bedeutendes Fledermausvorkommen; trockene Kalkplateaus stehen in reizvollem Kontrast zu grünen, kultivierten Ebenen.

Von den zahlreichen natürlichen Flußläufen, welche die touristische Attraktion der östlichen Cevennen bilden, ist die Ardèche, die bei **Vallon-Pont-d'Arc** unter der mächtigen Felsbrücke mit 34 m Bogenhöhe durchfließt und weiter rhonewärts

Die zahlreichen unterirdischen Säle mit Tropfsteinskulpturen des Aven d'Orgnac sind teilweise zugänglich.

durch tiefe Cañons mäandert, der spektakulärste und berühmteste. Er hat dem 5529 km^2 umfassenden Departement westlich der Rhone den Namen gegeben. Vom Quellgebiet im Mazan-Massiv auf 1467 m bis zur Mündung bei Pont-Saint-Esprit legt die Ardèche rund 120 km zurück, durch eine Landschaft, die geprägt ist von Granit und Vulkangestein im Norden und Osten, im Süden und Westen hingegen von Kalk.

Da früher in der Regel ausschließlich mit den vor Ort vorkommenden Materialien gebaut wurde, ist an den Bruchstein- oder Bollensteinhäusern leicht erkennbar, auf welchem Grund man sich befindet. Die schwarze Basaltsäulenorgel von **Pourcheyrolles** mit dem Wasserfall ist eine der schönsten der Cevennen; der Basalt wurde selbstverständlich auch zum Hausbau verwendet, während weiter südlich freundlicher wirkende Häuser aus hellem Kalkgestein vorherrschen. Hier wie dort sind die Gebäude so konstruiert, daß sie den heftigen Gewittern und den Böen des Mistrals, des kalten Nordwinds, bestens trotzen. In den Bergen können zudem so respektable Schneemengen fallen, daß Wildschweine zuweilen über die Dächer laufen.

Charakteristisch sind auch die Lesesteinhaufen und Terrassen, die sich treppenartig vom Talboden bis in die Höhen hinaufziehen. Selbst in den unzugänglichsten und steilsten Wäldern zeugen Trockenmauern davon, daß hier früher dem Boden das Letzte abgerungen wurde. Doch die Natur erobert ihr verlorenes Territorium rasch zurück, und der Humus – während Jahrzehnten korbweise hinaufgebuckelt – wird vom Regen unaufhaltsam wieder talwärts geschwemmt. Die wenigsten Mauern werden heute noch unterhalten, sind aber nach wie vor willkommene Refugien für Schlangen, Eidechsen und andere Kleintiere.

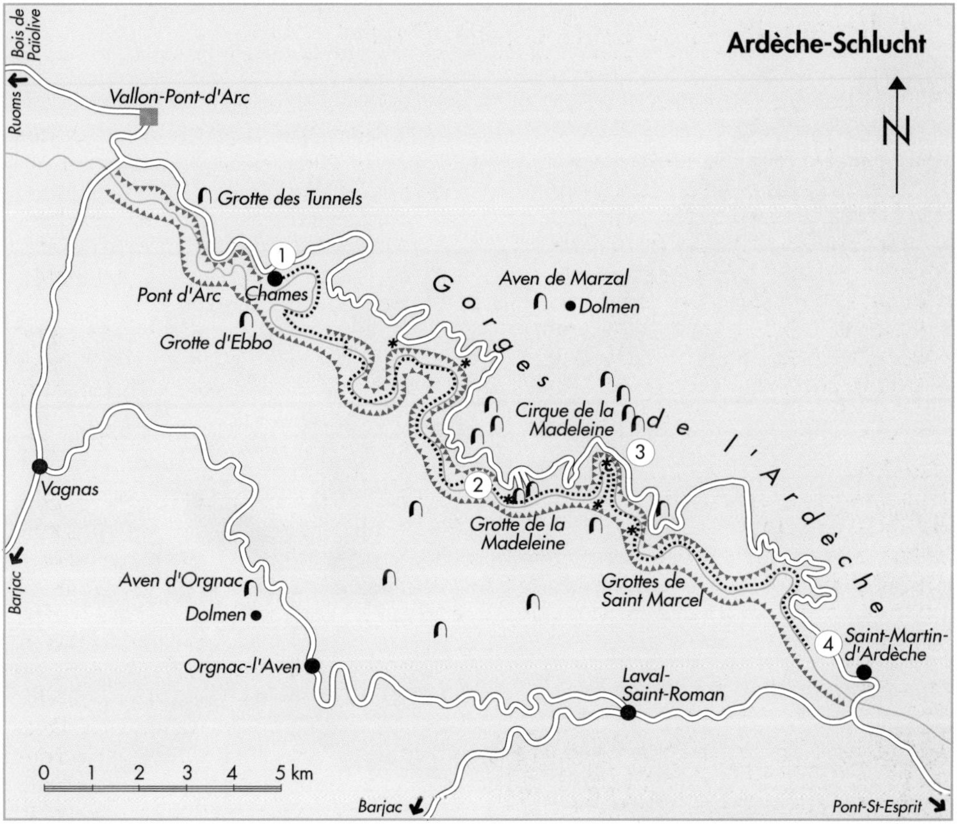

Auf den Kalkplateaus im Gebiet der unteren Ardèche sind Wasserstellen so rar, daß es sich empfiehlt, selbst auf kürzeren Wanderungen etwas Trinkbares mitzunehmen. Die Niederschläge fließen rasch ab, erodieren dabei das leicht lösliche Gestein und suchen sich unterirdische Abflußwege. Hier schuf das mineralisierte Wasser durch stetes Tropfen Märchenwelten aus Sinterablagerungen, die hängenden Stalaktiten und darunter wachsenden Stalagmiten oder die selteneren, zerbrechlichen, ungewöhnlich geformten Exzentriker. In den **Tropfsteinhöhlen** Aven d'Orgnac, Aven de Marzal und Grotte de la Madeleine beidseits der Ardèche-Schlucht sind auch letztere in prächtigen Exemplaren zu bewundern. Daneben gibt es in der Gegend zahlreiche kleinere Höhlen und Grotten, zum Teil mit bedeutenden Höhlenmalereien, wie die Ende 1994 entdeckte Combe d'Arc bei Vallon-Pont-d'Arc.

Pflanzen und Tiere

Die reich gegliederte Landschaft der unteren Ardèche beherbergt als Besonderheit zahlreiche Tiere, die auf Felswände, -spalten und -höhlen angewiesen sind. Nicht weniger als 18 Arten **Fledermäuse** findet man hier; im Norden des Departements sind dagegen nur 4 Arten heimisch. Selten sind die Wimper-, Langfuß-, Fransen-,

Mops-, Bulldogg- und Bechsteinfledermaus, häufiger das Große und das Kleine Mausohr, das Graue Langohr, die Zwergfledermaus und die Langflügelfledermaus. Geradezu ideal sind die Bedingungen für die Wasserfledermaus, der man in der Dämmerung oder in klaren Mondnächten bei ihrer schnellen Jagd über der Wasseroberfläche zuschauen kann.
Dohlen (S. 36), Mauer- und Alpensegler sowie Felsenschwalben (S. 146) brüten kolonienweise, Blaumerlen einzeln in den

◁ Der Pont d'Arc hat sich vermutlich aus einem unterirdischen Engpaß des Flusses gebildet.

▽ Die wärmeliebende Blaumerle hat eine kleine Schlingnatter erbeutet.

▽ Die bis 2 m lange Äskulapnatter klettert geschickt und hält sich gern in Macchien und Laubwäldern auf.

Felsnischen, die auch Kolkrabenpaare für den Nestbau nutzen. Unter den Greifvögeln trifft man Schlangenadler (S.166), Mäusebussard, Habicht, Sperber, Schwarzmilan. Es gibt Uhus (S.143), Sperlingskäuze, Waldkäuze und Schleiereulen. Die

Die Renaissance einer Raupe

Die stattlichen Bauernhäuser, die Fabrikgebäude aus der Jahrhundertwende entlang von Flüssen und Bächen, die schloßartigen Fabrikantenvillen sind Relikte aus besseren Zeiten. Zu Wohlstand kamen die Ardèche und die Cevennen im 17. Jh., als die Seidenraupenzucht so richtig in Schwung kam. Daß mit einem flatternden Insekt Geld zu verdienen sei, konnten die Bergler, die bis dahin von Kleintierzucht, Kastanien und dem Anbau von Kartoffeln und Getreide mehr schlecht als recht lebten, anfangs kaum glauben. Der Agronom Olivier de Serres (1539–1619) verhalf dem Seidenspinner in Südfrankreich zum Durchbruch, und man begann mit Feuereifer seine Futterpflanze, den Weißen Maulbeerbaum, zu kultivieren.

Die Voraussetzungen für die Zucht des Maulbeerseidenspinners waren in der Ardèche und den Cevennen, wo das Klima trocken und fruchtbares Land rar ist, ideal: Der Maulbeerbaum wurzelt tief und braucht entsprechend wenig Raum und Bewässerung. Bis auf 600 m gedeiht er problemlos, hält sich jedoch ortsweise bis auf fast 1000 m Höhe. Seine zarten Blätter bleiben immer noch grün, wenn Gras und Sträucher im Spätsommer verdorren, und bilden ein wertvolles Zusatzfutter für Ziegen und Schafe. Die meisten Arbeiten – Zweige schneiden, Füttern der Raupen, Einweichen der Kokons und Abhaspeln des Seidenfadens – konnten zudem von Frauen und Mädchen verrichtet werden. Durch den Verkauf der Seide kamen die Bauern zu Bargeld und konnten die Magnanerien (»Freßstuben« der Raupen) und Wohnhäuser vergrößern, Land und Vieh zukaufen. Die gefräßigen, vor dem Verpuppen bis 9 cm langen Raupen brauchen viel Platz; eine mittlere Magnanerie beansprucht etwa 200 m² und mehrere Meter Höhe.

Mitte des 19. Jh. erreichte die Seidenproduktion ihren Höhepunkt: 56 Spinnereien und Webereien boten 3300 Arbeitsplätze. 1860 waren in der Ardèche insgesamt 15 000 Personen, fast zwei Drittel der Lohnempfänger, in diesem Sektor tätig. Die Industrialisierung hatte jedoch auch ihre Schattenseiten und führte zur Proletarisierung der Bergbevölkerung.

Doch als sich 1855 die Fleckenkrankheit auszubreiten begann, die die Seidenraupen seuchenartig befiel und ganze Magnanerien leerfegte, kriselte es bereits. Die Eröffnung des Suezkanals 1869 war ein weiterer wirtschaftlicher Schlag, da die kostbaren Seidenstoffe günstiger und einfacher aus Asien importiert werden konnten. Dank Pasteur gelang es, die Raupenkrankheit präventiv in den Griff zu bekommen, doch dann geriet die Seidenindustrie durch die Erfindung der Kunstfaser vollends ins Hintertreffen.

Wenn die Seidenraupe heute in den Cevennen ein unspektakuläres, aber gut vorbereitetes Comeback feiert, ist das einigen Idealisten zu verdanken. Mit der Zucht von niederstämmigen Maulbeerbaumsorten bieten sich neue Möglichkeiten. Dank Mechanisierung bei Ernte, Aufzucht und Herstellung kann mit der günstigen Konkurrenz aus Asien einigermaßen Schritt gehalten werden.

3 km außerhalb von Vallon-Pont-d'Arc, in Richtung Ruoms, kann im Weiler Mazes eine alte, als Museumsbetrieb geführte Magnanerie besichtigt werden (geöffnet von Mai bis September).

Stars des Schutzgebiets sind jedoch der seltene Habichtsadler und der Schmutzgeier (S.78). Durch verschiedene Maßnahmen – z. B. Bewachen der Horste während der Brutzeit, Auslegen von Futter, Information der Jägerschaft – wird versucht, sie vor dem Aussterben zu retten.
Ebenso heimlich wie faszinierend ist die **Ginsterkatze** (S.153). Die gefleckte Schleichkatze mit dem langen Ringelschwanz soll mit den Sarazenen nach Europa gekommen sein und lebt vorzugsweise in felsigem Gebiet unweit des Wassers. Das nachtaktive Tier ist vorwiegend westlich der Rhone verbreitet. Ginsterkatzen sind an und für sich geschützt, geraten aber immer wieder in Fallen, die Füchsen und Mardern gestellt werden. Wer bereits im Morgengrauen auf den Beinen ist, entdeckt im Tal der Ardèche möglicherweise Biber (S.169).
Auf den trockenheißen Kalkebenen gedeihen typische **Garrigue-Pflanzen**: Thymian (S.81), Lavendel, Rosmarin, verschiedene Zistrosen- und Wolfsmilcharten, Ginster, Terpentinpistazie (S.88), Wacholder (S.28). Karg und im Sommer beinahe verdorrt, verwandelt sich die Garrigue im Mai und Juni in einen farbenfrohen Blumengarten mit zahlreichen Orchideen und Zwiebelpflanzen. Dank ihrer wasserspeichernden Organe überleben sie die sommerliche Durststrecke.
Auch **Reptilien** sind wärmeliebend, und mit etwas Glück können wir eine Perleidechse (S.78) beim Sonnenbaden beobachten. Mit einer Gesamtlänge bis 70 cm ist sie die größte Eidechse Europas. Auch die Eidechsennatter zählt zu den Charaktertieren der Garrigue, hält sich aber auch häufig in Wassernähe auf. Diese bis 2,5 m lange Trugnatter übertrifft an Größe sämtliche Reptilien Europas und befindet sich in der Ardèche am Nordrand ihres Verbreitungsraums. Wegen ihrer Scheu und den weit hinten im Oberkiefer sitzenden Giftzähnen wird sie Menschen kaum gefährlich.

Die brombeerartigen Früchte der Maulbeerbäume sind eßbar, allerdings nicht besonders schmackhaft.

Bechsteinfledermäuse hängen im Tages- und Winterquartier vereinzelt, nicht in großen Kolonien.

Die Trockenmauern der Terrassen bieten Reptilien, Insekten und anderen Kleintieren Unterschlupf.

Im Gebiet unterwegs

Die Ardèche-Schlucht ist durch eine gut ausgebaute Panoramastraße und mehrere Aussichtsterrassen mit Ausstellplätzen erschlossen. Die Fahrt von Vallon-Pont-d'Arc nach Saint-Martin-d'Ardèche dauert, mehrere Halts eingerechnet, etwa 3 Stunden. Es lohnt sich jedoch, genügend Zeit vorzusehen, um eine oder mehrere der am Weg liegenden Grotten zu besuchen; sie sind in der Regel vom 1. März bis zum 30. September zugänglich. Restaurants oder Hotels gibt es an der Strecke keine; das unbesiedelte Kalkplateau ist Garrigue pur und lohnt deshalb einen Abstecher zu Fuß.

Gottesanbeterinnen heften ihr Gelege oft an Mauern.

Abenteuerlicher und am schönsten ist es, den Cañon zu Wasser mit Kanu, Kajak oder Schlauchboot zu durchfahren, was einigermaßen sportlichen Anfängern keine großen Schwierigkeiten bereitet. In Vallon-Pont-d'Arc können Boote gemietet werden, und die Rückfahrt ist in der Regel ebenfalls organisiert (Dauer: 1 Tag).
Wanderer können die Schlucht in 2 Tagen beziehungsweise rund 12 Stunden durchqueren. Der ausgeschilderte Weg führt vom Parkplatz bei **Chames** ① an der D 290, südöstlich von Vallon-Pont-d'Arc, zuerst auf der Autostraße dem rechten Ufer entlang. Die Ardèche muß auf der Route einige Male an deutlich bezeichneten Furten überquert werden. Bei der Furt von **Gournier** ② stehen Trinkwasser und ein Platz zum Biwakieren zur Verfügung. Die zweite Etappe führt auf dem rechten Ufer am imposanten **Cirque de la Madeleine** ③ und mehreren Höhlen vorbei nach **Sauze** ④ vor dem Ort Saint-Martin-d'Ardèche.
Aus Sicherheitsgründen empfiehlt es sich, die Wanderung nur zwischen Juni und September zu unternehmen. Bei starken Regenfällen, wie sie in den Cevennen vorwiegend im Frühjahr und Herbst häufig sind, kann die harmlose Ardèche innerhalb kürzester Zeit mehrere Meter steigen und zum reißenden Gewässer werden. »Wie eine Wand« kommt das Wasser, so daß zum Fliehen nur mehr wenig Zeit bleibt. In Erinnerung bleibt die Katastrophe vom September 1857, als die Ardèche 21 m hoch stieg und das Wasser über den Pont-d'Arc hinwegfloß. Da Hochwasser in Südfrankreich in den vergangenen Jahren verschiedentlich flußnahe Campingplätze zerstörten und etliche Todesopfer forderten, sind die Sicherheitsbestimmungen strenger geworden. Das Verbot des wilden

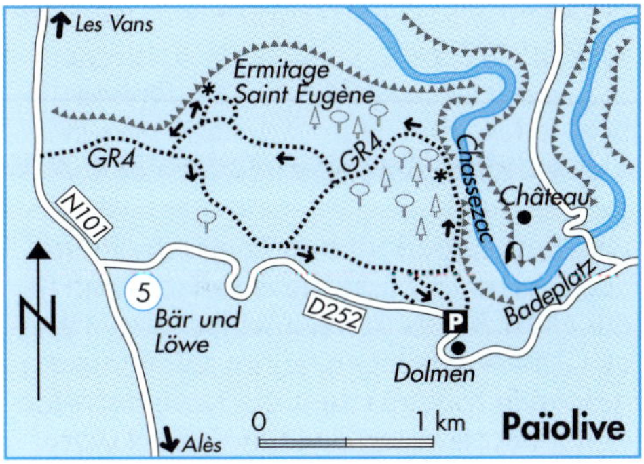

Campens an südfranzösischen Flüssen dient deshalb nicht zuletzt dem Schutz der Touristen.

Westlich von Vallon-Pont-d'Arc, zwischen Les Vans und Chandolas, liegt der märchenhafte Bois de Païolive, ein lückig bewaldetes Plateau, das auf einer Seite 80 m zur Chassezac-Schlucht (S.10) abfällt. Der graue, stark magnesiumhaltige Kalk ist zu bizarren Skulpturen ⑤ erodiert, die Menschen- und Tiergestalten ähneln. Ein Rundwanderweg führt in etwa 2 Stunden am Rand des Plateaus entlang mit phantastischem Blick auf die Schlucht und weiter zu einer idyllisch gelegenen verlassenen Einsiedelei. Steineichen (S.187), Kastanien (S.154) und mit Ginster überwucherte Felder dominieren auf dem Weg zurück zum Ausgangspunkt. Bei Regen ist der Felsweg entlang der Schlucht glitschig und entsprechend gefährlich. Start an der D252 beim Parkplatz vor großer Rechtskurve. Wenige Meter weiter, in der nächsten Kurve, steht einer der vielen Dolmen, Zeugnis der jungsteinzeitlichen Megalithkultur.

Praktische Tips

Anreise

Vallon-Pont-d'Arc erreicht man am schnellsten von der Autobahn A 7 über Pierrelatte–Bourg-St-Andéol und anschließend auf der D 4. Von Aubenas im Norden führt die D 579 über Ruoms nach Vallon.

Klima/Reisezeit

Das Klima ist mediterran, wobei die Cevennen für ihre heftigen Gewitter im Frühling und Herbst berüchtigt sind. Trotzdem sind diese beiden Jahreszeiten mit etwas metereologischem Glück für Wanderer und Radfahrer die angenehmsten Reisetermine. Die Flüsse sind im Sommer am sichersten, jedoch auch am stärksten besucht. Vor allem Vallon-Pont-d'Arc ist im Juli/August recht überlaufen.

Adressen

➪ Office du tourisme des Gorges de l'Ardèche, Place du Village, 07150 Vallon-Pont-d'Arc, Tel. 04 75 88 04 01.

➪ Syndicat d'initiative, Pl. L.-Ollier, 07140 Les Vans, Tel. 04 75 37 24 48.

➪ La Magnanerie, Seidenraupenzucht, Les Mazes, Tel. 04 75 88 01 27.

Unterkunft

Hotels, Pensionen und Campingplätze gibt es sozusagen in allen größeren Orten. In Vallon-Pont-d'Arc und Umgebung bestehen mehrere Campingplätze, die auch Flußfahrten, Wanderungen oder Höhlenausflüge anbieten.

Habichtsadler bauen ihre Nester meist im oberen Teil hoher Felswände.

Die Fliegenragwurz lockt mit ihren schmalen Blüten Insekten zum Bestäuben an.

Blick in die Umgebung

Das Cevennendörfchen **Thines** in einem Seitental des Chassezac ist beispielhaft für die einfache dortige Bauweise, die einen erstaunlichen Gegensatz zu seiner monumentalen romanischen Kirche bildet, eine der bedeutendsten der alten Region Vivarais westlich der Rhone (Ausstellungen im Sommer).
Zwischen Pont-Saint-Esprit und Bagnols-sur-Cèze liegt mitten in einem 1400 ha umfassenden und von Steineichen dominierten Staatsforst die **Chartreuse de Valbonne.** Das 1203 gegründete Kartäuserkloster mit reicher Innenausstattung kann besichtigt werden.

In faszinierenden Mäandern hat sich die Ardèche in den grauweißen Kalkfels gefressen: im Bild der imposante Cirque de la Madeleine vom Aussichtspunkt Balcon des Templiers aus gesehen.

20 Regionalpark Mont Pilat

Wald- und wasserreiches Gebirgsmassiv zwischen dem Rhonetal und dem Einzugsgebiet der jungen Loire; auf kleinem Gebiet ganz unterschiedliche Landschaftsformen; mediterrane bis subalpine Lebensgemeinschaften.

Der 1974 gegründete Regionalpark ist von drei bedeutenden Industriezentren flankiert: Saint-Etienne im Westen, Annonay im Süden, Vienne im Nordosten; 40 km nördlich liegt die Großindustrie- und Handelsmetropole Lyon. Kein Wunder, daß der Pilat von einheimischen Wanderern, Radfahrern, Langläufern und Reitern als grüne Lunge geschätzt wird, als eine vom Fortschritt wenig beeinträchtigte Insel, wo immer noch über 20 % der Bevölkerung von der Land- und Forstwirtschaft leben. Die Bauern haben allerdings auch hier zu kämpfen und versuchen deshalb zunehmend, ihre Einkünfte durch Direktverkauf von Käse, Honig, Würsten, Wein und anderen Produkten aufzubessern. Der Park, der nicht mit sensationellen Naturwundern aufwarten kann, setzt auf den »grünen Tourismus«.
Das 65 000 ha umfassende Pilat-Gebiet liegt am Nordoststrand des Zentralmassivs und besteht zum einen aus Granit, zum andern aus Gneis und Glimmerschiefer. Als Teil des im Karbon vor 420–300 Mio.

Vom Pilat-Massiv schweift der Blick über die Rhone bis in die Alpen mit dem Montblanc. Die Panoramatafel auf dem Perdrix-Gipfel mit Angaben über die nähere und weitere Umgebung erleichtert die Orientierung.

Der Schlangenadler ist der größte Greifvogel des Pilat-Massivs.

Jahren aufgefalteten Variskischen Gebirges wurde es wieder eingeebnet, um bei der Entstehung der Alpen von neuem hochgehoben zu werden. Im Quartär entstand eine »Spezialität« des Parks: Durch die Wechselwirkung von großer Kälte und plötzlicher Wärme wurden in den Randgebieten der Gletscher Fels und Eis gesprengt. Dadurch bildeten sich imposante Blockhalden, die »chirats«, z.B. beim Wasserfall von Gier, in der Nähe des Weilers Rivolière (südöstlich von Le Bessat) oder bei Toureyre, im Gemeindewald von Pélussin, etwa 2 km nördlich des Œillon-Gipfels.
Das Pilat-Massiv, mit seinen unzähligen Quellen, Bächen und Flüssen bereits von den Römern als »Wasserschloß« geschätzt, zählt zu den ersten Gebieten Frankreichs, die zur Gewinnung von hydroelektrischer Energie genutzt wurden. Einer der ältesten Staudämme, der Barrage de Couzon, wurde 1788–1811 gebaut. Eine Touristenattraktion ist der Gouffre d'Enfer (der »Höllenschlund«), dessen nostalgisch anmutende, 55 m hohe und 102 m lange Staumauer im Jahr 1866 fertiggestellt wurde und heute von Felsenschwalben besiedelt ist. Insgesamt versorgen ein Dutzend Stauseen zum Großteil die Städte und Industriebetriebe im Nord westen des Parks.

Pflanzen und Tiere

Um das Dörfchen Malleval (347 m), eine alte befestigte Baronie westlich über der Rhone, gedeihen zahlreiche typisch mediterrane Pflanzen wie Zürgelbaum, Steineiche (S.187) und die aromatische gelbblütige Mittelmeer-Strohblume. Hier ist denn auch das nördlichste Verbreitungsgebiet des Zürgelbaum-Schnauzenfalters in Frankreich. Das milde Mikroklima entsteht, indem die von der Rhone abgestrahlte Wärme durch eine zum Dorf hinaufführende Schlucht geleitet wird.
Auf dem wenige Kilometer Luftlinie entfernten Perdrix – mit 1432 m der höchste Punkt des Massivs – hat die Vegetation mit Arnika, Erika (S.173), Enzianen, Heidel- und Preiselbeersträuchern, kleinwüchsigen Kiefern und vereinzelten Arven subalpinen Charakter. Bei guter Sicht erkennt man nicht nur die übrigen Gipfel und Hügel des Massivs, sondern über das Rhonetal hinweg sogar die Alpen mit dem Montblanc.
Eine im ganzen Alpenraum verbreitete Heilpflanze, der Alpen-Frauenmantel, gedeiht im Pilat-Naturpark nur an einigen Stellen; darunter ist der Gipfel des Saint-Sabin die bekannteste. Die Bauern pilgern am Pfingstmontag zur Kapelle hinauf, um ein Sträußchen segnen zu lassen.
Die ausgedehnten Blockhalden sind vor allem für Flechtenforscher ein Dorado; andere Pflanzen können hier kaum Fuß fassen. Aber auch für Entomologen halten die

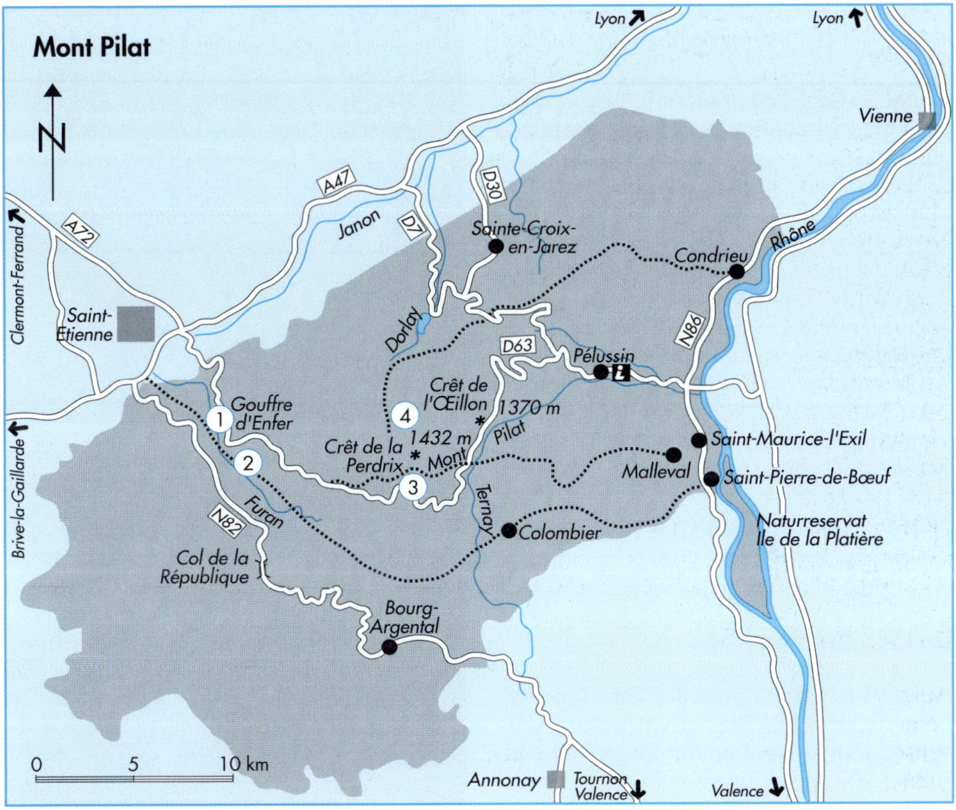

Steinwüsten Überraschungen bereit: 1984 entdeckte man in Spalten zwischen den Blöcken einen Käfer namens *Nebria lafresnayei*, eine Hochgebirgsart, die gewöhnlich auf andauernder Schneedecke lebt. In den kühlen und feuchten Minigrotten hat das unscheinbare braune Insekt einen Kleinlebensraum gefunden.

Im Frühjahr blühen Osterglocken und Narzissen (S.37) immer noch üppig. Das ist um so erstaunlicher, weil das Pflücken nicht verboten ist und die in Frankreich verbreitete Unsitte gepflegt wird, auf Sonntagsausfahrten Hunderte von Blüten in die Fenster, Motorhauben und Kofferraumdeckel des Wagens zu klemmen. Zu den selten gewordenen, aber trotzdem nicht geschützten Arten am Pilat gehören Keulenbärlapp, Echter Zungenstendel sowie verschiedene andere Orchideen.

Auch die Vogelwelt des Massivs ist dank der unterschiedlichen Biotope vielfältig. Einige Schlangenadler-Paare brüten auf Bäumen in der Gipfelregion, wobei die häufig dicht über dem Boden im Such- oder Rüttelflug jagenden Greifvögel sogar in der Nähe der Städte beobachtet werden können. Wespenbussarde (S.137), die im Pilat-Gebiet noch ziemlich häufig sind, nisten dagegen in tieferen Lagen. Der Uhu (S.143) haust in den Felswänden verschiedener bewaldeter Schluchten. Braunkehlchen nisten auf offenen Bergwiesen und Mooren. An den meisten Fließgewässern sind Wasseramsel (S.29), Eisvogel (S.141) und Graureiher zu beobachten. In einigen

Wildwachsende Osterglocken gehören im Zentralmassiv immer noch zu den häufigen Frühlingsblumen.

sauberen Bächen haben sich Restpopulationen der bezüglich der Wasserqualität äußerst anspruchsvollen und von der Krebspest bedrohten Edelkrebse halten können.

Noch vor wenigen Jahrzehnten fast vollständig verschwunden, haben sich Rehe nach ihrer Aussetzung rasch eingewöhnt und wagen sich mittlerweile bis in die Dörfer vor. Ebenfalls steigende Bestandszahlen sind bei den Bibern zu verzeichnen, die in einem Nebenarm der Rhone ein Refugium fanden, das seit 1987 unter Schutz steht. Zwei Inseln vor Tupin-et-Semons wurden zum Reservat der nachtaktiven Nager, wo sie sich ungestraft als Baumfäller betätigen können.

Im Gebiet unterwegs

Auf der kleineren Rhoneinsel vor Tupin-et-Semons, der **Ile du Beurre**, wurde eine wissenschaftliche Beobachtungsstation eingerichtet, die auch Laien zugänglich ist. Nähere Auskunft gibt das Zentrum in Tupin-et-Semons. Weiter südlich, zwischen Limony und Serrières, liegt die **Ile de la Platière**, ein 483 ha großes Naturreservat, das ebenfalls Biber, aber auch über 120 Jahres- und Zugvogelarten, zahlreiche Reptilien, Amphibien, Gliedertiere sowie etwa 250 höhere Pflanzenarten beherbergt.

Ein 49 km langer **Stauseenweg** (Sentier du parc No 6) führt den Wanderer in rund 13,5 Stunden von Saint-Etienne nach Saint-Pierre-de-Bœuf an der Rhone und vorbei an drei Seen, dem Gouffre d'Enfer ①, dem Pas de Riot ② im Westen und dem großen Stauwerk an der Rhone. Die Route bietet jedoch noch andere Sehenswürdigkeiten, z. B. den Menhir beim Dorfausgang von Colombier. Zudem kann man im Spätsommer und Herbst ziehende Vögel beobachten, die von Mittel- und Nord-

Der Zürgelbaum-Schnauzenfalter mit seinen langen Palpen.

Die Mittelmeer-Strohblume oder Gewöhnliche Immortelle.

Biber sind meist dämmerungs- und nachtaktiv.

Auf Trockenrasen wächst das Frühlings-Adonisröschen.

europa her den Barbanche-Paß nördlich des Riot-Sees überfliegen.
Der Weg Nr. 9, der **Pflanzenpfad** (Sentier flore), ist 24,5 km lang, was einer ungefähren Wanderzeit von 7,5 Stunden entspricht. Von Malleval oberhalb der Rhone führt die Route zum **Perdrix-Gipfel** ③ auf 1432 m hinauf. Sämtliche Vegetationsstufen des Parks werden durchquert, wobei das botanische Hauptgewicht auf den verschiedenen Waldtypen liegt.
Eine weitere Parkroute von knapp 30 km ist **Jean-Jacques Rousseau** gewidmet, der 1769 im Pilat-Gebiet botanisierte und in La Jasserie (1308 m) logierte. Von Condrieu am Rhoneufer aus führt der Weg hin-

Die rosa bis purpurfarbenen Wiesengladiolen gedeihen in Getreideäckern und auf Feuchtwiesen.

Der Europäische Edelkrebs braucht sehr saubere Gewässer und ist nicht zuletzt deshalb selten geworden.

auf in die Nähe des Perdrix-Gipfels sowie des Wasserfalls und der Quellen des Gier ④.
Zusätzliche Wanderrouten sind in einem mit guten Karten ausgestatteten Führer beschrieben, der im Informationszentrum in Pélussin erhältlich ist.

Praktische Tips

Anreise

Aus Richtung Norden oder Süden von der Autobahn A 7 über die Ausfahrten Givors, Vienne/Condrieu oder Le Péage-de-Roussillon. Aus nordwestlicher Richtung führt die A 47 nach Saint-Etienne und von dort auf gut ausgebauten Straßen ins Zentrum des Parks. Der Mont Pilat ist ausgezeichnet erschlossen und von allen Seiten her erreichbar.

Klima/Reisezeit

Eine Erklärung des Namens Pilat leitet seine Herkunft vom Lateinischen »pileatus« (bedeckt) ab, weil die Gipfel häufig umwölkt seien. Tatsächlich kann es in der Höhe empfindlich kühl sein, während am Rhoneufer sommerliche Hitze herrscht. Überhaupt sind die Klimaunterschiede den Höhenstufen entsprechend ausgeprägt, von mediterran bis montan. In der Höhe liegt verhältnismäßig lange Schnee, und die blühenden Mandel- und Pfirsichbäume bilden zu den weiß überzuckerten Bergen einen reizvollen Gegensatz. In der Montanstufe fallen etwa 1200 mm Wasser pro Jahr, auf dem Plateau von Pélussin dagegen nur rund 800 mm. Spätfrühling und Frühsommer sind botanisch am interessantesten, unter Umständen jedoch regnerisch.

Adressen

- Parc naturel régional du Pilat, Moulin de Virieu, 42410 Pélussin, Tel. 04 74 87 52 00.
- Centre d'observation de la nature de l'île du Beurre, Mairie, 69420 Tupin-et-Semons, Tel. 04 74 59 81 08.
- Association des Amis de la réserve de l'île de la Platière, Rue César-Geoffray, 38500 Sablon, Tel. 04 74 84 35 01.

Unterkunft

An einfachen, aber auch komfortablen Herbergen mangelt es im und um den Park nicht. Ein Verzeichnis der Gemeinschaftsunterkünfte, Ferienwohnungen und Campingplätze ist beim Informationszentrum in Pélussin oder in den örtlichen Verkehrsbüros erhältlich, die jedoch zumeist nur während der Sommermonate geöffnet sind.

Blick in die Umgebung

Sainte-Croix-en-Jarez im Norden des Parks mit dem ehemaligen Kartäuserkloster gilt als eines der schönsten Dörfer Frankreichs. **Vienne** an der Rhone besitzt mit seinem Tempel, dem Portal und seinem Theater, das 13 500 Besuchern Platz bot, bedeutende römische Bauwerke, während die Papier- und Seidenstadt **Annonay** durch die Gebrüder Montgolfier bekannt wurde, die hier 1783 mit dem ersten Heißluftballon die Luftfahrt begründeten (sehenswert die Schlucht der Deûme mit den alten Fabriken).

21 Die Vulkanlandschaft des Zentralmassivs

Zahlreiche erloschene Vulkane, weitläufige Hochmoore, einsame Plateaus und kristallklare Gewässer; größter aller französischen Regionalparks.

Es ist noch nicht lange her, seit die Vulkane im Zentralmassiv Feuer spien: Vor rund 3500 Jahren sind die letzten Puys erloschen, und es ist keineswegs sicher, daß sich die Erde für immer beruhigt hat. Die Landschaft fasziniert wohl nicht zuletzt deshalb, weil die Szenerie so »frisch« wirkt. Der 1977 gegründete, 393 000 ha umfassende Regionalpark wird mitunter mit einem riesigen Freilichtmuseum verglichen, in dem die verschiedensten Erscheinungen des Vulkanismus zu besichtigen sind. Es gibt in Europa wenige Landschaften mit einer vergleichbaren Fülle augenfälliger Zeugnisse der Erdgeschichte. Von Norden nach Süden reihen sich die Spitzen der Monts Dôme, Monts Dore, Monts du Cézallier und Monts du Cantal aneinander. Der höchste ist der Puy de Sancy mit 1885 m, der berühmteste der **Puy de Dôme** mit der Fernsehsendeanlage und dem Observatorium auf der 1464 m hohen Gipfelkuppe westlich von Clermont-Ferrand. Dies nicht zuletzt, weil er eine der härteren Prüfungen der Tour de France ist. Wegen der beeindruckenden Panoramasicht ist der Hausberg der Michelin-Hochburg bei schönem Wetter überlaufen. Es ist jedoch dafür gesorgt, daß dies nicht allzuoft der Fall ist: Pro Jahr ist es durchschnittlich 275 Tage wolkig,

Auf dem 1787 m hohen Puy Mary im Cantal-Massiv liegen hier Ende Juni noch immer die letzten Schneereste.

Blick vom Puy de Dôme auf die Vulkankegel der Auvergne.

140 Tage hat es Frost, und die Windstärke erreicht mitunter 150 km/h.
Der Puy de Dôme gehört zu den Vulkanen des Pelétyps: Der übliche Krater fehlt, weil das aufsteigende, zähflüssige Magma nicht abfließt, sondern einen glockenförmigen Deckel bildet, der den Schlot verschließt, so daß das Gas nur durch eine Explosion als Glutwolke austreten kann. Zum selben Typ gehören auch die Puys Chopine, Sarcoui, Clerziou, Petit Suchet und Vasset.
Ungefähr 80 vulkanische Gipfel drängen sich bei Clermont-Ferrand eng aneinander: Hier setzte der Vulkanismus vor knapp 100 000 Jahren ein; die jüngsten Schlote waren noch im 4. Jahrtausend v. Chr. aktiv. Wesentlich früher, vor 20 Mio. Jahren, begannen sich die **Monts Dore** zu bilden. Am aktivsten waren diese Vulkane jedoch zwischen 7 bis 2,5 Mio. Jahren v. Chr., als die großen ringförmigen Kraterberge entstanden. Diese Stratovulkane sind freilich auf den ersten Blick kaum als solche erkennbar, da die Gletscher des Quartärs die Kegel abgehobelt und tiefe Täler und Buckel geschliffen haben. Das Massiv der Monts Dore bedeckt eine Fläche von 800 km^2, ein Gebiet mit heißen Quellen wie den traditionsreichen Thermen der Städtchen Le Mont-Dore oder La Bourboule. Der Name Dore hat denn auch nichts mit Gold zu tun, sondern geht auf eine keltische Bezeichnung für Wasser zurück.
Mit einem Durchmesser von rund 80 km gehört das **Cantal-Massiv** im südlichen Teil des Parks zu den bedeutendsten Vulkangebirgen der Welt. Es ist ebenfalls vor ungefähr 20 Mio. Jahren, im mittleren Tertiär, durch den Austritt zähflüssiger Andesite entstanden, die nicht abflossen, sondern sich zu einem 3000 m hohen Kegel auftürmten. Der Lavapfropfen verschließt bei

Das Purpur-Knabenkraut wächst in den wärmeren Zonen der Auvergne.

Im Juni/Juli blüht der Gelbe Enzian.

Das Heidekraut tritt in Mooren massenweise auf.

dieser Art Vulkan den Schlot, die Gase stauen sich, bis der Druck so stark wird, daß er durch eine gewaltige Explosion weggesprengt wird. Die höchste Spitze, der Plomb du Cantal, erreicht heute noch 1855 m, der vielbesuchte Puy Mary als zweithöchste 1787 m; die Rundsicht ist von beiden grandios und soll bei idealen Wetterverhältnissen bis in die Pyrenäen und die Alpen reichen. Von hier aus hat man auch einen schönen Blick auf die vielen weiten Täler, die sternförmig auseinanderlaufen.

Auf bizarre Gebilde, die durch die Tätigkeit von Vulkanen und Verwitterung entstanden, stößt man allenthalben. »Necks« heißen die freigelegten Vulkanschlote, die als Kegel oder Felsnadeln aus der Ebene ragen. Der Puy de Montrognon und der Puy Monton, beide einige Kilometer südlich von Clermont-Ferrand, sind typische

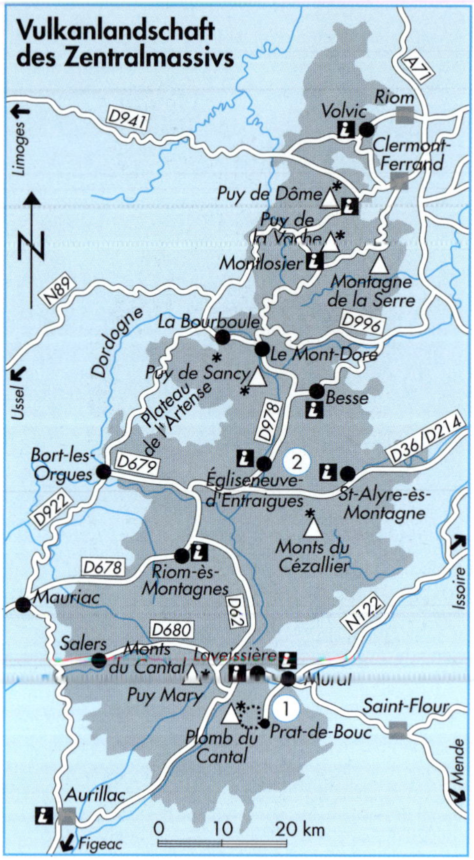

Beispiele dafür. Außerhalb des Regionalparks, aber besonders beeindruckend und berühmt sind die Necks von Le Puy, die bereits in vorchristlicher Zeit mit Heiligtümern gekrönt wurden. Als »Dykes« werden vereinzelt stehende Felswände vulkanischen Ursprungs bezeichnet; der beim Thermalbad Royat gelegene Puy Montaudoux ist dafür beispielhaft. Basaltorgeln wiederum entstanden, indem die flüssige Lava durch ein Hindernis gestaut wurde und prismenförmig erstarrte. Die eckigen Orgelpfeifen wurden im Lauf der Zeit freigelegt, indem das weichere Gestein der »Staumauer« verwitterte. Orgues de Peyre-Grosse zwischen Riom-ès-Montagnes und Trizac liegt innerhalb der Parkgrenzen, die bekanntesten Orgeln außerhalb erheben sich über Bort-les-Orgues an der Dordogne (s.S.182) und bei Espaly nordwestlich von Le Puy.

Glühende Lavaströme riegelten Flußläufe ab und schufen so kleine, idyllische Seen wie den Lac Chambon (877 m), den Lac de Guéry (1247 m), den Lac de Montcineyre (1174 m) oder den Lac d'Aydat (825 m). Meist kreisrund und smaragdgrün sind die vielen mit dem deutschen Lehnwort »Maar« bezeichneten Vulkankraterseen, die durch das Zusammentreffen von Grundwasser mit vulkanischen Gasexplosionstrichtern entstanden. Zum Teil haben sich in den relativ flachen Trichtern Moore gebildet.

Der Hauptsitz des Parc naturel régional des Volcans d'Auvergne im Schloß von Montlosier ist für pädagogische Zwecke vorbildlich eingerichtet, steht aber auch für Touristen offen (s. Adressen). Daneben wurden sieben Informationszentren eingerichtet, die sich jeweils einem Thema widmen.

Pflanzen und Tiere

Von seiner nördlichen bis zur südlichen Grenze mißt der Regionalpark 120 km, und damit ist er lang genug, um von der subalpinen zur submediterranen Pflanzenregion vorzustoßen. Die unterschiedlichen Bodentypen – Basalt, Granit, Kalk, Torf – lassen zudem eine Pflanzenvielfalt zu, die ihresgleichen sucht: Während im Süden Zistrosen, Schwarzkümmel, Etruskisches Geißblatt (S.88), Großes Löwenmaul, Strauchiger Lein und die Breitblättrige Platterbse (S.74) blühen, findet man auf den Wiesen in den Bergen im Spätfrühling und Frühsommer Alpenblumen wie Enziane, den Blauen Eisenhut und das Schwarze Kohlröschen (S.45). Am auffälligsten ist der Ginster, der sich ausbreitet, wo das Land nicht mehr gepflegt wird.

Man versucht, die empfindlichsten und botanisch wertvollsten Gebiete vollständig unter Schutz zu stellen. Eines davon ist die **Vallée de Chaudefour** am Nordosthang des Puy de Sancy. Das schöne Tal mit seinen Wasserfällen und bizarr geformten Felsen hat seine reiche alpine Flora bewahren können, nicht zuletzt, weil es nur zu Fuß durchquert werden darf und ein striktes Pflückverbot herrscht. Das Sammeln von Blütenpflanzen (z. B. von Narzissen für die Parfümindustrie in Grasse), Pilzen oder Heidelbeeren bildet für manche Bauern immer noch eine wichtige Einkommensquelle. Über die Pflanzenwelt der Vulkanlandschaft informiert sehr anschaulich die Maison de la gentiane in Riom-ès-Montagnes, das einen botanischen Garten mit den seltensten und häufigsten Arten besitzt, die im Park vorkommen. Hier wird auch die Geschichte einer weiteren Sammelpflanze erzählt, die in den Bergen massenweise wächst: der Gelbe Enzian, dessen Wurzeln wie eh und je ausgegraben und zu einem bittersüßen Aperitif verarbeitet werden.

Die gedrungene Europäische Wildkatze verpaart sich auch mit Hauskatzen.

Die zahlreichen Flach- und Hochmoore beherbergen ein breites Spektrum von Moosen und anderen hier heimischen Pflanzen wie den geschützten Sonnentau, der mit seinen klebrigen Tentakeln Insekten fängt und bis auf die Chitinteile verdaut.

Auf alten Fotos präsentieren sich die Vulkane der Auvergne annähernd kahl. Die wüstenähnliche Mondlandschaft war das Ergebnis von Überweidung und unkontrolliertem Holzschlag. Inzwischen sind die Abhänge aufgeforstet worden, leider nur allzu häufig nach rein wirtschaftlichen Kriterien geometrisch, dicht und mit schnellwüchsigen Nadelbäumen. Heute hat sich das Blatt insofern gewendet, als es beinahe zuviel Wald gibt und die charakteristischen vulkanischen Formen zu verschwinden drohen. Aus diesem Grund fördert die Parkverwaltung die Schafhaltung, die in den vergangenen Jahrzehnten dramatisch zurückgegangen ist. Die bezüglich ihrer Nahrung anspruchslosen Herdentiere verhindern die Verbuschung. Es besteht jedoch auch die Gefahr, daß die Magerwiesen überdüngt werden und die bunte Blütenpracht samt all ihren Seltenheiten verschwindet.

Besonders interessant und vielfältig sind Tierarten, die auf naturnahe Feuchtgebiete und blumenreiche Magerwiesen angewiesen sind. Eines der wenigen Säugetiere, das im Moor lebt, ist die Sumpfspitzmaus. Der bis 15 cm lange Insektenfresser ist jedoch nur in der Dämmerung und nachts aktiv und deshalb schwierig zu beobachten. Eher zu Gesicht bekommen Wanderer ausgesetzte Mufflons (S.136) und Murmeltiere (S.47), die sich im Park fleißig vermehren. In den Flüssen gibt es Fischotter (S.184) und Biber (S.169), in den Wäldern Rothirsche, Wildschweine, Rehe und sogar Wildkatzen.

Der französische Vogelschutzverband (LPO) hat auf dem Col de Prat-de-Bouc (1386 m) im Cantal-Massiv und auf den Montagne de la Serre südlich von Clermont-Ferrand Beobachtungsstationen für Zugvögel eingerichtet, die auch Laien offenstehen. Von Mitte Juli bis Mitte November ziehen hier Tausende von Vögeln Richtung Süden, darunter Schwarz- und Rotmilane, Wespenbussarde (S.137), Mäusebussarde, Rohrweihen (S.123), Sperber, Wander- (S.29) und Merlinfalken. Das Sancy-Massiv und die Dôme-Kette sind für ihre reiche Vogelwelt gleichermaßen bekannt. Beste Beobachtungszeit: Mitte Mai bis Frühsommer.

Nördlich des Lac de Guéry, an der Straße zum Dörfchen Orcival, dessen Kirche einen Umweg wert ist, stehen die Roches Tuilières et Sanadoire, zwei markante Vulkanfelsen, die ein vom Gletscher ausgehobeltes Trogtal umrahmen.

Im Gebiet unterwegs

Eine landschaftlich reizvolle und abwechslungsreiche Tagestour, die von der LPO betreut und vor allem während des Herbst-Vogelzugs empfohlen wird, führt von der Paßhöhe Prat-de-Bouc ① auf den Plomb du Cantal (1855 m) und über

Raubwürger finden im Zentralmassiv die von ihnen benötigten vielfältigen Lebensräume.

die Rochers de Chamalière zurück zum Ausgangspunkt. Von August bis Oktober ist im Langlaufzentrum des **Prat-de-Bouc** eine Informationsschau eingerichtet. Nach einem kurzen, aber steilen Aufstieg erreicht man die Beobachtungsstation. Nach einem Abstecher zu den Quellen des Epie führt der gut ausgebaute Weg zum höchsten Punkt des Massivs; der **Plomb du Cantal** belohnt uns mit einem atemberaubenden Panorama. Weiter geht's über den Pas des Alpins (1750 m) zum **Felszirkus der Chamalière** und durch mehrere Hangmoore zum Parkplatz auf dem Paß zurück. Es bleibt genügend Zeit zum Beobachten von Steinrötel, Ringdrossel, Fichtenkreuzschnabel, Weißstorch, Schwarzmilan, Schlangenadler (S.166), Wanderfalke.
Ein schönes, intaktes und geschütztes Torfmoor liegt südlich des Weilers **Godivelle** ②, der zwischen einem kreisrunden Maar und einem seichten Teich eingebettet ist. Im Nachbardorf **Saint-Alyre-ès-Montagne** steht die Maison des Tourbières, ein Info-Zentrum, das ganz dem Lebensraum Moor gewidmet ist. Für Auto- und Radfahrer wurde eine 50 km lange Rundtour entlang verschiedener Moore mit Informationstafeln ausgeschildert.
Das ganze Zentralmassiv ist ein Wanderparadies mit unzähligen markierten Wegen und Routen. Unter anderem wird der Naturpark in der Längsrichtung von der Fernwander-Route GR 4 (Méditerranée-Atlantique) durchquert. Eine der schönsten Wanderungen ist die Tour du massif cantalien GR 400. Auskunft und Informationsmaterial bietet die aktive Chamina in Clermont-Ferrand, eine Vereinigung, die seit 1974 den »grünen Tourismus« fördert und damit die wirtschaftliche Situation des Zentralmassivs verbessern will.
Ein Tip für Regentage, die es in der Auvergne auch sommers geben kann: Im Städtchen **Murat** (Cantal) gibt es eine der besten Ausstellungen von präparierten Tieren in Frankreich mit 600 Säugern und Vögeln sowie 6000 Schmetterlingen und Käfern. Die Maison de la faune ist während der Schulferien täglich geöffnet.
Während das mittelalterliche Städtchen **Salers** am Westfuß des Cantal-Massivs jederzeit märchenhaft ist, zeigt sich das Château de Val an der Dordogne von seiner besten Seite, wenn der Stausee gefüllt ist. Südwestlich von Clermont-Ferrand liegt Orcival mit der Basilika Notre-Dame, einem der besten Beispiele des romanischen Kirchenbaus in der Auvergne.
Wer sich während der kälteren Jahreszeit mit dem Auto in die Auvergne wagt, sollte dies nur mit Winterreifen und Ketten tun. Schneestürme mit Verwehungen sind selbst im Spätherbst und Frühling keine Seltenheit. In einsamen Gegenden, aber auch an Sonn- und Feiertagen in Städten, sind offene Tankstellen überdies manchmal rar.

Praktische Tips

Anreise
Von Paris über die A 6 bis Lyon, dann bis nach Saint-Etienne auf der A 47 und weiter bis Clermont-Ferrand auf der A 72, über Bourges auf der A 71. Die Hauptstadt der Auvergne ist auf diesen Strecken auch mit dem Zug erreichbar; von Paris fährt der TGV bis Lyon. Die Busse verkehren wie fast überall in Südfrankreich meist unregelmäßig. Auskunft geben die Verkehrsbüros.

Klima/Reisezeit
Die Empfehlung, sich auch im Sommer auf schlechtes Wetter gefaßt zu machen, ist nicht übertrieben. Im Zentralmassiv ist es zwar im Juli und August im allgemeinen heiß, aber sehr wechselhaft. Zudem windet es in den Bergen oft und kann empfindlich abkühlen. Die Winter sind in den höheren Regionen lang und von starken Schneefällen begleitet. Die angenehmsten Reisezeiten sind Spätfrühling und Frühherbst.

Adressen
- Office du tourisme, Place de la Victoire, 63000 Clermont-Ferrand, Tel. 04 73 98 65 00.
- Parc naturel régional des Volcans d'Auvergne, Montlosier, 63970 Aydat, Tel. 04 73 65 64 00.
- Chamina, 5, Rue Pierre-le-Vénérable, 63057 Clermont-Ferrand, Tel. 04 73 92 81 44.
- Muséum des Volcans, Château Saint-Etienne, 15000 Aurillac, Tel. 04 71 48 07 00 (Gruppen auf Vereinbarung).

Unterkunft
Meist gibt es auch in kleinen Städten und Dörfern bescheidene Hotels oder Privatunterkünfte. Um Unannehmlichkeiten zu vermeiden, empfiehlt es sich jedoch, frühzeitig ein Quartier zu suchen. Über Übernachtungsmöglichkeiten entlang der ausgewiesenen Wanderwege geben die Chamina in Clermont-Ferrand oder die Verkehrsbüros Auskunft. Immer mehr Bauern bewirten Touristen mit ländlichen Spezialitäten, zumeist aus eigener Produktion. In den bekannteren und schön gelegenen Ortschaften der Auvergne findet sich in der Regel auch eine Möglichkeit zum Campen.

Blick in die Umgebung

Rund um den Park gibt es für Natur- und Kulturfreunde so viel zu entdecken, daß es sich lohnt, einige Tage für diese Seitensprünge einzuplanen. Im Süden mäandert die Truyère vom Thermalbad **Chaudes-Aigues,** wo das Wasser mit 82° C aus dem Boden sprudelt, durch einen imposanten Cañon bis Entraygues-sur-Truyère. Mehrere Aussichtspunkte bieten sich an zum Beobachten von Greifvögeln, Enten und Reihern. **Aurillac,** das lebendige Zentrum der Haute-Auvergne, zeigt in der Maison des Volcans innerhalb des Château Saint-Etienne eine moderne Informationsschau über die Vulkane Frankreichs und der Welt.

Der Rundblättrige Sonnentau fängt und verdaut mit seinen klebrigen Tentakeln Insekten.

22 Dordogne-Tal

Oberlauf der Dordogne trotz mehrerer Kraftwerke wild und tierreich; Unterlauf in weiten Teilen intakte Parklandschaft mit märchenhaften Schlössern und Höhlen.

Die 472 km lange Dordogne ist das Kind der Dore und der Dogne, die am Fuß des Puy de Sancy und am Puy de Cacadogne aus dem Vulkangestein des Zentralmassivs entspringen und unweit von ihren Quellen zusammenfließen. Der Fluß ist vermutlich annähernd 300 000 Jahre alt, doch die heute noch sichtbare Erosionsarbeit hat er vor 12 000–10 000 Jahren geschaffen, als die gewaltigen Gletscher des Zentralmassivs schmolzen und die Wasserläufe anschwellen ließen. Die Sedimente bestehen im Oberlauf aus vulkanischem Gestein, die Schwermetalle wie Eisenoxid, Pyroxene, Amphibole (Hornblende) und Gold enthalten. Die **Avèze-Schlucht** ① beschreibt einen weit ausholenden Bogen in südlicher Richtung. Die Dordogne hat sich hier im weichen Glimmerschiefer ein tiefes Tal geschaffen, das stellenweise so eng ist, daß man gezwungen wird, den Fluß zu durchwaten oder umzukehren. Die imposante Schlucht ist für Motorisierte und Radler nur an zwei Übergängen zugänglich: zwischen dem Dorf Avèze und Le Champsel und ein Stück weiter unten von Messeix aus.

Bei Bort-les-Orgues ② wird die Dordogne zum ersten Mal durch ein größeres Kraftwerk gestaut und verwandelt sich in einen fjordartigen See, der sich bis Singles hinzieht. Seine Ufer sind zumeist bewaldet und oft nicht begehbar. Im Gegensatz zu einem prosperierenden Dorf, das in den Fluten versank, hat das Château de Val ③ durch die Nutzbarmachung noch gewonnen: Das Märchenschloß wird heute bei vollem See rundum von Wasser umspült. Böse Zungen behaupten, die Dordogne sei nicht mehr als eine gigantische Treppe von Staustufen: Außer in Bort-les-Orgues gibt es Kraftwerke in Marèges, L'Aigle, Le Chastang und Argentat; gebaut wurden sie von 1946 bis 1954. 1991 wurde die Vereinigung E.P.I.DOR (Etablissement Public Interdépartemental Dordogne) gegründet, die sich unter anderem dafür einsetzt, die Gewässerverschmutzung einzudämmen und den wandernden Fischen wieder eine Chance zu geben. Das kulturelle, historische und ökologische Erbe eines der schönsten Flüsse Europas soll bewahrt und

◁ Die Périgord-Trüffel beginnt bereits im April zu wachsen, wird jedoch erst ab Ende November geerntet.

Die Dordogne hat sich zwischen Floirac und Gluges tief ins Gestein gegraben: Blick vom Belvédère de Copeyre. ▷

gerettet werden. Sensibilisiert wurde die Bevölkerung nicht zuletzt durch den Wassermangel, der sich in den vergangenen Jahren verstärkt bemerkbar machte. Obwohl die Dordogne regelmäßig über die Ufer tritt, haben Trockenheit und steigender Wasserverbrauch die Reservoirs geleert.
Über dem Städtchen **Bort-les-Orgues** reihen sich auf 1,5 km Länge stattliche Basaltsäulen aneinander. Die »Orgel« entstand im Miozän, als flüssige Lava zu Tal floß, erstarrte und mit der Zeit als Block freigelegt wurde, weil das »Gefäß« erodierte. Vom Hochplateau über der Basaltwand hat man einen großartigen Blick auf die Dordogne, die hier einen scharfen Knick nach Westen macht.
Der knapp 12 ha kleine Lac de Madic ④ beim gleichnamigen Weiler ist als Rastplatz von Zugvögeln bekannt. Die Mauer von Chastang staut den Fluß auf eine Länge von 31 km; hier bildet er einen See von 706 ha Fläche. Nach Argentat ⑤ mündet die Maronne in die Dordogne, ein ebenfalls schluchtenreicher und von Schlössern gesäumter Fluß, der trotz dreier Staustufen reizvolle Landschaftsbilder von uriger Wildheit bietet. Dasselbe gilt für die Cère, die vor Floirac ⑥ ins weit gewordene Tal und in die Dordogne fließt.
Von Floirac bis Lalinde ⑦ mäandert die Dordogne westwärts. Es ist der spektakulärste Abschnitt ihres Laufs, der sozusagen in jeder Biegung mit einem Schloß, einem romantischen Dorf oder einer Dreistern-Aussicht aufwartet. Besonders eindrucksvoll sind die Flußschleifen von Montfort, Trémolat und Limeuil. Unter den vielen ruhigen Nebenarmen mit interessanter Tier- und Pflanzenwelt ist das Stillwasser bei Coux-et-Bigaroque ⑧ das bedeutendste. Wichtig als Rastplatz im Frühling und Herbst sowie als Überwinterungsort für Vögel ist der Flußabschnitt nach der Staustufe von Mauzac ⑨. In der Umgebung von Bergerac gewinnt der Weinbau die Oberhand.
Bis zum Zusammenfluß mit der Garonne nördlich von Bordeaux fließt die Dordogne durch fruchtbares Schwemmland. Zur Hauptsache werden Reben und Mais angebaut, die Grundlagen der kulinarischen und wirtschaftlichen Tradition der Gegend: Wein sowie Stopfleber und Eingemachtes (Confit) von Gans und Ente. Ohne diese beiden meist nur verhältnismäßig rentablen Existenzgrundlagen würde das Bauernsterben noch mehr Opfer fordern, als es bis jetzt der Fall ist. Bergerac ist zudem die Hochburg der französischen Tabakindustrie, die auch den in der Umgebung angebauten Tabak verarbeitet.

Pflanzen und Tiere

Der Wald ist im ganzen Einzugsgebiet der Dordogne landschaftsbestimmend. Das **Périgord noir** wird wegen seiner großen, dunklen Wälder als schwarz bezeichnet, während das **Périgord blanc** im Norden des

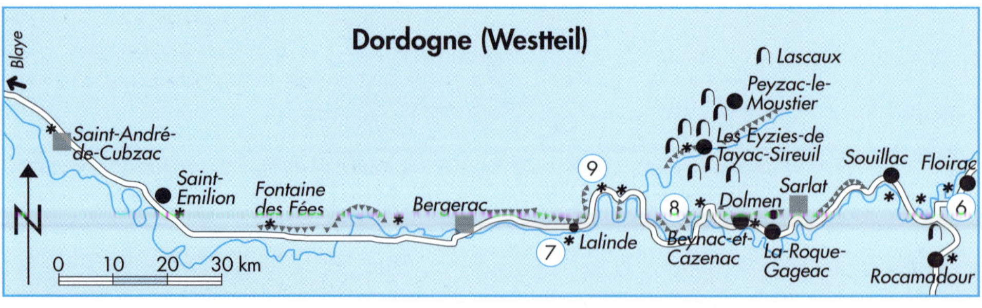

Departementhauptorts Périgueux seinen Namen dem hier vorherrschenden weißen und grauen Kreidefels verdankt. Im Périgord noir wachsen je nach Bodenbeschaffenheit Eßkastanien, Aleppokiefern und Flaumeichen. In geschützten, sonnigen Lagen haben sich Steineichen neben anderen mediterranen Pflanzen angesiedelt. Die immergrünen Bäume mit den ledrigen Blättern bilden häufig niedere Bestände. In der Macchie kann man frühmorgens im Spätherbst und Winter Trüffelsuchern begegnen, die meist mit abgerichteten Hunden, seltener mit Hausschweinen unterwegs sind. Die berühmte schwarze **Périgord-Trüffel** wächst mit Vorliebe im Wurzelbereich verkrüppelter, kleinwüchsiger Flaumeichen. Die bis annähernd faustgroßen Knollen, die zu den Schlauchpilzen gehören, sind schwierig zu züchten, obwohl mittlerweile mit Sporenlösung geimpfte Eichen und Haselsträucher im Handel sind. Außer dem starken Geruch und der »verbrannten« Erde zu Füßen des Stamms führt eine unscheinbare Fliege, die hier ihre Eier ablegt, die Trüffelsucher auf die Spur der kostbaren Knolle. Trotz ihres Namens stammt die Périgord-Trüffel mit 4 Tonnen Jahresernte nur zu einem kleinen Teil aus der Dordogne. Der Löwenanteil der 200 Tonnen, die in ganz Frankreich gesammelt werden, kommt aus der Provence und dem Gard.
In den höher gelegenen Regionen wie der Avèze-Schlucht ① bilden Weißtannen mit

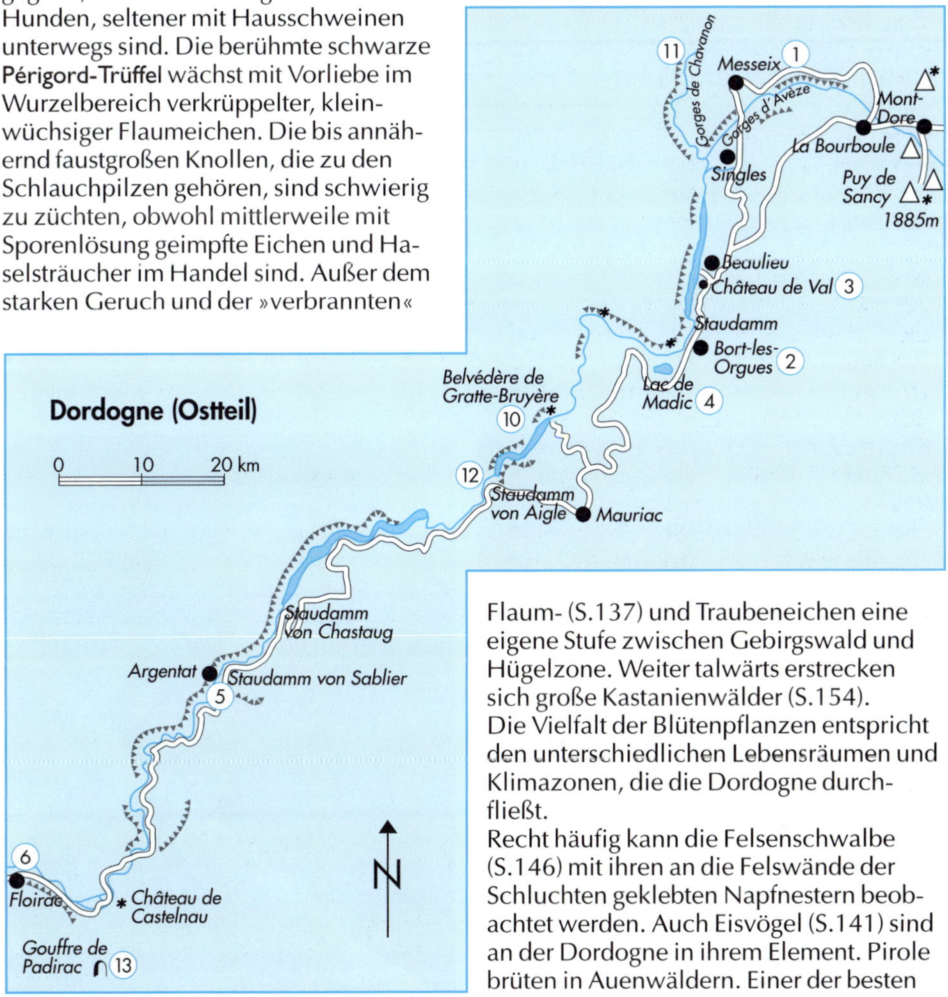

Flaum- (S.137) und Traubeneichen eine eigene Stufe zwischen Gebirgswald und Hügelzone. Weiter talwärts erstrecken sich große Kastanienwälder (S.154).
Die Vielfalt der Blütenpflanzen entspricht den unterschiedlichen Lebensräumen und Klimazonen, die die Dordogne durchfließt.
Recht häufig kann die Felsenschwalbe (S.146) mit ihren an die Felswände der Schluchten geklebten Napfnestern beobachtet werden. Auch Eisvögel (S.141) sind an der Dordogne in ihrem Element. Pirole brüten in Auenwäldern. Einer der besten

Fischotter sind üblicherweise nachts unterwegs und ruhen tagsüber in Uferbauen.

In feuchten Ufer- und Auenwäldern brütet der Pirol; auf dem Foto das auffällig gefärbte Männchen.

◁ In ihrem Unterlauf – hier vor Saint-Emilion – fließt die Dordogne breit und ruhig durchs Kulturland.

Die imponierende Schachthöhle des Gouffre de Padirac ▷ ist mit einem unterirdischen Fluß verbunden.

Plätze für Greifvögel ist das Belvédère de Gratte-Bruyère ⑩ auf dem rechten Ufer nordöstlich der Staumauer von Aigle. Mit etwas Glück entdeckt man vielleicht sogar Wanderfalken (S.29). Die Dordogne ist fischreich, vor allem an Bachforellen und Hechten.
Unter den Säugern sind der Europäische Nerz und der Fischotter erwähnenswert. Der Chavanon ⑪ mündet bei Singles, am Nordende des Stausees von Bort-les-Orgues, in die Dordogne. Das intakte, wilde Tal ist ein wahres Otter-Paradies, das die Gewässer der weiteren Umgebung mit Nachwuchs versorgt. Dies hat jedenfalls der bekannte Otter-Spezialist Christian Bouchardy festgestellt, ein engagierter Laie, der sich seit Jahren mit Leib und Seele für den Schutz der heimlichen Wassermarder im Zentralmassiv einsetzt. Daß fleißig Nachwuchs gezeugt wird, beweist unter anderem, daß hier die Wasserqualität noch stimmt. Fischotter reagieren auf hohe PCB-Belastung ihrer Beutetiere, der Fische, mit Sterilität. Allmählich setzt sich auch die Erkenntnis durch, daß sie nicht mehr als Schädlinge gejagt, sondern ganzjährig geschützt werden sollten.

Im Gebiet unterwegs

Bis Beaulieu führen Fahrstraßen nur vereinzelt direkt der Dordogne entlang. Man muß sich den Zugang zum Fluß auf Nebenstraßen suchen und vermeidet manche Irrfahrt, wenn man sich mit einer guten Karte auf den Weg macht; empfehlenswert

Die Gelbe Schwertlilie liebt schlammige, nasse und zeitweise überschwemmte Standorte.

sind die Karten des Institut géographique national IGN im Maßstab 1:250 000, Nr. 110 und 111. Es lohnt sich auch, genügend Zeit für Abstecher und kürzere oder längere Wanderungen einzuplanen, da sich die zum Teil verborgenen Schönheiten nur so entdecken lassen.
Im Unterlauf hingegen läßt die Route in dieser Beziehung keine Wünsche offen und ist in der Touristensaison entsprechend frequentiert. Zur Förderung ökologischerer Fortbewegungsarten wie Wandern, Rad- oder Kanufahren im Zentralmassiv wurde die Chamina mit Sitz in Clermont-Ferrand gegründet. Der Verein hat einen ausgezeichneten und informativen Wanderführer über das obere Dordogne-Tal herausgegeben.
Beim Barrage de l'Aigle ⑫, auf dem rechten Ufer der Dordogne, kann man sich während der Touristensaison auf einer »gabare« einschiffen. Auf den langen Holzkähnen wurden einst Käse und Holzdauben für die Weinfässer auf dem Wasserweg nach Bordeaux transportiert. Über so weite Strecken schiffbar war die Dordogne im allgemeinen nur während der Hochwasser im Herbst. Am Ziel angekommen, wurden die Boote zerlegt und als Brennholz verkauft. Die Schiffer, die Gabariers, gingen zu Fuß in ihre Heimat zurück.

Praktische Tips

Anreise
Clermont-Ferrand ist von Norden her auf der A 71, von Osten über Lyon auf der A 89 und von Süden auf der A 75 erreichbar. Zum Quellgebiet der Dordogne fährt man am schnellsten über die N 89 nach La Bourboule. Wer die entgegengesetzte Richtung vorzieht, startet in Bordeaux. Beide Ausgangspunkte sind mit der Eisenbahn erreichbar.

Klima/Reisezeit
Den unterschiedlichen Klimazonen sollte man zu allen Jahreszeiten Rechnung tragen. Es ist leicht möglich, daß im Winter in den Bergen meterhoch Schnee liegt, während man in der Ebene schon hemdsärmlig draußen sitzen kann. Das Zentralmassiv ist für seine gewaltigen Sommergewitter bekannt, während es im Périgord und Bordelais vor allem im Spätherbst und Winter mitunter sintflutartig regnet. Das Gebiet ist jedoch vom Atlantik beeinflußt und das

Bäume, Felshöhlen, Hohlziegel und Mauerspalten sind bevorzugte Nistplätze der wärmeliebenden Wiedehopfe.

Klima entsprechend mild. Die angenehmsten Reisezeiten sind Mai, Juni, Juli und September.

Adressen

- Office du tourisme, Place de la Victoire, 63000 Clermont-Ferrand, Tel. 04 73 98 65 00.
- Office du tour., 97, Rue Neuve d'Argenson, 24100 Bergerac, Tel. 05 53 57 03 11.
- Chamina, 5, Rue Pierre-le-Vénérable, 63057 Clermont-Ferrand Cedex 1, Tel. 04 73 92 81 44.

Unterkunft

Hotels und Pensionen sind im oberen Dordogne-Tal dünner gesät als im touristischeren unteren Teil. Hier kann in Schlössern logieren, wer sich dies leisten will und kann; es gibt aber auch günstige Unterkünfte und viele, zum Teil außergewöhnlich schön gelegene Campingplätze. Für Wanderer unterhält Chamina einfache Etappenunterkünfte; sicher geht, wer diese »gîtes d'étape« einige Tage im voraus reserviert. Etwas komfortabler sind die ebenfalls unter der Ägide von Chamina stehenden »Rand'hôtels«, speziell für Wanderer eingerichtete Hotels.

Blick in die Umgebung

Die Gebiete rechts und links der Dordogne sind außergewöhnlich reich an landschaftlichen und kulturellen Kostbarkeiten. Der **Parc régional des volcans d'Auvergne** und der **Parc régional du Livradois** liegen südlich und östlich von Clermont-Ferrand (s.S. 171 und 220). Beeindruckend, wenn auch im Hochsommer arg überlaufen, ist der **Gouffre de Padirac** ⑬, eine tiefe Schachthöhle mit unterirdischem Fluß, die südlich von Brive-la-Gaillarde auf dem linken Dordogne-Ufer liegt.

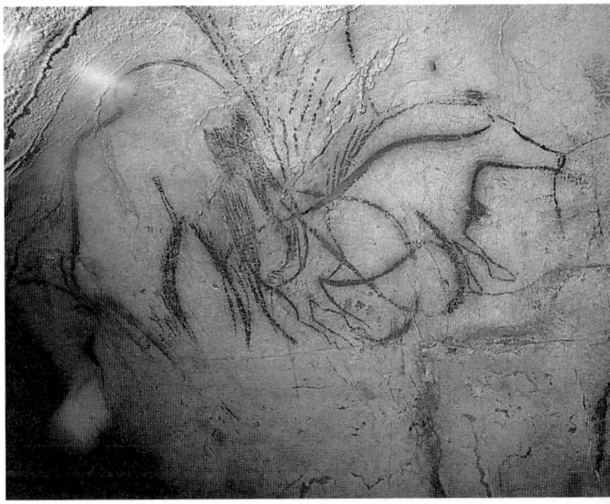

Prähistorische Höhlenmalereien sind in Südwestfrankreich häufig; hier Pferd und Mammut aus Niaux (vgl. S. 222).

Unter den besuchenswerten Städten und Dörfern seien nur die wichtigsten erwähnt: **Salers, Rocamadour, Sarlat, Bergerac.** Und zu den weltberühmten prähistorischen Fundstätten ist es nur ein Katzensprung: **Lascaux, Les Eyzies-de-Tayac** und **Le Moustier** liegen an der Vézère. Zwischen Les Eyzies und La Roque Saint-Christophe, einem 400 m langen, während Jahrtausenden bewohnten Abri, liegt der **Préhisto-Park.** Die Szenerien aus dem Alltag der Neandertaler und Cro-Magnon-Menschen sind für Kinder ein lehrreicher Schauspaß.

Die immergrüne Steineiche ist in ganz Südfrankreich verbreitet, meist jedoch als Macchiengebüsch.

23 Marais poitevin bis Arcachon

Vogelparadies zwischen Les Sables d'Olonne und Arcachon; wilde, urtümliche Küstenlandschaften und einzigartige Sumpfgebiete.

Am Südrand der Armorikanischen Alpen, die während der variskischen Gebirgsbildung im Karbon aufgefaltet und zu einem Großteil wieder abgetragen wurden, erstreckt sich die Sumpfebene von Poitevin. Sie ist erst in historischer Zeit entstanden, durch das Geschiebe der Gebirgsflüsse sowie die vom Meer angeschwemmten Sandmassen. Dünen häuften sich auf, wo Hindernisse die weitere Verfrachtung des Sandes verhinderten. So »wanderte« die ehemalige Küste relativ schnell ins Binnenland. Nur ein paar Inseln des einstigen Golfs von Poitou ragen als Kalksteinhügel aus dem Marais, z. B. jene bei Saint-Michel-en-l'Herm, Chaillé-les-Marais, Charron, Marans oder La Dive.

Im Mittelalter haben Mönche die Ebene durch Kanäle entwässert und kultiviert, so daß für Beweidung, Gemüse- und Obstbau geeignete Wiesen entstanden. Da diese traditionellerweise meist extensiv bewirtschaftet werden, sind sie trotzdem ökologisch wertvoll. Glücklicherweise gelang jedoch die Entwässerung nicht überall: Die großen Feuchtwiesen sind im Winter häufig überschwemmt und zählen zu den bedeutendsten Rast- und Überwinterungsplätzen für Wasser- und Watvögel

Europas. Der interregionale Naturpark Marais poitevin/Val de Sèvre et Vendée umfaßt 200 000 ha in vier räumlich getrennten Gebieten. Seine ökologischen Reize und Schönheiten sind versteckt und offenbaren sich am besten, wenn man ihn bei einer Bootsfahrt auf den von Bäumen gesäumten Kanälen erkundet.

Mehrere attraktive Naturreservate, in denen sich im Frühling und Herbst Vögel scharenweise einfinden, liegen entlang der Küste sowie auf den Inseln Ré und Oléron. Die durch eine Autobrücke mit dem Festland verbundenen Inseln sind noch stärker als früher dem Druck des Fremdenverkehrs ausgesetzt. Nur dank geschickter Lenkung und Information der Besucher ist es möglich, daß die Vögel hier noch Rast- und Brutplätze finden. Der sehr aktive nationale Vogelschutzverband, die Ligue française pour la Protection des Oiseaux (LPO), konnte bis jetzt nicht verhindern, daß in manchen Reservaten gejagt wird, so z. B. im Naturreservat der Marais d'Yves, einer seichten Lagune etwa 15 km nördlich von Rochefort.

Die 75 km lange Gironde trennt das **Médoc** als nördlichen Ausläufer der Landes de Gascogne von der Provinz Saintonge. Beidseits des breiten Mündungsstroms des Flusses wird Rebbau betrieben, doch die linke Seite ist dank der bis 3 m tiefen Kiesschicht und dem ausgeglichenen Klima privilegiert: Zwischen Bordeaux und Saint-Estèphe keltert man die berühmtesten Weine der Welt. Des Gaumens Freud ist jedoch leider nicht selten der Umwelt Leid: Die meisten Güter werden nicht nach ökologischen, sondern ausschließlich nach önologisch-wirtschaftlichen Kriterien bewirtschaftet.

Klimatologisch positiv wirken sich die schützenden Fichtenwälder aus, die sich kilometerweit bis zur Meeresküste ausbreiten. **Côte d'Argent**, Silberküste, wird der Strand zwischen der Pointe de Grave und Biarritz wegen seines im gleißenden Sonnenlicht fast weiß schimmernden Sandes genannt (s. auch nächstes Reiseziel). Beinahe durchgehend führt ein Radweg vom Arcachoner Becken der Küste entlang nach Norden bis zum Badeort Soulac-sur-Mer. »Birdwatcher« können ihrer Passion auch hier frönen, z. B. im Naturreservat Etang de Cousseau, am Cap Ferret oder auf den Feuchtwiesen zwischen Vensac und Le Verdon-sur-Mer; der letztere Ort soll allerdings während der Jagdzeit besser gemieden werden, da Vogelbeobachter von den Jägern ungern gesehen werden. Es sind Bestrebungen im Gange, die illegale Frühlingsjagd auf die durchziehenden Turteltauben, von denen im Médoc pro Jahr gegen 30 000 abgeschossen werden, wirksam zu verbieten.

◁ Blick vom Donjon de Broué auf das weite Marais de Brouage (Charente-Maritime).

Auf den Kanälen des Marais poitevin erlebt man diese ▷ außergewöhnliche Landschaft von der schönsten Seite.

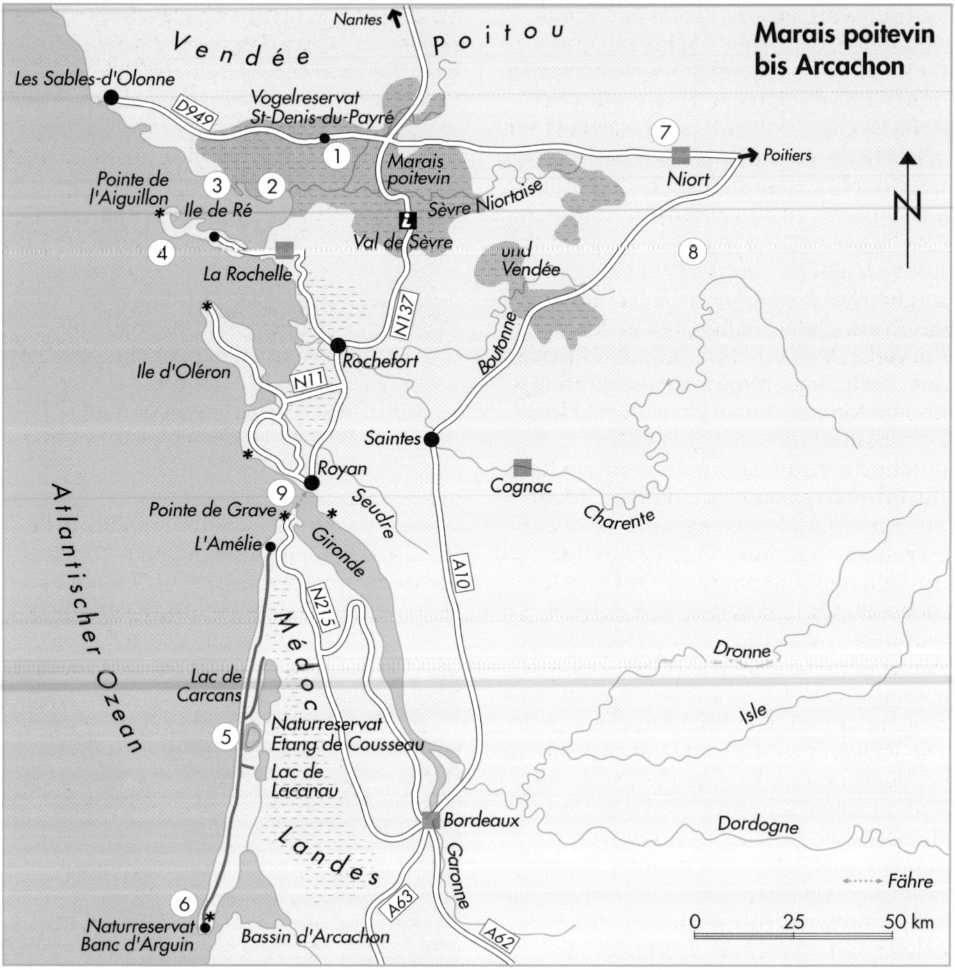

Pflanzen und Tiere

In den Marschen des Poitevin sind immer noch 30% der Bevölkerung in der Landwirtschaft tätig. Trockenlegung der Feuchtwiesen und intensiver Gemüsebau mit entsprechender Pestizid- und Düngerbelastung sind die Folgen und schaffen Interessenkonflikte zwischen Bauern und Naturschützern. In den intakten Feuchtgebieten und an den Kanalufern ist die Flora jedoch vielfältig und insbesondere im Frühling prachtvoll, wenn die Schwertlilien blühen. Einer der wichtigsten Rastplätze im Park liegt zwischen den Dörfern Payré und Triaize. Das Naturreservat **Saint-Denis-du-Payré** ① verwandelt sich im Winter in einen riesigen Flachsee mit Tausenden von Enten. Die Vögel dürfen jedoch nur von der Straße aus beobachtet werden. Im Juli und August, wenn der See austrocknet, ist das Reservat zugänglich. Dann entdeckt man mit ein wenig Glück interessante Greifvögel, Weiß- und Schwarzstörche,

Löffler, Zwergmöwen sowie Trauerseeschwalben, die hier manchmal brüten. An der Küste gibt es verschiedene interessante Beobachtungsplätze, z.B. die 6500 ha große Bucht von Aiguillon ② nördlich von La Rochelle, einer der wichtigsten Rast- und Brutplätze in Frankreich. Die Bucht wird zu allen Jahreszeiten von zahlreichen Vogelarten aufgesucht, die zum Teil hier brüten. Wenige Kilometer weiter nordwestlich hat der Fluß Lay eine imposante Sandbank ③ geschaffen, die im Winter von vielen Wasser- und Watvögeln bevölkert ist. Das Reservat ist in den Interregionalpark Marais poitevin integriert, für Besucher allerdings strikt gesperrt.
Entlang der Küste und auf den Inseln Ré und Oléron mangelt es jedoch nicht an öffentlich zugänglichen Reservaten, die Vogelfreunden faszinierende Beobachtungen ermöglichen. Auf der Nordseite von Ré, bei Les Portes, wurde das 220 ha große Naturreservat **Lilleau des Niges** ④ zum Schutz der Jahres- und Zugvögel ausgewiesen. Die Liste der vertretenen Arten ist lang und beispielhaft für andere Naturreservate an der Atlantikküste. Im Frühling machen unter anderen Brandgänse, Rohrweihen, Seeregenpfeifer, Flußregenpfeifer, Rotschenkel, Flußseeschwalben und Wiedehopfe (S.186) Zwischenstation. Herings-, Weißkopf- und Silbermöwen rasten, Säbelschnäbler, Stelzenläufer, Schafstelzen, Blaukehlchen und Austernfischer brüten hier. Im Herbst ziehen zahlreiche Singvögel durch, außerdem gibt es Löffler, Trauerenten und dreißig Arten Limikolen. Am interessantesten ist das Stelldichein aber im Winter: drei Seetaucherarten, Graureiher, Seidenreiher, Löffler, Ringel- und Brandgänse, Trauer-, Pfeif- und Krickenten, Mittelsäger, Sanderlinge, Alpenstrandläufer, Sand- und Kiebitzregenpfeifer, Große Brachvögel, Pfuhlschnepfen, Steinwälzer. Die beste Beobachtungszeit an der Küste ist jeweils zwei bis drei Stunden vor und nach der Flut, in den Sümpfen am Morgen während der Flut.

Trockene, sonnige Plätze mit Eidechsen sind die bevorzugten Lebensräume der Gironde-Glattnatter.

Das 607 ha große Naturreservat **Etang de Cousseau** ⑤ liegt zwischen dem Carcans- und dem Lacanau-See in der Gironde. Er ist vom Informationszentrum Marmande aus nur mit dem Fahrrad oder zu Fuß erreichbar (3 km). Auf dem Weg zum Teich durchquert man einen der wenigen Wälder, die hier bereits vor der Aufforstung im 19. Jh. existierten. Die mächtigen Steineichen, Relikte des urtümlichen Bestands, haben sich wieder ausgebreitet. In den

Der Schnabel der Löffler ist dafür geschaffen, in seichten Gewässern nach Kleintieren zu fischen.

Die Ile d'Oléron mit den schönen Stränden, Vogelparks und -reservaten ist einen Besuch wert.

In der fischreichen Gironde, die das Médoc von der Provinz Saintonge trennt, wurden Störe ausgesetzt.

Dünen verbreitet ist der Erdbeerbaum (S.198), der gleichzeitig blüht und Früchte trägt. Auf der Ostseite des Sees gab es vor der Kultivierung nur Sumpfland. Zu den Säugetieren gehören Hirsche, Rehe, Wildschweine, Füchse, Ginsterkatzen (S.153), Hasen, Dachse und Fischotter (S.184). Es gibt ein paar der seltenen Europäischen Sumpfschildkröten (S.201) und zahlreiche andere Reptilien wie Smaragdeidechsen (S.81), Aspisvipern (S.44), Gelbgrüne Zorn- und Vipernattern. Die Gironde-Glattnatter, die sich mit Vorliebe an trockenen Stellen aufhält, ist übrigens in ganz Südfrankreich verbreitet.
Vom Leuchtturm am Eingang zum **Bassin d'Arcachon**, beim exklusiven Badeort Cap Ferret, hat man den schönsten Blick über das Becken und auf die mächtige Düne von Pilat. Die äußerste Landspitze, das Naturreservat Banc d'Arguin ⑥, schaut als Sandinsel nur wenige Meter aus dem Ozean. Obwohl klein und unwirtlich scheinend, ist sie ein begehrtes Winterquartier für viele Vögel. Außer Austernfischern, Seeregenpfeifern, Weißkopf- und Silbermöwen sowie Haubenlerchen brütet hier die Brandseeschwalbe in einer kopfstarken Kolonie. Es wäre wünschenswert, daß die Insel ein Vogelparadies bliebe, dessen Zugang für Menschen gesperrt würde.

Im Gebiet unterwegs

Das **Marais poitevin** kann wohl mit dem Auto oder Fahrrad durchstreift werden, es lohnt sich jedoch auf jeden Fall, eine Boots- beziehungsweise Barkenfahrt zu unternehmen. Von Zentrum von Niort ⑦ aus führen Wegweiser mit der Bezeichnung »Venise verte« (grünes Venedig) zu den Anlegeplätzen. Für Bootsfahrten im Alleingang sollte unbedingt eine Karte gekauft werden, da man sich in den unzähligen ähnlich aussehenden Kanälen leicht verirrt.

Außerhalb des Parks, bei Villiers-en-Bois, 23 km südlich von Niort, liegt das **Zoorama européen** ⑧. In dem schönen Wald mit alten Eichen, Hain- und Rotbuchen werden auf 25 ha und in Gehegen, die den natürlichen Lebensräumen nachempfunden sind, europäische Säuger, Vögel, Reptilien und Amphibien gezeigt.
Radfahrern stehen in der Gironde ebenso wie in den Landes (s.S.199) attraktive Wege zur Verfügung. Einer der schönsten führt mit wenigen Unterbrechungen, die auf der Autostraße zurückgelegt werden müssen, von der Pointe de Grave ⑨ bis zum Bassin d'Arcachon. Die Radwege eignen sich übrigens auch für Wanderer, werden aber während der Sommersaison von sportlichen Radlern stark frequentiert.
15 idyllische Wanderkilometer sind im Naturschutzgebiet des Etang de Cousseau ⑤ ausgeschildert. Wer die Gironde lieber mit dem Auto erkundet, benötigt für die Seenroute im Landesinnern etwa 4 Stunden. Sie führt von der Pointe de Grave über Hourtin, Lacanau-Océan, Le Porge nach Andernos-les-Bains am Bassin d'Arcachon.

Praktische Tips

Anreise
Von Norden auf der A 10 via Poitiers–Niort ins Marais poitevin oder weiter nach Bordeaux und von dort aus in die Gironde. Der Hochgeschwindigkeitszug TGV fährt von Paris nach Bordeaux. La Rochelle ist über Poitiers und Niort mit dem Zug erreichbar. Die Busverbindungen funktionieren im Juli und August besser als sonst.

Klima/Reisezeit
Milde Winter und warme Sommer sind im ganzen Küstengebiet die Regel. Besonders privilegiert sind die Inseln Ré und Oléron, wo das Klima mediterran ist und im Winter Mimosen blühen läßt. Das Binnenland bekommt hin und wieder die rauhe Bise des Zentralmassivs zu spüren. Wie für die süd-

Austernfischer besitzen großes Geschick im Auffinden und Öffnen von Muscheln.

liche Atlantikküste gilt auch hier, daß Juli und August zum Baden ideal, aber überlaufen sind. Spätfrühling und Herbst sind die angenehmsten Reisezeiten, die Wintermonate sind für Vogelbeobachter trotz der unsicheren Wetterverhältnisse interessant.

Die Königslibelle ist eines von vielen Insekten, die auf naturnahe Feuchtgebiete angewiesen sind.

Adressen

➭ Parc naturel interrégional du Marais poitevin, 79510 Coulon, Tel. 05 49 35 15 20.

➭ Réserve naturelle de Cousseau, Office du tourisme de Lacanau, Place de l'Europe, 33680 Lacanau-Océan, Tel. 05 56 03 21 01.

➭ Comité départemental du tourisme (CDT), 21, Cours de l'Intendance, 33000 Bordeaux, Tel. 05 56 52 61 40.

➭ Gîtes de France-Gironde, 21, Cours de l'Intendance, 3300 Bordeaux, Tel. 05 56 81 54 23.

➭ Zoorama européen, Villiers-en-Bois, Tel. 05 49 09 60 64. Von September bis April Dienstag geschlossen, sonst täglich geöffnet.

Unterkunft

In größeren Orten findet man in der Regel das ganze Jahr über Hotels und Pensionen aller Preisklassen. Die Badeorte an der Küste hingegen sind stark auf die Sommersaison ausgerichtet und schließen zum Teil im Winter. Im Juli und August ist es unter Umständen schwierig, in einem der vielen Campingplätze an der Küste unterzukommen. Es empfiehlt sich, den Platz rechtzeitig zu reservieren.

Blick in die Umgebung

Wie von den Landes ist auch von der Gironde aus **Bordeaux** so nah, daß sich zumindest ein Tagesausflug aufdrängt. Einige Weingüter können ohne Voranmeldung besichtigt werden, aber im allgemeinen ist telefonische Ankündigung des Besuchs erwünscht; Auskunft gibt das Comité interprofessionel des vins de Bordeaux, gleich neben dem Grand Théâtre in Bordeaux, Tel. 04 56 00 22 66. Weiter nördlich ist die alte Hafen- und Militärstadt **La Rochelle** einen Abstecher wert, genauso wie **Saintes** und **Cognac** weiter im Landesinnern.

24 Südliche Atlantikküste und Landes

Einer der längsten Strände, die gewaltigste Düne und einer der größten zusammenhängenden Kiefernwälder Europas; Arcachoner Becken mit artenreichem Vogelbestand.

Der Parc naturel régional des Landes de Gascogne wurde 1970 gegründet, um lokale Traditionen zu erhalten und gleichzeitig diesem wirtschaftlich eher benachteiligten Landstrich zu bescheidenem Aufschwung zu verhelfen. »Lande« bedeutet Heide, Sumpfland, und die Landes der Gascogne waren denn auch vor noch nicht allzu ferner Zeit kaum nutzbares Heidegebiet mit Wanderdünen, die ganze Dörfer unter sich begruben. In der ersten Hälfte des 19. Jh. begannen französische Ingenieure und Agronomen zu experimentieren: Man versuchte, in der »Wüstenei« die Seidenraupenzucht zu eta-blieren, pflanzte Ölbäume, säte Reis in großem Stil an, wollte Büffel und Kamele züchten. Zukunftsträchtiger war die Befestigung der Dünen, die Trockenlegung der Sümpfe und der Bau eines hölzernen Schutzdamms in Küstennähe. 1857 verpflichtete man die Bewohner gesetzlich zum Aufforsten: Abertausende von Aleppo- und Strandkiefern wurden gesät und aufgezogen. Heute umfaßt das Waldgebiet der Landes 950 000 ha, rund 206 000 ha

Von der hohen Düne von Pilat ist der Blick aufs Meer und den Eingang zum Becken von Arcachon großartig.

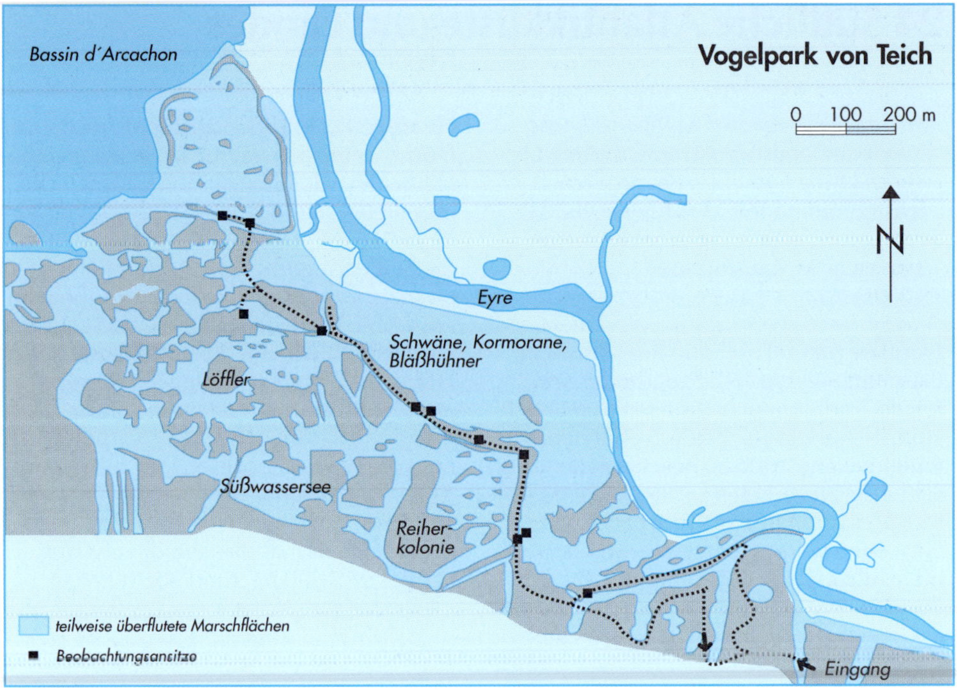

davon gehören zum Naturpark. Das **Ökomuseum von Marquèze** ⑦ bei Sabres im Südzipfel des Parks will den Besuchern ein lebendiges Bild des bäuerlichen Lebens im 19. Jh. vermitteln. Im liebevoll hergerichteten Freilichtmuseum mit Wohn- und Wirtschaftsgebäuden finden auch regelmäßig Vorführungen statt.

Das Hinterland der Küste ist im Grunde alles andere als naturnah. Der Kunstwald wird plantagenartig genutzt; sonst lebt die Landwirtschaft vorwiegend vom Maisanbau und von der Geflügelzucht und -mast; das Departement ist der bedeutendste französische Produzent von Stopfleber (Foie gras). Die Harzgewinnung, einst neben der Schafzucht die Haupteinnahmequelle in den Landes, ist längst zur Folklore verkümmert. Obwohl der beinahe endlose Kiefernwald eine Monokultur ist, hat er für Naturfreunde seinen Reiz, vor allem dort, wo Wasser und Wald aneinanderstoßen. Außer der Küste und dem Bassin von Arcachon bieten die Uferzonen mehrerer Bäche und Flüsse, Seen und Teiche eine beachtliche ökologische Vielfalt.

Delta und Bassin von Arcachon sind ein Beispiel dafür, daß Ökonomie und Ökologie sich durchaus vertragen können. Das Bassin ist bei Flut 156 km² groß. Das Süßwasser der Eyre sowie das Brack- und Salzwasser im Becken bilden verschiedene Lebensräume für Tiere und Pflanzen. Sie werden von Wildtieren, aber auch von den Fisch- und Austernzüchtern genützt. Die unterschiedlich tiefen Becken ehemaliger Salinen sind zu Fischteichen umfunktioniert worden, die entsprechend dem Salzgehalt des Wassers besetzt werden. Austern benötigen viel Frischwasser; die Austernbänke sind deshalb vorwiegend am Eingang des Bassins (Ile aux Oiseaux) angelegt worden. Pro Jahr können über 10 000 Tonnen Austern geerntet werden.

Die **Côte d'Argent**, die Silberküste, ist etwa 250 km lang, mit feinstem Sand und etlichen Dünen gesegnet. Die Höhe der **Düne von Pilat** oder Pyla ist so veränderlich wie ihr Name: Zwischen 102 und 104 m soll sie am höchsten Punkt erreichen, die Länge beträgt 2700 m, die Breite 500 m. Seit den dreißiger Jahren ist der gigantische Sandberg fast 30 m niedriger geworden. Ob die auf der Düne herumstapfenden Touristen dazu beitragen oder allein der Wind seine formende Hand im Spiel hat, ist unbekannt.
Schroffer und dramatischer ist die Kreidekalk-Küste zwischen Biarritz und Hendaye im französischen Baskenland. Die Ausläufer der Pyrenäen mit ihren gefältelten Felsformationen und Sandbuchten sind allerdings zu einem Großteil überbaut, und die ursprüngliche Flora ist nur an wenigen Stellen erhalten geblieben. Vor dem Château d'Abbadie bei Hendaye befindet sich ein kleines Küstenschutzgebiet.

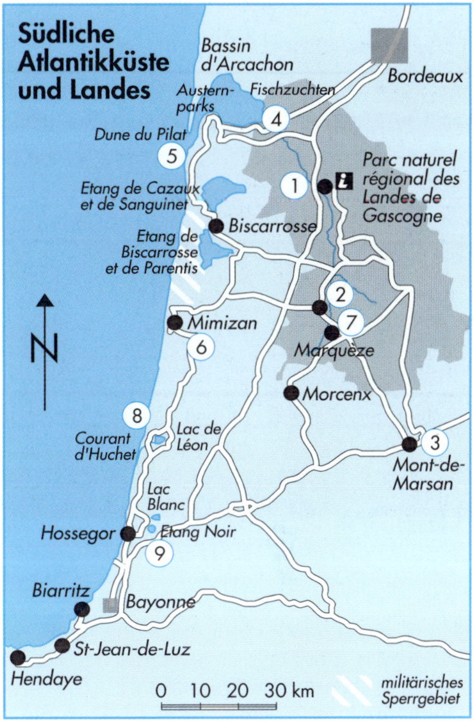

Pflanzen und Tiere

Wo jetzt in den Landes Kiefern für die Holzindustrie um die Wette wachsen, breitete sich früher eine Heide- und Buschvegetation aus, in der Erika (S.173), Erdbeerbäume und Ginster überwogen. Sie setzen auch heute noch farbige Akzente im grünen Einerlei. Die kleinen Korkeichenbestände werden immer noch genutzt. Entlang der Fließgewässer verleihen üppige Galeriewälder der Landschaft ein beinahe tropisches Gepräge. Beispielhaft dafür ist der **Courant d'Huchet** ⑧, ein 8 km langer Kanal, der vom Léon-See nach Westen und Süden fließt und bei Moliets-Plage in den Ozean mündet; von Moliets aus kann er in einer vierstündigen Bootstour befahren werden. Berühmt ist der in der Uferzone wachsende Hibiskus mit seinen etwa 10 cm großen roten Blüten.
Nordöstlich von Hossegor, beim Dorf Seignosse, liegt der ebenfalls unter Naturschutz stehende **Etang Noir** ⑨, ein 52 ha großer Teich in dschungelhafter Umgebung. Bisher wurden hier rund 430 Pflanzenarten nachgewiesen, darunter Riesenfarne und »fleischfressende« Pflanzen. Für Kanuten empfiehlt sich der romantische **Eyre-Fluß**, der von Südosten nach Nordwesten durch den Landes-Naturpark mäandert und im Bassin d'Arcachon ein breites Delta bildet.
Eine spezielle Flora hat sich auch im und um das **Bassin von Arcachon** angesiedelt. Süßwasser-, Sumpf- und Salzpflanzen finden hier ihre ökologischen Nischen. Verbreitet und zur Befestigung der Dämme nützlich sind Tamariske, Schwarzdorn und der Baccharis oder Kreuzstrauch, ein aus der Neuen Welt stammendes Gewächs mit wolligen Blütenständen. Auf den Salzwiesen, die nur bei Springflut überschwemmt werden, wachsen hochwertige Futter-

Wird in den Landes gerodet, wächst die ursprüngliche Vegetation mit Ginster und Heidekraut nach.

pflanzen, die von Schafzüchtern besonders geschätzt werden: Lämmer, die auf diesen »prés-salés« geweidet haben, gelten als besondere Spezialität.
Der ideale Ort für die Vogelbeobachtung ist jedoch das **Reservat von Teich** ④, ein 120 ha großes Refugium für Jahres- und Zugvögel. Im Lauf des Jahres besuchen über 30 000 Zugvögel den Rastplatz; rund 280 Arten, darunter 80 Brutvogelarten, sind nachgewiesen. Ausgeschilderte Wege und Anstände mit Informationstafeln ermöglichen, mit dem Fernglas (kann ausgeliehen werden) zu beobachten. Zu sehen sind Grau-, Seiden- (S.120), Nacht-, Kuhreiher (S.118), Löffler (S.191), Kormorane (S.127), Säbelschnäbler, Seeregenpfeifer, Rohrweihen (S.123), Weißstörche, Bekassinen, Wildgänse, Wasserrallen, Schnatter-, Spieß-, Löffel-, Knäk- und Krickenten, Bruch-, Wald- und Flußwasserläufer. Da innerhalb der Parkgrenzen nicht gejagt werden darf, bringen sich vor allem die Enten während der Wintermonate hierher in Sicherheit.
Zu den seltenen und heimlichen Säugern, die im **Eyre-Delta** und im Fluß selbst vorkommen, gehört der Fischotter (S.184). Einige der letzten Europäischen Nerze leben im Delta von Fischen, Vögeln, Reptilien und kleinen Säugern. Zur Plage sind hingegen die bis 13 kg schweren Nutrias (S.124) geworden: Ursprünglich in Südamerika zu Hause, sind die gefräßigen Sumpfbiber seit den dreißiger Jahren aus Pelztierfarmen entwichen und haben sich rasch vermehrt. Unter den Reptilien ist die Europäische Sumpfschildkröte zu erwähnen, die sich im Süß- und Brackwasserbe-

Erdbeerbäume sind gleichzeitig mit Blüten und den eßbaren, aber eher faden Früchten behangen.

Die weitflächigen Kiefernwälder der Landes sind durch Fahrradwege urlaubsfreundlich erschlossen.

reich des Deltas findet. Relativ häufig suchen Gewöhnliche Delphine und Große Tümmler das fischreiche Bassin von Arcachon auf.
Rund ums Becken kommen Ginsterkatzen vor, in den Wälder und Lichtungen der Landes Rehe, Wildschweine, Füchse und Dachse.

Im Gebiet unterwegs

Ob man zu Fuß, mit dem Fahrrad oder dem Auto in den Landes unterwegs ist: Man sollte hier nicht rauchen und schon gar kein Feuer entfachen. Bei Hitze und Trockenheit kann ein Funke Waldbrände auslösen, die große Landstriche in Schutt und Asche legen. Die Vorsicht der Einheimischen ist nicht übertrieben!
Die Landes sind ein Paradies für Radfahrer. Beinahe das ganze Gebiet ist durch Radwege mit Hartbelag oder gut befahrbare Naturstraßen erschlossen. Auskunft geben die Tourismus-Büros oder die Parkverwaltung in Belin-Béliet ①. Fahrräder können in Belin, Sabres, Hostens oder Arcachon gemietet werden.
Bei der Base nautique de Mexico in **Commensacq** an der Eyre können Kanus oder Kajaks tageweise oder länger gemietet werden. Obwohl die Eyre ein ruhiges Gewässer ist, sind Schwimmkenntnisse für mitreisende Kinder obligatorisch. Die Fahrt von Commensacq ② bis Le Teich dauert 4–6 Tage.
Baden im Meer ist außerhalb der überwachten und mit blauen Fahnen gekennzeichneten Zonen prinzipiell verboten.

Verwilderter Hibiskus am Courant d'Huchet.

Tamarisken wurden im Bassin d'Arcachon zur Befestigung der Dämme angepflanzt.

Der Atlantik entwickelt bei Ebbe und Flut starke Strömungen, die selbst geübten Schwimmern gefährlich werden können. Wanderern, die weite Strecken zurücklegen möchten, sei empfohlen, sich sorgfältig vorzubereiten, da Etappenunterkünfte (gîtes d'étape) fehlen und die Beschilderung mangelhaft ist. Auskunft und Hilfe bietet die Fédération de la randonnée pédestre in Mont-de-Marsan ③ (s. Adressen). Zwei ausgeschilderte Spazierwege stehen dem Besucher des **Vogelparks von Teich** ④ zur Auswahl. Der eine dauert ungefähr 1,5 Stunden, der längere 3 Stunden; er führt durch alle vier Zonen der Anlage, die auch für Kinder interessant ist. Man darf übrigens ohne weiteres länger bleiben und beobachten, manchen reicht dafür ein Tag nicht. Vom 1.3. bis 30.9. täglich geöffnet, die übrige Zeit an Wochenenden und Feiertagen. Ein markierter Weg führt vom Hafen von Le Teich 4,4 km dem Ufer des Bassins entlang durch seine charakteristischen Lebensräume; er ist verbunden mit einem 8 km langen Rundgang.

Hendaye-Plage nahe der spanischen Grenze und die Corniche Basque bieten wilde und bizarre Küstenbilder.

Die Europäische Sumpfschildkröte legt bei großer Hitze manchmal eine Sommerruhe ein.

Einige Kilometer von Teich entfernt, südlich von Pilat-Plage, erstreckt sich die **Dune du Pilat** ⑤. Hinter dem Parkplatz (mit Imbißlokal) ragt der Dunenberg auf, der wohl am einfachsten über die durch Fußstapfen angedeutete Treppe bestiegen wird. Die Mühe lohnt sich der Aussicht aufs offene Meer und auf die Austernbänke wegen; bei Sonnenuntergang ist die Stimmung besonders eindrucksvoll. Die Sandwanderung hat überdies einen speziellen Reiz: Innerhalb von Minuten wechselt man vom Wald in eine Wüstenlandschaft. Einmal oben angelangt, bereitet das Gehen keine Schwierigkeiten mehr. Gutes Schuhwerk ist jedoch von Vorteil, auch bei sommerlicher Hitze.

Zwischen Biscarosse und Mimizan-Plage liegt in einem Sperrgebiet das militärische Raketenforschungszentrum der Landes, das 3400 Personen beschäftigt. In **Mimizan** ⑥ selbst ist eine der bedeutendsten Papierfabriken Europas ansässig. Daß in den Landes versucht wird, Industrie, Natur und Tourismus zu einem harmonischen Ganzen zu verbinden, zeigen verschiedene Rundwanderungen in der Umgebung von Mimizan von 2,4–5 km Länge, die den Gästen auf angenehmste Weise die verschiedenen Formen des Nutzwalds vor Augen führen sollen. Die informative Wegleitung »Sentiers de découverte de Bias et la Mailloueyre« erhält man bei den örtlichen Tourismus-Informationsbüros.

Ein Ausflug ins **Ökomuseum von Marquèze** ⑦ beginnt in Sabres: Von hier führt einen die dampfbetriebene Eisenbahn (einzige Zufahrtsmöglichkeit) ins attraktive und kinderfreundliche Freilichtmuseum an der Grande Leyre. Im Lauf der Saison von Anfang April bis Ende Oktober finden verschiedene Vorführungen und Feste statt: Schafschur, Roggenernte, Harzgewinnung, Backen der Hirtenomelette, Erntedankfeste usw. Von Juni bis Ende September täglich geöffnet; im April, Mai und Oktober an Wochenenden und Festtagen.

Im Becken von Arcachon werden jährlich rund 10 000 Tonnen Austern geerntet.

Der Große Tümmler ist die häufigste Delphinart, die man im Bassin d'Arcachon beobachten kann.

Praktische Tips

Anreise

Von Bordeaux über die A 63. Der Hochgeschwindigkeitszug TGV Atlantique fährt von Paris nach Bordeaux, im Sommer auch bis Arcachon. Von Facture an der Linie Bordeaux–Arcachon zweigt eine Strecke nach Süden ab und durchquert die Landes de Gascogne bis Dax und Mont-de-Marsan.

Klima/Reisezeit

Der Atlantik bringt sehr milde, regnerische Winter und heiße, aber dank dem Wind angenehme Sommer mit einer Durchschnittstemperatur von 23,8° C im August. Für Badefreudige ist der Hochsommer die beste Reisezeit, zum Radfahren und Wandern sind Frühjahr und Herbst vorzuziehen.

Adressen

- ➪ Parc naturel régional des Landes de Gascogne, Place de l'Eglise, 33830 Belin-Béliet, Tel. 05 58 08 31 31.
- ➪ Parc ornithologique du Teich, 33470 Le Teich, Tel. 05 56 22 80 93.
- ➪ Office du tourisme, Esplanade Georges-Pompidou, BP 137, 33311 Arcachon Cedex, Tel. 05 57 52 97 97.
- ➪ Ecomusée de la Grande Lande, 40630 Sabres, Tel. 05 58 07 52 70.
- ➪ District de Mimizan, 3, Av. de la Gare, 40200 Mimizan, Tel. 05 58 09 44 55.

Unterkunft

In den Bade- und Ferienorten gibt es zahlreiche Campingplätze, aber auch im Landesinnern nehmen rund 85 Bauernhöfe Camper auf (Camping à la ferme). Hotels aller Preisklassen an der Küste, vorwiegend bescheidenere Pensionen und Ferienwohnungen in den Dörfern und Städtchen der Landes.

TIP: Wer Austern schlürfen möchte, ist rund ums Arcachoner Becken an der Quelle: Sie stehen fast in jedem Bistrot und Restaurant auf der Karte, im allgemeinen zu vernünftigen Preisen.

Blick in die Umgebung

Bordeaux ist ein Muß, wenn man in der Umgebung weilt. Die klassizistischen Prachtfassaden verleihen der Handels- und Hafenstadt an der Garonne eine etwas kühle Eleganz. Bereits im Mittelalter florierte hier der Handel mit Wein, aber so richtig reich wurde Bordeaux erst im 18. Jh. durch den Zucker- und Sklavenhandel. Im Zentrum beim Grand Théâtre gibt's die luxuriösesten Boutiquen und die meisten Bettler der Stadt. Schöne Cafés, Restaurants und Märkte.

25 Pyrenäen-Nationalpark und Umgebung

Wilde Hochgebirgslandschaft in den Westpyrenäen mit markanten Gipfeln, Felszirkussen, tief eingeschnittenen Tälern, großen Viehweiden, vielen Bergseen, Wasserfällen, Thermalquellen sowie einer interessanten Pflanzen- und Tierwelt.

Der 1967 gegründete Parc national des Pyrénées-Occidentales zieht sich als ein 1,5–15 km schmales Band über rund 100 km der spanischen Grenze entlang, die mehr oder weniger der Wasserscheide der Pyrenäen entspricht. Mit dem Naturreservat Néouvielle, das sich im Ostzipfel anschließt, bedeckt er 480 km² in den Departements Hautes-Pyrénées und Pyrénées-Atlantiques. Er steigt von 1067 m auf den 3298 m hohen Pic du Vignemale und bildet mit dem spanischen Ordesa-Nationalpark eine geographische Einheit. Dieser geschützten Kernzone ist ein 2060 km² großer »Vorpark« angegliedert, der mit seinen Informationszentren und Ausstellungen die Besucher einstimmen und den Blick für die Besonderheiten des Parks schärfen soll. Die Kernzone wird im Sommer beweidet, ist die übrige Zeit jedoch im Gegensatz zum Vorpark unbewohnt. Er weist übrigens mit über 2 Mio. die höchste Besucherzahl aller französischen Nationalparks auf.
Die 400 km lange Pyrenäenkette zieht sich wie eine unüberwindliche Mauer zwischen der Biskaya und dem Golfe du Lion hin. In Wirklichkeit ist die Gebirgskette vor

Bestände von Hakenkiefern, Gelbem Enzian und Schwertlilien am Cap du Pount östlich des Pic du Midi d'Ossau.

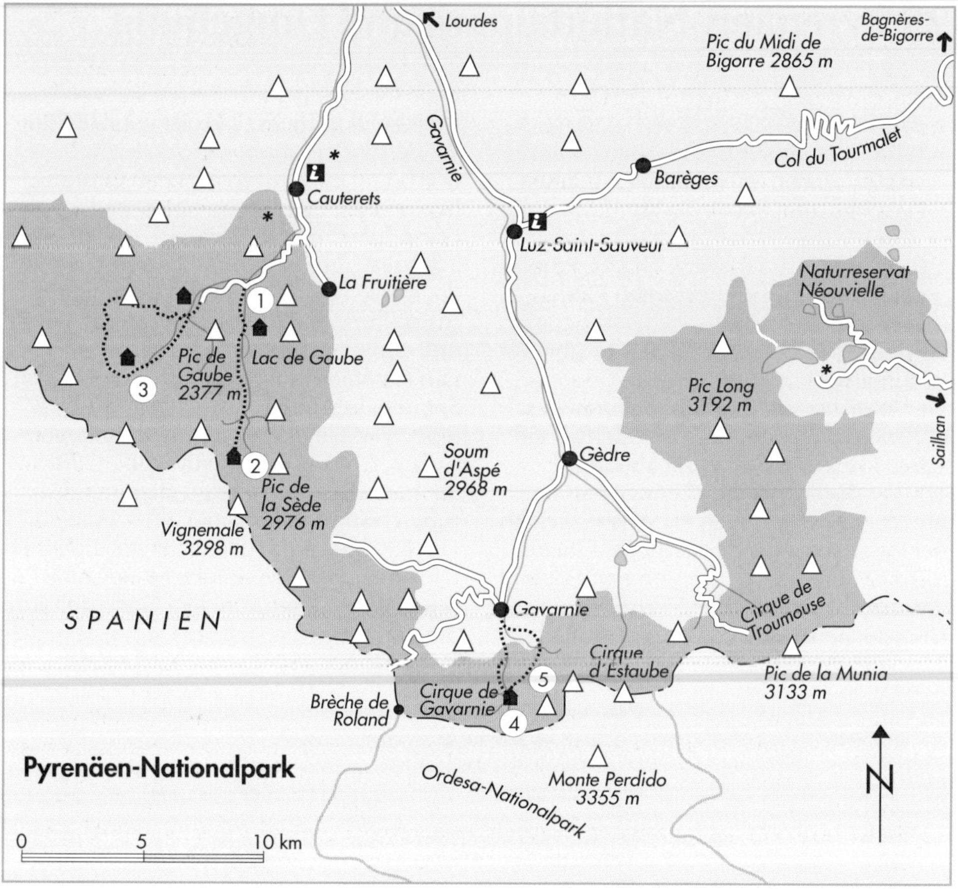

allem im Westen und Osten durch mehrere Quertalschneisen gegliedert, deren Pässe in der Regel das ganze Jahr über befahrbar sind. Die Übergänge haben dazu beigetragen, daß außer der geographischen auch eine kulturelle Einheit beidseits des Pyrenäenkamms besteht, die nicht zuletzt in der angestrebten französisch-spanischen Koordination in Naturschutzbelangen sichtbar wird.
Die Pyrenäen wurden vor den Alpen durch den Druck der Afrikanischen Platte aufgewölbt und setzen sich vor allem aus Sediment-, aber auch metamorphem und vulkanischem Gestein zusammen. Die wenigen noch vorhandenen Gletscher sind die Überreste der Eismassen, die das Massiv im ausgehenden Quartär bedeckten und deren Spuren überall zu entdecken sind. Neben den U-Tälern sind dies z.B. die vielen Bergseen: Von den über 500 Bergseen, die in den französischen Pyrenäen gezählt wurden, liegen 250 im Nationalpark.
Unter den zahlreichen Wasserfällen ist jener von Gavarnie im Ostteil des Parks mit 423 m der höchste; er wird vom Gletschersee des Monte Perdido auf spanischer Seite gespeist. Der **Cirque de Gavarnie** ist eine stufenförmig ansteigende Kalkarena mit

einer Bogenlänge von 3,5 km an ihrem Fuß und 14 km auf den Graten. Den Übergang zwischen Frankreich und Spanien bildet die Brèche de Roland (2807 m), eine Lücke in der Felswand. Zu dieser Natursehenswürdigkeit (mit Restaurant) wird gern auf Maultieren oder Eseln geritten, die man im Dorf Gavarnie ausleiht.
Im Osten schließen sich zwei weitere Felsarenen an: **Cirque d'Estaubé** und **Cirque de Troumouse,** zu dem die D 922 hinaufführt. Das grandiose Halbrund wird vom firngekrönten Pic de la Munia (3133 m) überragt. Der Begriff »Pyrenäismus« (in Anlehnung an Alpinismus) ist im 19. Jh. geprägt worden, als Ausländer die Gebirgskette zwischen Mittelmeer und Atlantik als Forschungsobjekt und Kletterparadies entdeckten. Zu den berühmtesten Gipfeln gehörte schon damals der 2884 m hohe Pic du Midi d'Ossau direkt südlich von Pau am Ende des Ossau-Tals, das »Matterhorn der Pyrenäen«, dessen imposante Silhouette von weither erkennbar ist. Dank den Pyrenäisten Geschichte gemacht haben auch Balaïtous (3144 m) und Vignemale (3298 m) sowie östlich davon der Pic du Midi de Bigorre (2872 m), der sich nördlich des von der Tour de France her berühmt-berüchtigten Tourmalet-Passes erhebt.
Das **Néouvielle-Granitmassiv** mit dem gleichnamigen 3091 m hohen Gipfel ist als Naturreservat dem Nationalpark angegliedert. Es wurde 1936 gegründet und ist eines der ältesten Reservate Frankreichs. Natürliche Seen, Stauseen und glaziale Hochmoore reihen sich dicht aneinander. Das Gebiet ist gegen Nordwesten abgeschlossen und bildet eine außergewöhnlich trockene und warme Klimainsel.
In den Tälern, die sich zum Park hinaufziehen, gibt es mehrere Thermalbäder und -kurorte, deren Glanz zum Teil ein wenig verblichen ist: Bains-de-Saint-Christau, Les Eaux-Chaudes, Eaux-Bonnes, Argelès-Gazest, Beaucens, Luz-Saint-Sauveur, Barèges, Bagnères-de-Bigorre sind die wichtigsten und kurieren die verschiedensten Leiden. Die berühmteste aller Pyrenäenquellen liegt jedoch in **Lourdes,** nach Nizza und Paris die am meisten besuchte Stadt Frankreichs. Ungefähr 20 km westlich des Pilgerorts liegen die fünfstöckigen Tropfsteinhöhlen von Bétharram, die über fast 3 km mit Boot und Eisenbähnchen besichtigt werden können.

Pflanzen und Tiere

Der Inselcharakter der Pyrenäen begünstigt eine Reihe von Pflanzen und Tieren, die ausschließlich hier vorkommen: Von rund 1400 höheren Pflanzenarten, die im Nationalpark wachsen, sind 150 endemisch. Darunter sind zahlreiche Relikte der vorglazialen Zeit, die sich trotz der relativ starken Vergletscherung halten konnten. Zu den auffälligen Endemiten gehören die Gelbe Pyrenäen-Lilie, Pyrenäen-Steinbrech, Pyrenäen-Ramonda, Pyrenäen-Schachblume und Pyrenäen-Meerzwiebel. Der Pyrenäen-Hahnenfuß blüht nach der Schneeschmelze massenweise und ist auch in den Westalpen verbreitet. Je nach Höhenstufe kommen auch mediterrane, atlantische und alpine Arten wie Alpenrose, Edelweiß und Gelber Enzian (S.173) vor. Am Weg zum Cirque de Gavarnie, kurz nach der gleichnamigen Ortschaft, wurde ein botanischer Garten mit rund 400 heimischen Blütenpflanzen verschiedener Standorte angelegt; er ist ein bißchen verwildert, aber trotzdem sehenswert und wegen der dreisprachigen Beschilderung informativ.
Der Nordhang der Westpyrenäen wird stark vom feuchten atlantischen Klima beeinflußt. Die mediterrane Stufe reicht bis etwa 600 m. Auf der unteren Bergwaldstufe herrschen Eichen vor, auf der oberen Rotbuche und Weißtanne. Auf 1800 bis 2000 m Höhe wird die Tanne von der Kiefer abgelöst. Höher hinauf steigen die Birke und die Hakenkiefer, die in aufrechtem

Wuchs bis 25 m hoch wird. Weiter gipfelwärts gedeiht auf der Zwergstrauchstufe vor allem die Rostblättrige Alpenrose (S.28).

Im Naturreservat **Néouvielle** herrscht iberisch-mittelmeerisches Klima. Prächtige Hakenkiefern wachsen bis auf 2500 m; es sind die höchstgelegenen Bestände in Frankreich. Mischwälder mit etwa 20 Baumarten – darunter Traubenkirsche, Weide, Geißblatt, Kiefer und Weißtanne – geben eine Vorstellung davon, wie der Urwald auf spanischer Seite einst ausgesehen hat. Botanisch wertvoll sind die vielen Hochmoore, in denen 22 der insgesamt 32 in Frankreich vorkommenden Torfmoose festgestellt wurden. Die Wiesen sind im Frühsommer mit Orchideen übersät.

Auch die Tierwelt hat als Folge der Insellage einige Besonderheiten vorzuweisen. Wegen seiner vorwiegend nachtaktiven

◁ Am berühmten Pic du Midi d'Ossau, dem »Matterhorn der Pyrenäen«, leben große Gemsrudel.

▽ Eine seltene Schönheit der Feuchtwiesen ist die Pyrenäen-Schachblume mit ihren verschwommenen Karos.

Die Pyrenäen-Lilie ist eine weitere von rund 150 endemischen Pflanzen im inselhaften Gebirgsmassiv.

Lebensweise selten anzutreffen ist ein rätselhaftes Relikt aus dem Tertiär, der berühmte Pyrenäen-Desman, der im Néouvielle-Reservat bis auf 2000 m Höhe vorkommt. Er ist mit den Maulwürfen verwandt, hat sich aber zum geschickten und ausdauernden Schwimmer mit verschiedenen Anpassungen entwickelt. Sein Markenzeichen ist die lange, rüsselförmige Schnauze, die er beim Tauchen verschließt. Seine heimliche Lebensweise

Die letzten Bären Frankreichs

1950 lebten in den gesamten Pyrenäen noch gut 70 Braunbären, 1994 waren es nach optimistischen Schätzungen 8–10. Seit 1992 ist die Jagd vollständig verboten, trotzdem wurden 1982 im Ossau-Tal zwei Bären erschossen. Die Vallée d'Aspe und Vallée d'Ossau südlich von Pau sind auf französischer Seite die letzten Rückzugsgebiete der mächtigen Allesfresser. Auf Nahrungssuche legen sie weite Strecken zurück, z. B. ins Baskenland und in die Täler der spanischen Seite, so daß ihr Streifgebiet auf etwa 100 000 ha geschätzt wird. Direkte Beobachtungen sind denn auch äußerst selten. Die Tatsache, daß seit 1985 auf französischer Seite keine Spuren von Jungtieren mehr gefunden wurden, rief den Natur- und Tierschutz auf den Plan. Studien zeigten die notwendigen Maßnahmen für die Rettung der Pyrenäenbären auf: strenger Schutz der Tiere und ihres Lebensraums, unbürokratische Entschädigung für gerissene Haustiere, vermehrte Information der Öffentlichkeit, Blutauffrischung durch Artgenossen aus Osteuropa.

Im Rahmen dieses Projekts, das vom Umweltschutzprogramm »Life« der Europäischen Union finanziell unterstützt wird, ließ man 1996/97 zwei Bärinnen und einen Bärenmann aus Kroatien frei, die mit Sendern ausgestattet und von Wissenschaftlern betreut wurden. Schon im Winter 1997 warf die Bärin »Mellba« drei Junge, so daß die Zukunft von »lou Moussu« (der Monsieur), wie der Petz im Béarn respektvoll genannt wird, wieder hoffnungsvoller erschien. Doch dann setzten die Rückschläge ein.

Zunächst zeigte sich, dass die Balkanbären sich keineswegs mit Beeren, Wurzeln, Honig und Wildtieren begnügten, sondern sich an die Schafe hielten, die in ihrem Streifgebiet zeitweise zu Tausenden unbeaufsichtigt weiden. Die Risse waren Wasser auf die Mühlen der Bärengegner. Dann wurde »Mellba« im September 1997 von einem Jäger erschossen, angeblich in Notwehr. Ihre Jungen verlor man aus den Augen, bis bei Wintereinbruch die zweite Bärin, »Ziva«, wieder eingefangen wurde, um ihr ein neues Senderhalsband zu verpassen: In ihrem Gefolge trotteten zwei Jungbären, wahrscheinlich zwei der Jungen »Mellbas«.

Obwohl das Bärenprojekt in den Zentralpyrenäen seither weitergeführt wird, mehrten sich in den Folgejahren Stimmen, die die Kreuzung der beiden Unterarten kritisierten. Im Frühling 2000 haben Politiker der betroffenen französischen Region gar den Abschuss der Bären gefordert.

macht Bestandsaufnahmen der Pyrenäen-Desmane unmöglich. Sie stehen trotzdem als gefährdete Art auf der Roten Liste. Ihre Spezialisierung auf saubere, unverbaute Fließgewässer und das kleine Verbreitungsgebiet sind die wichtigsten Gründe dafür. Eine nicht zu unterschätzende Gefahr bilden zudem die ausgesetzten oder aus Pelztierfarmen entwichenen amerikanischen Nerze, die bereits eine Unterart der Desmane ausgerottet haben sollen.
Vom Wasser abhängig ist auch der Pyrenäen-Gebirgsmolch. Er ist am gelben Längsstreifen auf dem Rücken erkennbar und lebt vom Departement Ariège bis zum Baskenland auf 2000–2800 m Höhe vorwiegend in Seen.
Als Signet des Nationalparks wurde ursprünglich die Gemse ausgewählt. Ob der »Isard«, wie sie hier genannt wird, als *Rupricapra pyrenaica* eine eigene Art bildet oder nur eine etwas zierlichere Unterart der alpinen Gemse ist, darüber sind die Meinungen der Fachleute geteilt. Jedenfalls sind die Bestände der »Isards« hoch, und sie sind einfach zu beobachten. Doch weil ihre wichtigsten natürlichen Feinde ausgerottet oder sehr selten geworden sind, werden die kopfstarken Gemsrudel zum Problem: Der Verbiß schadet den Wäldern.
Der Braunbär ist das Sorgenkind und der Stolz des Parks. Obwohl die Schutzmaßnahmen streng sind, konnten sich in den französischen Pyrenäen nur wenige Tiere halten. Und auch diese wenigen sehen einer düsteren Zukunft entgegen, da die projektierte Autobahn durchs Aspre-Tal nach Spanien ihren Lebensraum zerschneiden und den Gen-Austausch nahezu unterbinden würde. Wie viele Luchse in den Pyrenäen auf den Läufen sind, ist nicht bekannt. Es sind zudem schon beide Unterarten gesichtet worden, der Nordluchs (S.27) und der Pardelluchs; der eine stößt hier an die südliche Grenze seines Verbreitungsgebiets, der andere an die nördliche. Wölfe (S.90) sind im Park seit Jahrzehnten nicht mehr gesichtet worden, obwohl sie in Nordwestspanien wieder einen stattlichen Bestand aufgebaut haben.
Über der Baumgrenze beinahe überall zu beobachten sind die 1948 zum ersten Mal ausgewilderten Alpenmurmeltiere (S.47). Man hoffte, dadurch die Gemsen und Hasen vor den Adlern einigermaßen zu schützen, die sich in den Alpen vorwiegend von Murmeltieren ernähren. Das Experiment ist geglückt, der Steinadler (s.S.54) hat sich den Sommer über auf die 4,5–7 kg schweren Nager konzentriert.
Die Pyrenäen sind ganz allgemein ideal, um Greifvögel und Geier zu beobachten. Die Gänsegeier haben sich kräftig vermehrt, seit sie mit verendeten Haustieren gefüttert wurden: In der Umgebung des Nationalparks stieg der Bestand innerhalb von 20 Jahren von 25 auf 150 Paare an; im Park selbst leben rund 50 Paare. Von den rund 36 Tonnen Kadavern, die an geheimgehaltenen Luderplätzen ausgelegt werden, verzehren einen Teil Gänsegeier aus den spanischen Pyrenäen (insgesamt sind es rund 1000 Vögel) sowie der kleinere Schmutzgeier (S.78), der zwischen den Gänsegeiern in den Felsen brütet und den Winter in Afrika verbringt. Der Bartgeier (S.21), der sich als Endverbraucher über die Knochen hermacht, profitiert ebenfalls vom Fleischsegen. Trotzdem schrumpfen seine Bestände dramatisch: Man rechnet noch mit 30 Paaren in den ganzen Pyrenäen und mit 4–5 Paaren in der Gegend des Nationalparks. Über die Ursache des Rückgangs ist nichts Genaues bekannt. Möglicherweise sind Störungen am Horst durch Freizeitaktivitäten und die Forstwirtschaft dafür verantwortlich.
Die Geierfütterung ist notwendig, obwohl das Hirtentum in den Pyrenäen immer noch lebendig ist: Im Nationalpark werden jedes Jahr 50 000 Schafe, 10 000 Rinder und 2000 Pferde gesömmert. Die Fortschritte der Veterinärmedizin sowie Hygienevorschriften, nach denen Tierkadaver beseitigt werden müssen, verringern das

Nahrungsangebot der Aasfresser. Zum Beobachten ergiebig ist das Ossau-Tal zwischen Bielle und Béon, östlich der D 934, wo ein 82 ha großes Geier-Schutzgebiet liegt. Während der Aufzuchtzeit vom 10. Januar bis zum 15. August ist es gesperrt, doch können immer fliegende Vögel entdeckt werden. Erwähnt seien noch Auerhuhn und Schneehuhn (S.43) unter den Vögeln, Ginsterkatze (S.153), Fischotter (S.184) und Wildkatze (S.175) unter den Säugern. Die Wildkatze scheint in vie-

◁ Der Cirque de Gavarnie rundet sich wie ein natürliches Amphitheater im Zentrum des Nationalparks.

▽ Der größte Wasserfall der Gavarnie-Felsarena rauscht 400 m in die Tiefe.

Ende Juni und im Juli blüht auf sumpfigen Bergwiesen die Pyrenäen-Schwertlilie.

len Gebieten Frankreichs wieder Fuß zu fassen, doch sind die oft euphorischen Meldungen über Bestandeszunahmen mit Vorsicht zu genießen, da sich wilde und domestizierte Tiere nur von Kennern mit Sicherheit auseinanderhalten lassen.

Im Gebiet unterwegs

Von Pau und Tarbes führen gut ausgebaute Straßen in die Haupttäler Aspe, Ossau, Arrens und Gavarnie. Der Nationalpark selber wird an einigen Stellen von Autostraßen durchquert: am Col du Somport, Col du Pourtalet und am Port de Gavarnie. Ein Stück weit in den Park führen die D 920 nach Cauterets (sehenswerte Wasserfälle), die D 922 zum Cirque de Troumouse sowie die D 929 in die Réserve naturelle de Néouvielle. In der Hauptsaison sind es stark besuchte Ausflugsziele.
Der Pyrenäen-Nationalpark fördert jedoch den Tourismus, da über 300 km markierte Wanderwege unterhalten werden. Der Fernwanderweg GR 10 durchquert den Park von Westen nach Osten auf einer Strecke, die keine Kletterkünste, aber Ausdauer erfordert. Zahlreiche Berg- und Schutzhütten an der Route gestatten, in Etappen von höchstens 9 Stunden eine Unterkunft zu finden.

Der Parkplatz beim **Pont d'Espagne** ①, wo sich die Vallée du Marcadau und die Vallée de Gaube vereinigen, ist Ausgangspunkt für mehrere schöne Wanderungen im Herzen des Nationalparks (im Juli und August sollte man sich besser früh auf die Socken machen!). Der Aufstieg zum **Refuge des Oulettes de Gaube** (2151 m) ② am Nordabhang des Vignemale führt über 650 m Höhendifferenz und ist auch für Untrainierte in 3,5 Stunden leicht zu bewältigen. Der Weg zieht sich durchs Tal der Gaube mit malerischem See und Wasserfall hinauf. Für den Rückweg auf derselben Route rechnet man 2,5 Stunden.
Eine klassische Rundwanderung ist die Route durchs Marcadau-Tal über das Refuge-Chalet Wallon (1812 m) hinauf zum Lac Nère und zum **Lac du Pourtet** auf 2420 m ③; auf dem Rückweg passiert man mehrere Geländestufen, von denen man immer wieder einen anderen Bergsee entdeckt. Marschzeit für die ganze Route: 6,5–7 Stunden; Höhendifferenz rund

◁ Der Col d'Aubisque (1709 m) südlich von Pau ist wegen seiner phantastischen Aussicht und als Bergetappe der Tour de France berühmt.

Im Pyrenäen-Nationalpark warten gut hundert Gänsegeier auf ihre Futterration. ▷

900 m. Um die weltberühmte **Gavarnie-Felsarena** ④ aus dem attraktivsten Blickwinkel zu bewundern und zu fotografieren, schlägt man am besten den Weg hinter dem Hôtel du Cirque in nordöstlicher Richtung ein. Er führt durch schönen Buchen-Tannen-Wald und vorbei an der Quelle der Hount Blanque, dem »weißen Brunnen« ⑤, bis zu einer Wiese und von dort in steilem Zickzackkurs wieder hinunter nach Gavarnie. Marschzeit ab Gavarnie: 3 Stunden.

Praktische Tips

Anreise

Von Pau oder Tarbes an der A 64 südwärts durch die Täler von Aspe, Ossau oder über Lourdes ins Cauterets- oder Gavarnie-Tal. Der TGV von Paris hält zweimal täglich in Pau. Über die Zug- und Busverbindungen in die Täler bekommt man in den Bahnhöfen von Pau und Tarbes Auskunft. Die Busse verkehren je nach Jahreszeit und Wochentag unterschiedlich häufig.

Klima/Reisezeit

Das feuchte ozeanische Klima beeinflußt die gesamte Parkregion, obwohl sich jedes Tal eines eigenen Kleinklimas rühmt. Niederschläge in Form von Regen oder Schnee sind häufig, besonders von November bis Januar, aber auch im Sommer kann man von heftigen Unwettern überrascht werden. Im Sommer wird es auch in höheren Lagen warm bis heiß; es ist aber oft auch sehr windig. Für längere Wanderungen sollte man deshalb immer Pullover und Regenschutz mitnehmen.

Adressen

- Parc national des Pyrénées (Hauptsitz), 59, Route de Pau, 65000 Tarbes, Tel. 05 62 44 36 60.

Informationszentren:

- Vallée d'Ossau, Office du tourisme, 64440 Laruns, Tel. 05 59 01 31 41.
- Vallée d'Aspe, Office du tourisme, 64490 Bedous, Tel. 05 59 34 71 48.
- Porte d'Arrens, 65400 Arrens, Tel. 05 62 97 43 13.
- Vallée de Cauterets, 65110 Cauterets, Tel. 05 62 92 52 56.
- Vallée de Barège, 65120 Luz-Saint-Sauveur, Tel. 05 62 92 38 38.
- Agence touristique du Béarn, 22 ter, Rue Jean-Jacques-de-Monaix, 64000 Pau, Tel. 05 59 30 01 30.

Unterkunft

Bei der Agence touristique du Béarn und in lokalen Verkehrsbüros ist eine Broschüre mit den Hotels und Campingplätzen der Region erhältlich. In der Vallée d'Aspe und in der Vallée d'Ossau gibt es je einen Campingplatz unter der Leitung des Nationalparks (nähere Auskunft geben die Informationszentren).
Betreute Berghäuser sind während der Hauptsaison meist ausgebucht; Reservierungen beim Hauptsitz des Parks in Tarbes. Die Schutzhütten bieten lediglich ein Dach über dem Kopf.

N 1 Rund um den Stausee Serre-Ponçon

Der ungefähr 20 km lange Lac de Serre-Ponçon östlich von Gap ist der größte Stausee Europas. Er entstand 1960 und ist zu einem beliebten Ausflugsziel und Wassersportgewässer geworden. Die wilde Durance und ihr südlicher Zufluß, der Ubaye, werden durch eine 115 m hohe und 600 m lange Natursteinsperre aufgestaut.
Das Kraftwerk mit einer Leistung von 360 000 kWh produziert jährlich 710 Mio. kWh. Es ist die erste von insgesamt 16 hydroelektrisch genutzten Staustufen, mit denen der berühmteste und längste Fluß der Provence gebändigt wurde.
Der Lac de Serre-Ponçon mit seinen kleinen Inseln ist eingebettet in eine großartige Gebirgslandschaft, in die sich die Durance tief eingeschnitten hatte. Die N 94 verläuft von Gap her dem Nordufer entlang bis zur Savines-Brücke und weiter über Embrun nach Briançon. Zwischen Savines-le-Lac und Crots führt ein Sträßchen durch einen schönen Wald und vorbei an einem ehemaligen Kloster (heute Restaurant) zu den Felsarenen **Cirque de Morgon** und **Cirque de Bragousse.** Fährt man von Savines-le-Lac in westlicher Richtung dem See entlang (D 954), kommt man an den »Demoiselles coiffées« von Pontis vorbei, einem runden Dutzend Erdpyramiden, die durch große Steinkappen vor der Erosion geschützt sind.
Die schönsten geologischen Formationen dieser Art befinden sich jedoch nach der Staumauer auf der rechten Bergflanke. Vor Remollon zweigt eine schmale Nebenstraße (D 53) ab und führt in engen Kehren zum Dörfchen **Theus** und weiter zum Aussichtspunkt über einer Schutthalde: dem »Tanzsaal der huttragenden Fräuleins« (Salle du Bal des Demoiselles coiffées). Eng ist auch die Straße durch die wilde Schlucht der Blanche, die bei der Staumauer links abzweigt.

N 2 Die Alpilles

Dieses malerische Kalkmassiv, das von wenigen Metern über Meer auf durchschnittlich 350 m aufragt und im Osten im Gipfel Les Opies auf 492 m kulminiert, ist eine Art Provence »en miniature«. In den 25 langen und rund 7 km breiten »kleinen Alpen« findet man Olivenhaine, Mandelbäume, Zypressenhecken, mächtige Zedern (S.75), Aleppokiefern, Weinberge, duftende Garrigue, malerische Gehöfte, römische Fundstätten (Glanum, Les Antiques) und Ortschaften, die mediterraner gar nicht sein können: Die Felsenfestung Les Baux-de-Provence und das Städtchen Saint-Rémy-de-Provence gehören wie die Mühle des Monsieur Daudet zu den berühmtesten Sehenswürdigkeiten Südfrankreichs. Les Baux ist die erste, heute erschöpfte Fundstätte von Bauxit, einem Gemenge verschiedener Mineralien, die zur Herstellung von Aluminium verwendet werden.
Naturfreunde suchen die Alpilles vor allem wegen der Vögel auf, die hier in erstaunlicher Vielfalt und mit interessanten Arten vorkommen. Unter den insgesamt 250 Arten sind Schmutzgeier (S.78), Habichtsadler (S.163), Schlangenadler (S.166), Uhu (S.143), Alpensegler, Felsenschwalbe (S.146), Blaumerle (S.159) und Provencegrasmücken zu beobachten. Die zerklüfteten Felsen und die vielen Kaninchen behagen den sonst immer selte-

Die Trümmerstadt Les Baux-de-Provence thront auf einem der stark erodierten Alpilles-Felskämme. ▷

ner werdenden Uhus so gut, daß hier pro Quadratkilometer 1 Paar brütet. Die Anwesenheit der Treppennatter ist ein Hinweis auf das sonnige und trockene Klima des stellenweise bizarr zerklüfteten Gebirgsrückens, der von der Rhone und der Durance sowie der Großen und der Kleinen Crau umgeben ist.
Die Alpilles sind ein beliebtes Wandergebiet mit vielen markierten Wegen, die trotz der Kleinräumigkeit stundenlang durch unbewohntes Gebiet führen (Trinkwasser nicht vergessen!). Da der Mistral oft und heftig weht, sollte man selbst im Sommer eine leichte Windjacke mitnehmen. Von den Anhöhen ist der Blick auf die Crau, die Camargue und das Meer phantastisch.

N 3 Die Crau

Zwischen der Camargue und dem Etang de Berre hatte die Durance ein riesiges Delta aufgeschüttet, auf dem seit Jahrhunderten Schafherden überwintern, bevor sie im Frühling in die Berge beidseits der Rhone ziehen.
Aus ornithologischer Sicht wurde die Crau als eine der schützenswertesten Landschaften Europas eingestuft. Die 10 000 ha große, fast baumlose Schotterebene wird unter der sengenden provenzalischen Sonne im Sommer zum Brutofen; trotzdem beherbergt sie viele selten gewordene Tiere, die hier eines ihrer letzten Refugien haben.

◁ Unter den Steinen der Crau-Steppe bleibt die für die Pflanzen notwendige Feuchtigkeit gespeichert.

Die Flügel der großen Crau-Schrecke sind zu Stummeln ▷ verkümmert.

Die flugunfähige Crau-Heuschrecke verläßt sich ganz auf den Schutz ihres Tarnkleids, das den Steinen angeglichen ist. Sie ist hier endemisch, d. h. sie kommt ausschließlich in der Crau vor. In dieser Einöde finden sich noch eine ganze Reihe anderer interessanter Gliedertiere: drei Arten Gottesanbeterinnen, Zikaden, Nashornkäfer, Zebraspinnen, Taranteln, Gelbe Skorpione und in Europa seltene Ameisenarten. In den vielen Steinhaufen, Relikte aus dem Zweiten Weltkrieg, als die Deutschen verhindern wollten, daß die Crau von den Alliierten als Landeplatz genutzt wurde, finden viele Reptilien Schutz, so auch die Perleidechse (S.78). Neben zahlreichen Schlangenarten sind die Mauergeckos und Erzschleichen erwähnenswert.
Wiedehopfe (S.186), Blauracken (S.155) und die nachtaktiven Triele gehören zu den faszinierenden Vogelarten der Crau. Ihr Symbolvogel ist jedoch das Spießflughuhn, das hier seinen nördlichsten Brutplatz hat. Trotz seiner erstaunlichen Anpassungsfähigkeit ist es in Frankreich vom Aussterben bedroht. Damit ist der Vogel beispielhaft für viele andere seltene Tiere und Pflanzen, die in der Crau durch Intensivlandwirtschaft, Industrie, Straßenbau, Jagd und Mülldeponien gefährdet sind. Die Stiftung Europäisches Naturerbe hat sich mit dem französischen Partnerverband C.E.E.P. 1987 zusammengetan, um die Crau vor weiteren schädlichen Eingriffen zu schützen, indem Behörden und Öffentlichkeit über die Schätze dieser Landschaft informiert werden.

➪ Ecomusée de la Crau, 13310 Saint-Martin-de-Crau, Tel. 04 90 47 02 01. Das Museum ist das ganze Jahr täglich von 9–12 Uhr und von 14–18 Uhr geöffnet. Führungen in deutscher oder französischer Sprache.

N 4 Cascade de Sautadet und Concluses

Eine der eigenwilligsten Kalkformationen in Frankreich befindet sich wenige Kilometer westlich von Bagnols-sur-Cèze beim Hügeldorf La Roque-sur-Cèze. Die 115 km lange Cèze stieß hier auf ein Hindernis in Form eines mehrere hundert Meter breiten Kalksteinriegels, den sie in einem Jahrtausende währenden Prozeß hobelte und aus-

Erdpyramiden am Lac de Serre-Ponçon zwischen Savines-le-Lac und Le Sauze (N 1).

höhlte. Es entstand ein natürliches Wasserspiel von Kaskaden, Schnellen, Wirbeln, Rinnen, kleinen und größeren Becken, die ineinander übergehen (S.220). Die Felsplatten und -formationen reihen sich stufenartig aneinander.
Etwa 15 km westlich der Cascade, über die D 143 und D 643 erreichbar, hat ein Zufluß der Cèze ebenfalls ein imposantes Naturdenkmal geschaffen: die **Concluses.** Der Aiguillon, ein Wildbach, der im Sommer austrocknet, hat sich durch ein mächtiges Kalkplateau gefressen und eine enge Klamm geschaffen. Vom zweiten Parkplatz über der Schlucht führt der Fußweg durch Steineichenmacchie in die Schlucht hinunter; auf der gegenüberliegenden Seite sind mehrere Abris oder Balmen, durch

◁ Das Gebiet der Etangs de la Brenne umfaßt insgesamt mehrere tausend natürliche und künstliche Teiche. Einige der schönsten und für die Vögel wichtigsten stehen unter Naturschutz (N 6).

▽ Die grandiosen Felsformationen der Concluses sind im Sommer, wenn der Aiguillon versiegt, am besten zu besichtigen.

Ausspülung entstandene Höhlen und Felsnischen. Linkerhand des Brückleins im Talgrund ragt das sogenannte Portal auf, Felswände, die zusammenlaufen und sich beinahe berühren. Im Sommer kann das trockene Bachbett bequem begangen werden. Ein markierter Pfad führt auf der linken Seite des Bachs steil hinauf zu einem 5,6 m hohen, prächtigen Menhir.

Die Cascade du Sautadet mit ihren zahlreichen Bassins und Schnellen ist eines der attraktivsten Ausflugsziele im Gard; in der Nähe lohnt das auf einem Felssporn erbaute Dorf La Roque-sur-Cèze einen Besuch (N 4).

N 5 Regionalpark Livradois-Forez

Der 300 000 ha große Naturpark in der Auvergne ist der kleinere Bruder des westlich gelegenen Parc naturel régional des Volcans d'Auvergne. Er wartet nicht mit spektakulären Sehenswürdigkeiten auf, sondern mit einer bäuerlichen Kulturlandschaft, die sich noch in vorbildlichem Gleichgewicht befindet. Der Park wurde 1984 gegründet mit dem Ziel, die Gegend touristisch aufzuwerten und gleichzeitig die Einheimischen zu motivieren, ihr ländliches Kulturerbe sowie die natürlichen Schätze zu erhalten und zu pflegen. In diesem Naturpark gibt es viele große Wälder, parkähnliche Landschaften mit schönen Hecken und Feldern, kristallklare Bäche und Flüsse, intakte Moore und bizarre Felsformationen mit karger Vegetation. Über 500 km Wanderwege sind ausgeschildert und 150 km Langlaufloipen gespurt. Nähere Auskunft beim Parc naturel régional Livradois-Forez, B.P. 17, 63880 Saint-Gervais-sous-Meymont, Tel. 04 73 95 57 57.

N 6 Regionalpark La Brenne

Zwischen den Departementhauptstädten Poitiers und Châteauroux wurden seit dem Mittelalter rund 700 Teiche ausgehoben, um darin Karpfen, Hechte, Plötzen, Aale, Schleien und Barsche zu züchten; die jährliche Gesamtproduktion beträgt etwa 500 Tonnen Fisch. Der Regionalpark umfaßt 80 000 ha, davon entfallen 6000 ha auf die Teiche. Obwohl sie jedes Jahr geleert werden, wirkt die Anlage mit ihren schönen Wäldern, Hecken und Schilfgürteln natürlich gewachsen. Dazu tragen aber auch

die Vögel bei, die vom Fischreichtum profitieren. Dies nicht unbedingt zur Freude der Züchter, denen die vielen hungrigen Kormorane (S.127) und Graureiher ein Dorn im Auge sind.
Attraktiv ist die Brenne jedoch auch für zahlreiche Vogelarten, die sich nicht von Fischen ernähren, zum Beispiel für Rohrweihen (S.123), Rohrschwirle, Rohrdommeln, Zwergdommeln, Schwarzhalstaucher, Wespenbussarde (S.137), Baumfalken, Mehl- und Rauchschwalben sowie zahlreiche Schwimm- und Tauchenten. Zu den größten und gleichzeitig ornithologisch interessantesten Teichen gehören der Etang de la Gabrière, der Etang de Chérine und der Etang de la Mer Rouge.
Die Naturschützer haben die Jäger zur Zusammenarbeit gewinnen können, so daß hier bestimmte Bereiche vollständig geschützt und durch Beobachtungshütten und Wanderwege erschlossen sind.
Das immense Feuchtgebiet ist auch für Insekten und Amphibien ein Paradies: 30 Libellenarten wurden gezählt, und im Frühsommer ist das Konzert der Wasserfrösche ohrenbetäubend.
Im Info-Zentrum, Hameau du Bouchet, 36300 Rosnay, Tel. 02 54 37 75 84, gibt's Informationsmaterial über Unterkünfte, geführte Wanderungen und andere touristische Aktivitäten. In einem alten Bauernhaus am Etang de la Gabrière informieren eine kleine Ausstellung und Dokumentationsmaterial über die dortige Pflanzen- und Tierwelt.
4 km von Azay-le-Ferron zeigt der wissenschaftlich geführte 450 ha große **Tierpark de la Haute-Touche** von Ostern bis Allerheiligen Haus- und Wildtiere in »freier Wildbahn«. Im Mittelpunkt stehen selten gewordene heimische Haustiere, aber auch exotische Arten wie der Siam-Leierhirsch, der durch den Vietnamkrieg in seiner Heimat ausgerottet wurde. Wunschziel ist, die gezüchteten Tiere früher oder später an ihrem Herkunftsort wieder anzusiedeln.

N 7 Zentral- und Ostpyrenäen

Der zentrale und östliche Teil der Pyrenäenkette, vom Nationalpark bis zum Mittelmeer, ist eine besonders abwechslungsreiche Gebirgslandschaft mit mehreren Naturreservaten, zauberhaften Seen- und Moorlandschaften, bedeutenden prähistorischen Denkmälern und reicher Tier- und Pflanzenwelt, die zu einem Großteil jener des Nationalparks entspricht. So war der Braunbär (s.S. 208) einst im ganzen Gebiet verbreitet, ist jedoch heute wahrscheinlich verschwunden. Es gibt Gemsen, Wildschweine, Ginsterkatzen und Wildkatzen, und man kann Gänse-, Schmutz- und Bartgeier beobachten. Die Tatsache, daß auch in den Naturreservaten gejagt werden darf, hat jedoch negative Auswirkungen. Im Osten wird das Klima spürbar wärmer und trockener, und das Landschaftsbild gewinnt mediterranes Gepräge. Bekannte und dominante Gipfel sind im südwestlich von Perpignan ansteigenden Bergland: Pic du Canigou (2784 m), Pic du Géant (2882 m), Puigmal d'Err (2910 m), Pic Carlit (2921 m), Pique d'Estats (3143 m), Mont Valier (2838 m), Pic Perdiguère (3222 m) und Pic du Lustou (3023 m).
Die Täler des **Tech** und des **Têt** mit den dazwischenliegenden Höhenzügen sind zum Teil noch sehr wild und urtümlich. In diesem Gebiet liegen 6 Reservate: im Westen des markanten Pic du Canigou die Réserves naturelles de Mantet, de Py und de Prats de Mollo; nordwestlich des Têt, oberhalb von Villefranche-de-Conflent, die Réserves naturelles de Jujols, de Nohèdes und de Conat. Insgesamt beträgt ihre Fläche mehr als 12000 ha in Höhenlagen von 800–2700 m. Die Vielfalt und Schönheit der Pflanzen- und Insektenwelt ist beachtlich und unter anderem eine Folge der warmen Winde, die vom Meer in die Bergtäler aufsteigen.
Eine der großartigsten Seenlandschaften der Pyrenäen ist das **Plateau de Bouillouses** mit einem Stausee, gut 20 Gletscherseen

und Tümpeln. Unweit davon befindet sich eines der Zentren der Solartechnologie: Mit 3000 m^2 Reflektoren und einem 2000 m^2 großen Parabolspiegel werden im Sonnenofen von Odeillo Temperaturen von über 3000 °C erzeugt. Man macht sich im Forschungszentrum die jährliche Sonnenscheindauer von 2500–2700 Stunden zunutze.
Im Haut-Vallespir, wenige Kilometer südwestlich von Arles-sur-Tech, bilden die **Gorges de la Fou** einen über 100 m hohen und stellenweise nur knapp 3 m breiten Durchgang (1,2 km Spazierweg).
Vom Tal des Têt führt die N 20 über den Col de Puymorens (1915 m) ins Departement Ariège, in dem es viele Höhlen gibt. In mehreren wurden Malereien aus der Jungsteinzeit entdeckt, die vorwiegend die damals heimischen Tiere darstellen. **Niaux** (S.187) bei Tarascon-sur-Ariège ist dafür weltberühmt; sehenswert sind aber auch die Grotte de Bedeilhac in der Nähe und die Grotte du Mas-d'Azil im Nordwesten von Foix. Der älteste Europäer, der bis heute gefunden wurde, hauste in einer Höhle bei **Tautavel** (Departement Pyrénées-Orientales). Dem Großwildjäger, der das Feuer noch nicht nutzte, wurde ein attraktives Museum gewidmet.

➪ Confédération pyrénéenne du tourisme, 54, Bd. de l'Embouchure, 31022 Toulouse Cedex, Tel. 05 61 13 55 88.

➪ Musée de Tautavel, Centre européen de préhistoire, 66720 Tautavel, Tel. 04 68 29 07 76.

N 8 Baskenland

Die Westpyrenäen zwischen der Atlantikküste und dem Pyrenäen-Nationalpark ist hügelig und dank dem feuchten Klima sehr grün. Die auslaufende Bergkette ist von tiefen und engen Schluchten gefurcht. Sie sind von den »gaves« geformt worden, wie die vielen rauschenden Bergbäche hier genannt werden. Die zungenbrecherischen Orts- und Flurnamen sind eine der vielen Eigenheiten der Basken, deren Herkunft im dunkeln liegt.
Zu den baskischen Spezialitäten zählen auch die Pottoks, kleine rotbraune Pferde mit schwarzen Hufen, die auf französischer und spanischer Seite in Freiheit leben. Durch Einkreuzung ist diese zähe Rasse in ihrer Eigenart bedroht. Deshalb wurde 1993 am Mont Baïgourra ein 33 ha großes **Pottok-Naturreservat** gegründet, durch das ein schöner Rundwanderweg führt. Das Gebiet liegt nordöstlich von Bidarray an der D 918. Im Westen des alten Pilgerortes erhebt sich der 926 m hohe Artzamendi, ein idealer Ausguck zum Beobachten von Gänsegeiern.
Im Osten von Hasparren liegen unweit der D 251 die **Höhlen von Isturits und Oxocelhaya.** Die erste wurde während der Altsteinzeit bewohnt (Funde sind ausgestellt), in der zweiten sind wunderschöne Tropfsteingebilde zu bewundern (geöffnet Mitte März bis Mitte November).
Eine der eindrucksvollsten Landschaften der Pyrenäen liegt im Süden von Mauléon-Licharre: die **Haute Soule.** Es ist das einzige Hochtal in den Pyrénées-Atlantiques, das vom Gletscher bedeckt war. Berühmt sind die Schluchten (Holzarté, Kakouetta, Ehujarré), die schönen Wälder und Weiden, auf denen im Sommer riesige Herden von Schafen und Pottok-Pferde weiden. Zudem ist das Soule-Tal eine wichtige Passage von Zugvögeln.
Als Zeichen gegen die rücksichtslose Vernichtung der Vögel auf den von den Jägern zu diesem Zweck gemieteten Pässen haben sich Naturschützer 1985 ebenfalls einen Übergang reserviert: Der **Ogambideska-Paß** zwischen Larrau und Iraty ist seither jagdfreie Zone sowie Forschungs- und Beobachtungsstation.

➪ Office du tourisme, Place des Basques, 64100 Bayonne, Tel. 05 79 46 01 46.

➪ Office du tourisme, 14, Place Charles-de-Gaulle, 64220 Saint-Jean-Pied-de-Port, Tel. 05 59 37 03 57.

Dank seinem ozeanischen Klima ist das Baskenland grün und fruchtbar. Das Foto zeigt die Landschaft am nur 392 m hohen Col d'Osquiche.

Die robusten Pottok-Pferde leben im Baskenland das ganze Jahr im Freien und legen sich im Herbst einen dicken Winterpelz zu.

Vor der Reise

Informationen und Prospekte über einzelne Regionen erhält man bei sämtlichen Reisebüros oder den **Französischen Fremdenverkehrsämtern (Maison de la France):**

➪ Deutschland: Westendstraße 47, 60325 Frankfurt/M., Tel. 01 90/57 00 25, Fax 01 90/59 90 61; E-Mail: maison-de-la-france@t-online.de; www.franceguide.com

➪ Österreich: Argentinierstr. 41 a, 1040 Wien, Tel. 0 15 03/28 90, Fax 0 15 03/28 71; E-Mail: info@maison-de-la-france.at; www.maison-de-la-france.at

➪ Schweiz: Rennweg 42, Postfach 7226, 8023 Zürich, Tel. 01/217 46 00 oder 09 00 90 06 99, Fax 01/217 46 17, E-Mail: tourismefrance@bluewin.ch; www.doucefrance.ch

Einreise, Zollbestimmungen, Devisen
Reisende aus der EU und der Schweiz benötigen einen Personalausweis. Für Haustiere muß ein gültiger Impfpaß (Tollwut) mitgeführt werden. (ACHTUNG: In sämtlichen Nationalparks und in vielen Naturschutzgebieten haben Hunde selbst an der Leine keinen Zutritt.) Dinge des täglichen Gebrauchs, Bargeld, Euro-, Reiseschecks usw. können problemlos eingeführt werden. Im allgemeinen ist der Wechselkurs im Herkunftsland etwas günstiger als in Frankreich. Der bargeldlose Zahlungsverkehr hat praktisch überall Einzug gehalten.

Anreise
Über die Anreise mit Bus, Eisenbahn (Autoreisezug) oder Flugzeug sowie die Wagenmiete in Frankreich geben Reisebüros Auskunft. Für die Fahrt im Privatauto empfiehlt sich der Auslandsschutzbrief.

Gesundheit
Besondere Impfungen sind nicht nötig oder vorgeschrieben. Die Apotheken- und Ärztedichte ist auch in ländlichen Gegenden hoch. Arztkonsultationen und vom Arzt verschriebene Medikamente sind im allgemeinen bar zu bezahlen und sollten von Ihrer Krankenversicherung gegen Nachweis erstattet werden. Frankreichs Gesundheitswesen genießt einen guten Ruf, ja ist medizinisch auf manchen Gebieten führend. In den Bergen und im Süden sind Sonnenbrille und Sonnenschutzmittel stets zu empfehlen.

Filme
Sämtliches Fotomaterial ist in Frankreich deutlich teurer. Deshalb deckt man sich besser zu Hause ein. Zudem besteht auf dem Land vor allem in der Zwischensaison Gefahr, überalterte oder unsachgemäß gelagerte Filme zu erhalten.

Reisen im Land

Transportmittel
Am bequemsten und einfachsten reist man in Frankreich eindeutig mit dem eigenen Wagen. Autobahnen sind gebührenpflichtig (Kleingeld in französischer Währung bereithalten!), aber gut ausgebaut. Die Hinweisschilder für Autobahnen sind blau, für National- und Departementstraßen grün.
Auf Autobahnrastplätzen sollte man aus Sicherheitsgründen möglichst nicht übernachten. Diebstähle haben in den letzten Jahren zugenommen, deshalb ist es ratsam, das Gepäck bei Ausflügen im Hotel zu lassen. Fotoausrüstungen, Ferngläser, Handtaschen, Ausweise usw. sollten immer mitgenommen werden. Selbst auf bewachten Parkplätzen ist Vorsicht geboten.

Abendstimmung an der Côte d'Azur, Inbegriff (nicht nur) französischer Urlaubssehnsüchte.

Der Abschluß einer Reisegepäckversicherung ist auf jeden Fall ratsam.
Fürs Reisen mit dem Bus abseits der Hauptverkehrswege braucht man viel Zeit und starke Nerven, da abgelegenere Strecken selten oder sehr unregelmäßig befahren werden. Dasselbe gilt für die Eisenbahn, deren Schienennetz in gebirgigen Regionen wie dem Zentralmassiv oder in den Alpen große Lücken aufweist.
Radfahren wird auch in Frankreich immer beliebter, und entsprechend zahlreich sind Führer und Karten mit Vorschlägen für Radtouren, zum Teil auch auf deutsch. Für

die meisten naturkundlich interessanten Gebiete benötigt man als Radler allerdings eine ausgezeichnete Kondition, sonst wird der Urlaub zur Qual.

Unterkunft und Gastronomie

An Unterkünften jeglicher Art und Preisklasse besteht im südlichen Frankreich im allgemeinen kein Mangel. Hilfreich bei der Hotel- und Restaurantsuche sind z.B. die Führer Guide Michelin (rot) und Gault-Millau, die jedes Jahr in aktualisierter Form neu erscheinen. Das Signet des gelben Kamins auf grünem Grund der »Logis de France« besitzen einfachere, preisgünstige Hotels und Pensionen mit zumeist ordentlicher Küche.

Mit »Gîtes ruraux« werden Ferienwohnungen oder -häuser bezeichnet, die man in ländlichen Gegenden vor allem für längere Aufenthalte mieten kann. Auf Wunsch werden häufig Frühstück oder andere Mahlzeiten zubereitet. »Gîtes d'étape« sind Unterkünfte mit Schlafsälen und einigen Zimmern, die speziell für Wanderer und Radfahrer eingerichtet sind und in denen einfache, aber solide Mahlzeiten serviert werden. Fast überall findet man Campingplätze, die wie die Hotels mit 1–4 Sternen kategorisiert sind.

Pizzerien und andere Schnellimbißlokale sind auch in Frankreich auf dem Vormarsch. Es sind vor allem von der jüngeren Generation geschätzte Alternativen zu den mehrgängigen Menüs, die in den Restaurants traditionell serviert werden. Nach wie vor sind jedoch gepflegtes Essen und Trinken ein wichtiger Teil der französischen Kultur. Und es lohnt sich, ihre lokalen und regionalen Spezialitäten (etwa die rund 400 Käsesorten!) zu entdecken. Es muß ja nicht jeden Tag Steak-Frites sein.

Öffnungszeiten

Lange, konsumentenfreundliche Öffnungszeiten sind in Frankreich die Regel. Sogar in kleinen Dörfern sind Lebensmittelläden bis 19 Uhr oder noch länger geöffnet. Die großen Einkaufszentren schließen abends oft erst um 20 oder 21 Uhr. Bäcker, Metzger, Gemüsehändler und Tabakläden arbeiten auch am Sonntagmorgen.

Banken sind gewöhnlich von 9–12 und 14–16.30 Uhr geöffnet. Museen sind normalerweise am Dienstag geschlossen; Ausnahmen (durchgehende Öffnung) sind jedoch vor allem während der Hauptreisezeit die Regel; außerhalb der Saison steht man bei kleinen Sammlungen aber auch häufig vor verschlossener Tür.

Telefon

Bei Anrufen aus dem Ausland (Vorwahl 00 33) entfällt die 0 der Telefonnummern. Viele öffentliche Fernsprechapparate funktionieren nur noch mit Telefonkarten, die bei Postämtern und in Tabakläden erhältlich sind. Vorwahlen: Deutschland 00 49; Österreich 00 43; Schweiz 00 41.

Verhalten in den Nationalparks

- Außer auf offiziellen Campingplätzen ist Campen grundsätzlich verboten; es bestehen jedoch von Park zu Park unterschiedliche Regelungen.
- Das Sammeln/Pflücken von Pflanzen, Früchten, Mineralien, Fossilien usw. ist untersagt.
- Machen Sie möglichst keinen Lärm (Schreien, Transistorradio usw.).
- Den Wild- und Haustieren zuliebe bleiben Hunde außerhalb der Parkgrenzen.
- Wegen Brandgefahr ist das Entfachen von Feuern strikt verboten; aufpassen soll man auch mit brennenden Zigaretten.
- Keine Abfälle liegenlassen; sie verschandeln die Landschaft und können Tieren Verletzungen zufügen.
- Straßen und Wege sollten den Tieren und Pflanzen zuliebe nicht verlassen werden.

Die meisten dieser Verhaltensregeln sind auch außerhalb der geschützten Zonen sinnvoll. Vor allem in der Nähe von Schaf- und Ziegenherden sollten Hunde immer angeleint werden.

Anhang

Literatur

ANTOINE, M. S. (1988): Le Queyras. Fraisans.

AUDRERIE, D.& Y. COULAUD (1993): Sites naturels en Périgord. Fanlac, Périgueux.

AUTORENKOLLEKTIV (1993): Guide de la réserve naturelle des Aiguilles Rouges. Editions Gap, La Ravoire.

AUTORENKOLLEKTIV (1989): Les Cévennes – de la montagne à l'homme. Privat, Toulouse.

AUTORENKOLLEKTIV (1986): Luberon images et signes 1: Ocres. Parc naturel régional du Luberon/Edisud, Aix-en-Provence.

BACONNET, M.-H.& P. CROISSIAUX (1991): La France buissonnière. Arthaud, Paris.

BÄTZING, W. (1991): Die Alpen – Entstehung und Gefährdung einer europäischen Kulturlandschaft. C.H. Beck, München.

BAYER, E., K. P. BUTTLER, X. FINKENZELLER & J. GRAU (1987): Pflanzen des Mittelmeerraums. Mosaik, München.

BÉROT, M.(1992): L'ours des Pyrénées.Les carnets de terrain. Parc national des Pyrénées, Tarbes.

BOURNÉRIAS, M., C. POMÉROL & Y. TURQUIER (1991): La Méditerranée de Marseille à Menton. Delachaux & Niestlé, Neuchâtel et Paris.

BOURNÉRIAS, M., C. POMÉROL & Y. TURQUIER (1992):La Méditerranée de Marseille à Banyuls. Delachaux et Niestlé, Neuchâtel et Paris.

CHAUVIN, G. & B. LE GARFF (1986): Connaître et reconnaître les animaux méditerranéens. Ouest-France, Rennes.

FAUGIER, C. (1989): Animaux sauvages de l'Ardèche (mammifères). G.V.E.R.V., Privas.

GALLARDO, M. (1993): Faune du Luberon. Edisud, Aix-en-Provence.

GUENDE, G. (1993): Flore du Luberon. Edisud, Aix-en-Provence.

HARANT, H. & D. JARRY (1987): Guide du naturaliste dans le Midi de la France. Delachaux & Niestlé, Neuchâtel et Paris.

HENKE, G. (1992): Richtig wandern – Provence. DuMont, Köln.

ISENMANN, P. (1993): Oiseaux de Camargue. Sc. Etudes Ornithologiques, Brunoy.

LIGUE FRANÇAISE POUR LA PROTECTION DES OISEAUX (Hrsg.; 1989): Où voir les oiseaux en France. Nathan, Paris.

LOURY-GUIGAN, N. (1992): Parc national du Mercantour – La mémoire des paysages. Glénat, Grenoble.

MARTI, T. (1989): Heuschrecken und Landschaft. Haupt, Bern und Stuttgart.

MEGERLE, A. & J. RESCH (1987): Die Crau – Steinsteppe voller Leben. Verlag Jürgen Resch, Radolfzell.

MOUTTE, P. (o. J.): Flore d'un parc. Parc national de Port-Cros, Hyères.

PARC NATIONAL DES CEVENNES (Hrsg.; 1987): Guide touristique. Florac.

PARC NATIONAL DES PYRÉNÉES OCCIDENTALES (Hrsg.; 1983): Pyrénées: 500 millions d'années. Tarbes.

PELLERIN, P. (1993): Nature insolite en France. Nathan, Paris.

PLETSCH, A. (1987): Frankreich. Klett, Stuttgart.

REILLE, A. & CH. BONNIN LUQUOT (1987): Guide des réserves naturelles de France. Delachaux & Niestlé, Neuchâtel et Paris.

REISIGL, H. & E. und O. DANESCH (1984): Mittelmeerflora. Hallwag, Bern.

ROUVET, J. (1983): Oiseaux du Parc national des Cévennes. Cévennes 11/12, Florac.

SCHÖNFELDER, P. & I. (1987): Was blüht am Mittelmeer? Franckh'sche Verlagshandlung, Stuttgart.

SEIGUE, A. (1987): La forêt méditerranéenne française. Edisud, Aix-en-Provence.

VADROT, C.-M. (1987): France verte. Du May, Paris.

VERDEGEN, R. (o. J.): Canyon du Verdon. Routes et sentiers, Marseille.

Wörterbuch
Deutsch / Latein

Wirbellose

Alpenbock / Rosalia alpina
Ameisen / Formicoidea
Apollofalter / Parnassius apollo
Austern / Ostreidae

Crau-Schrecke / Prionotropis rhodanica

Edelkrebs, Europäischer / Astacus astacus
Erdbeerbaumfalter / Charaxes jasius

Gelber Skorpion / Buthus occitanus
Gottesanbeterin / Mantis sp.

Heuschrecken / Saltatoria
Heuschreckenkrebs / Scyllarides latus
Hochalpenapollo / Parnassius phoebus
Hochalpenapollo (Mercantour-Unterart) / Parnassius phoebus gazelli
Hummer / Homarus gammarus

Isabellfalter / Graellisia isabellae

Korallen / Anthozoa

Languste, Europäische / Palinurus elephas
Libellen / Odonata

Maulbeerseidenspinner / Bombyx mori

Nashornkäfer / Oryctes nasicornis

Oleanderschwärmer / Daphnis nerii

Purpurstern / Echinaster sepositus

Röhrenspinne / Eresus niger
Rote Waldameise / Formica rufa

Skorpion, Gelber / Buthus occitanus

Tarantel / Lycosa narbonensis

Zebraspinne / Argiope bruennichi
Zikade / Cicadina sp.
Zürgelbaum-Schnauzenfalter / Libythea celtis

Fische, Amphibien, Reptilien

Aal / Anguilla anguilla
Äskulapnatter / Elaphe longissima
Aspisviper / Vipera aspis

Bachforelle / Salmo trutta fario
Blattfinger-Gecko, Europäischer / Phyllodactylus europaeus

Eidechsennatter / Malpolon monspessulanus
Erzschleiche / Chalcides chalcides

Felsen-Seequappe / Phycis blennoides
Feuersalamander / Salamandra salamandra
Fliegende Fische / Exocoetidae
Flußbarsch / Perca fluviatilis

Gelbgrüne Zornnatter / Coluber viridiflavus
Gironde-Glattnatter / Coronella girondica
Grasfrosch / Rana temporaria
Grauer Zackenbarsch / Epinephelus quaza
Griechische Landschildkröte / Testudo hermanni

Halbfinger-Gecko / Hemidactylus turcicus
Hecht / Esox lucius
Himmelsgucker / Uranoscopus scaber

Karpfen / Cyprinus carpio
Katzenhai / Scyliorhinus sp.
Kleiner Sägebarsch / Serranus cabrilla

Mauereidechse / Podarcis muralis
Mauergecko / Tarentola mauritanica
Meerjunker / Coris julis
Mittelmeer-Laubfrosch / Hyla meridionalis
Mittelmeer-Seequappe / Gaidropsarus mediterraneus

Perleidechse / Lacerta lepida
Plötze / Rutilus rutilus
Pyrenäen-Gebirgsmolch / Euproctus asper

Riesenhai / Cethorinus maximus
Ringelnatter / Natrix natrix

Sandläufer-Eidechse, Spanische / Psammodromus hispanicus
Sardischer Scheibenzüngler / Discoglossus sardus
Schleie / Tinca tinca
Seepferdchen / Hippocampus sp.
Seerabe / Corbina nigra
Smaragdeidechse / Lacerta viridis
Sumpfschildkröte, Europäische / Emys orbicularis

Treppennatter / Elaphe scalaris

Vipernatter / Natrix maura

Wiesenotter / Vipera ursinii

Vögel

Alpenschneehuhn / Lagopus mutus
Alpenbraunelle / Prunella collaris
Alpendohle / Pyrrhocorax graculus
Alpenkrähe / Pyrrhocorax pyrrhocorax
Alpensegler / Apus melba
Alpenstrandläufer / Calidris alpina
Ammern / Emberizidae
Auerhuhn / Tetrao urogallus
Austernfischer / Haematopus ostralegus

Bartgeier / Gypaetus barbatus
Baumpieper / Anthus trivialis
Bekassine / Gallinago gallinago
Bergpieper / Anthus spinoletta
Bienenfresser / Merops apiaster
Birkhuhn / Tetrao tetrix
Blaukehlchen / Luscinia svecica
Blaumerle / Monticola solitarius
Blauracke / Coracias garrulus
Brachschwalbe / Glareola pratincola
Brandgans / Tadorna tadorna
Brandseeschwalbe / Sterna sandvicensis
Brauner Sichler / Plegadis falcinellus
Braunkehlchen / Saxicola rubetra
Brillengrasmücke / Sylvia conspicillata
Buntspecht / Dendrocopos major

Dohle / Corvus monedula
Dorngrasmücke / Sylvia communis
Dreizehenspecht / Picoides tridactylus

Eisvogel / Alcedo atthis
Eleonorenfalke / Falco eleonorae

Falken / Falconidae
Feldlerche / Alauda arvensis
Felsentaube / Columba livia
Felsenschwalbe / Ptyonoprogne rupestris
Fichtenkreuzschnabel / Loxia curvirostra
Flamingo / Phoenicopterus ruber
Flußregenpfeifer / Charadrius dubius
Flußseeschwalbe / Sterna hirundo

Gänsegeier / Gyps fulvus
Goldhähnchen / Regulus sp.
Graugans / Anser anser
Graureiher / Ardea cinerea
Großer Brachvogel / Numenius arquata
Grünspecht / Picus viridis

Habicht / Accipiter gentilis
Habichtsadler / Hieraaetus fasciatus
Haselhuhn / Bonasa bonasia
Haubenlerche / Galerida cristata
Hausrotschwanz / Phoenicurus ochruros
Heckenbraunelle / Prunella modularis
Heringsmöwe / Larus fuscus
Höckerschwan / Cygnus olor
Hohltaube / Columba oenas

Kiebitz / Vanellus vanellus
Kiebitzregenpfeifer / Pluvialis squatarola
Kiefernkreuzschnabel / Loxia pytyopsittacus
Kleiber / Sitta europea
Knäkente / Anas querquedula
Kolbenente / Netta rufina
Kolkrabe / Corvus corax
Kormoran / Phalacrocorax carbo
Kranich / Grus grus
Kreuzschnabel / Loxia sp.
Krickente / Anas crecca
Kuhreiher / Bubulcus ibis

Lachmöwe / Larus ridibundus
Löffelente / Anas clypeata
Löffler / Platalea leucorodia

Mariskensänger / Acrocephalus melanopogon
Marmelente / Marmaronetta angustirostris
Mauerläufer / Tichodroma muraria
Mauersegler / Apus apus
Mäusebussard / Buteo buteo
Misteldrossel / Turdus viscivorus
Mittelsäger / Mergus serrator
Mönchsgrasmücke / Sylvia atricapilla

Nachtigall / Luscinia megarhynchos
Nachtreiher / Nycticorax nycticorax
Neuntöter / Lanius collurio

Pfeifente / Anas penelope
Pfuhlschnepfe / Limosa lapponica
Pirol / Oriolus oriolus
Provencegrasmücke / Sylvia undata
Purpurreiher / Ardea purpurea

Racken / Coraciidae
Rallenreiher / Ardeola ralloides
Raubwürger / Lanius exubitor
Rauhfußkauz / Aegolius funereus
Rebhuhn / Perdix perdix
Ringdrossel / Turdus torquatus
Ringelgans / Branta bernicla
Ringeltaube / Columba palumbus
Rohrdommel / Botaurus stellaris
Rohrsänger / Acrocephalus sp.
Rohrweihe / Circus aeruginosus
Rosaflamingo / Phoenicopterus ruber
Rotdrossel / Turdus iliacus

Rothuhn / Alectoris rufa
Rotkopfwürger / Lanius senator
Rotschenkel / Tringa totanus

Säbelschnäbler / Recurvirostra avosetta
Sanderling / Calidris alba
Sandregenpfeifer / Charadrius hiaticula
Schafstelze / Motacilla flava
Schelladler / Aquila clanga
Schlangenadler / Circaetus gallicus
Schleiereule / Tyto alba
Schmutzgeier / Neophron percnopterus
Schnatterente / Anas strepera
Schneefink / Montifringilla nivalis
Schneehuhn, Alpen- / Lagopus mutus
Schwalben / Hirundinidae
Schwarzkopfmöwe / Lanus melanocephalus
Schwarzmilan / Milvus migrans
Schwarzspecht / Dryocopus martius
Schwarzstorch / Ciconia nigra
Seeregenpfeifer / Charadrius alexandrinus
Seetaucher / Gaviidae
Seidenreiher / Egretta garzetta
Silbermöwe / Larus argentatus
Silberreiher / Casmerodius albus
Sommergoldhähnchen / Regulus ignicapillus
Sperber / Accipiter nisus
Sperlingskauz / Glaucidium passerinum
Spießente / Anas acuta
Spießflughuhn / Pterocles alchata
Steinadler / Aquila chrysaetos
Steinhuhn / Alectoris graeca
Steinkauz / Athene noctua
Steinrötel / Monticola saxatilis
Steinschmätzer / Oenanthe oenanthe
Steinwälzer / Arenaria interpres
Stelzenläufer / Himantopus himantopus
Stelzvögel / Ciconiiformes
Stieglitz / Carduelis carduelis
Stockente / Anas platyrhynchos
Straßentaube s. Felsentaube

Tannenhäher / Nucifraga caryocatactes
Tannenmeise / Parus ater
Teichhuhn / Gallinula chloropus
Theklalerche / Galerida theklae
Trauerente / Melanitta nigra
Trauerseeschwalbe / Chlidonias niger
Triel / Burhinus oedicnemus
Turmfalke / Falco tinnunculus
Turteltaube / Streptopelia turtur

Uferschwalbe / Riparia riparia
Uhu / Bubo bubo

Waldbaumläufer / Certhia familiaris
Waldkauz / Strix aluco
Waldohreule / Asio otus
Wanderfalke / Falco peregrinus
Wasseramsel / Cinclus cinclus
Wasserpieper, Bergpieper / Anthus spinoletta
Wasserralle / Rallus aquaticus
Weißkopfmöwe / Larus cachinnans
Weißstorch / Ciconia ciconia
Wespenbussard / Pernis apivorus
Wiedehopf / Upupa epops
Wiesenweihe / Circus pygargus

Zippammer / Emberiza zia
Zitronengirlitz / Serinus citrinella
Zwergdommel / Ixobrychus minutus
Zwergmöwe / Larus minutus
Zwergohreule / Otus scops
Zwergtrappe / Tetrax tetrax

Säugetiere

Alpenmurmeltier / Marmota marmota
Alpensteinbock / Capra ibex

Baummarder, Edelmarder / Martes martes
Bechsteinfledermaus / Myotis bechsteini
Biber / Castor castor
Bison / Bison bison
Braunbär / Ursus arctos
Bulldoggfledermaus, Europäische / Tadarida teniotis

Dachs / Meles meles
Delphin, Gewöhnlicher / Delphinus delphinus

Etruskerspitzmaus / Suncus etruscus

Feldhase / Lepus europaeus
Fischotter / Lutra lutra
Fransenfledermaus / Myotis nattereri

Gemse / Rupicapra rupicapra
Ginsterkatze / Genetta genetta
Graues Langohr / Plecotus austriacus
Großer Tümmler / Tursiops truncatus
Großes Mausohr / Myotis myotis

Hausratte / Rattus rattus

Kaninchen / Oryctolagus cuniculus
Kleines Mausohr / Myotis blythi

Langflügelfledermaus / Miniopterus schreibersi
Langfußfledermaus / Myotis capaccinii
Luchs / Lynx lynx

Mittelmeer-Hufeisennase/Rhinolophus euryale
Mönchsrobbe / Monachus monachus
Mopsfledermaus / Barbastella barbastellus
Mufflon / Ovis musimon
Murmeltier / Marmota marmota

Nerz, Europäischer / Lutreola lutreola
Nordluchs / Lynx lynx
Nutria / Miocastor coypus

Pardelluchs / Lynx lynx pardinus
Pyrenäen-Desman / Galemys pyrenaicus

Reh / Capreolus capreolus
Rotfuchs / Vulpes vulpes
Rothirsch / Cervus elaphus

Schneehase / Lepus timidus
Schneemaus / Microtus nivalis
Siam-Leierhirsch / Cervus eldi siamensis
Steinbock / Capra ibex
Sumpfspitzmaus / Neomys anomalus

Tümmler, Großer / Tursiops truncatus

Waldmaus / Apodemus sylvaticus
Wasserfledermaus / Myotis daubentoni
Wildkaninchen / Oryctolagus cuniculus
Wildkatze, Europäische / Felis sylvestris
Wildschwein / Sus sus
Wimperfledermaus / Myotis emarginatus
Wolf / Canis lupus
Zwergfledermaus / Pipistrellus pipistrellus

Pflanzen

Adlerfarn / Pteridium aquilinum
Affodill, Röhriger / Asphodelus fistulosus
Agave / Agave americana
Aleppokiefer / Pinus halepensis
Allionis-Glockenblume / Campanula alpestris
Alpenanemone / Pulsatilla alpina
Alpenaster / Aster alpinus
Alpen-Frauenmantel / Alchemilla alpina
Alpenklee / Trifolium alpinum
Alpen-Leinkraut / Linaria alpina
Alpen-Mannstreu / Eryngium alpinum
Alpenmohn, Gelber / Papaver rhaeticum
Alpen-Stiefmütterchen / Viola tricolor
Alpenveilchen, Neapolitanisches / Cyclamen hederifolium
Alpen-Vergißmeinnicht, -Ehrenpreis / Myosotis alpestris
Apenninen-Sonnenröschen / Helianthemum apenninum
Aprikosenbaum / Prunus armeniaca
Arnika / Arnica monatana
Arve / Pinus cembra
Astlose Graslilie / Anthericum liliago
Atlaszeder / Cedrus atlantica

Bambus / Bambusa sp.
Baum-Wolfsmilch / Euphorbia dendroides
Baumheide / Erica arborea
Baumwolle / Gossypium hirsutum
Bergaster, Alpenaster / Aster alpinus
Bergbaldrian / Valeriana montana
Bergkiefer / Pinus mugo
Berg-, Purpur-Wundklee / Anthyllis montana
Bertolonis Ragwurz / Ophrys bertolonii
Besenginster / Sarothamnus scoparius
Binsenlilie / Aphyllanthes monspeliensis
Birke / Betula alnus
Blaue Schwertlilie / Iris sibirica
Blauer Lattich / Lactuca perennis
Blaugrüne Akazie, Mimose / Acacia cyanophylla
Bohnenkraut, Karst-Bergminze / Satureja montana
Bougainvillea / Bougainvillea glabra
Brackwasserhahnenfuß / Ranunculus baudotii
Breitblättrige Platterbse / Lathyrus clymenum
Breitblättriger Lavendel / Lavandula latifolia
Brennende Waldrebe / Clematis flammula
Buche / Fagus sylvatica
Buchs, Immergrüner / Buxus sempervirens

Dattelpalme / Phoenix dactylifera
Dichternarzisse / Narcissus poeticus
Dornginster / Calycotome spinosa
Dünen-Trichternarzisse / Pancratium maritimum

Edelweiß / Leontopodium alpinum
Eiche / Quercus sp.
Einköpfige Flockenblume / Centaurea uniflora
Enzian, Gelber / Gentiana lutea
Erdbeerbaum / Arbutus unedo
Erika, Heidekraut / Calluna vulgaris
Eßkastanie / Castanea sativa
Etruskisches Geißblatt / Lonicera etrusca

Federgras / Stipa sp.
Feigenbaum / Ficus carica

Feigenkaktus / Opuntia ficus-indica
Feldahorn / Acer campestre
Felsen-Wolfsmilch / Euphorbia saxatilia
Feuerlilie / Lilium bulbiferum
Fichte, Rottanne / Picea abies
Flaumeiche / Quercus pubescens
Flechten / Lichenes
Fliegenragwurz / Ophrys insectifera
Flockenblume, Einköpfige / Centaurea uniflora
Föhre / Pinus sylvestris
Französische Zistrose / Cistus monspeliensis
Französischer Ahorn / Acer monspessulanum
Frauenschuh / Cypripedium calceolus
Frühlings-Adonisröschen / Adonis vernalis
Fuchsschwanz-Tragant / Astragalus centralpinus

Gänsefußgewächse / Chenopodiaceae
Gebirgsveilchen, Alpen-Stiefmütterchen / Viola calcarata
Gegenblättriger Steinbrech / Saxifraga oppositifolia
Geißblatt, Etruskisches / Lonicera etrusca
Gelbe Pyrenäen-Lilie / Lilium pyrenaicum
Gelbe Schwertlilie / Iris pseudacorus
Gelber Alpenmohn / Papaver rhaeticum
Gelber Enzian / Gentiana lutea
Gemswurz, Großblütige / Doronicum grandiflorum
Gewöhnliche Küchenschelle / Pulsatilla vulgaris
Gewöhnlicher Oleander / Nerium oleander
Ginster / Genista sp.
Gipfelblütige Erika / Erica terminalis
Gletscher-Edelraute / Artemisia glacialis
Gletscher-Hahnenfuß / Ranunculus glacialis
Glockenblume, Ährige / Campanula spicata
Granatapfel / Punica granatum
Grasblättriger Hahnenfuß / Ranunculus gramineus
Graslilie, Astlose / Anthericum liliago
Graubehaarte Zistrose / Cistus incanus
Großblättrige Pfingstrose / Paeonia mascula
Grünalgen / Chlorophyceae

Hainbuche / Carpinus betulus
Hakenkiefer / Pinus uncinata
Heidekraut, Erika / Calluna vulgaris
Heidelbeere / Vaccinium myrtillus
Herzblättrige Kugelblume / Globularia cordifolia
Hibiskus / Hibiscus rosa-sinensis
Hüllblatt-Schachblume / Fritillaria involucrata

Immergrüner Buchsbaum / Buxus sempervirens

Kalkrotalgen / Lithothamnium sp.
Kantabrische Winde / Convolvulus cantabrica
Kermeseiche / Quercus coccifera
Keulenbärlapp / Lycopodium clavatum
Kiefer / Pinus sp.
Knabenkraut / Orchis sp.
Kohlröschen, Rotes / Nigritella nigra rubra
Kohlröschen, Schwarzes / Nigritella nigra
Korkeiche / Quercus suber
Küchenschelle, Gewöhnliche / Pulsatilla vulgaris

Landkartenflechte / Rhizocarpon geographicum
Langsporniges Veilchen / Viola calcarata villarsiana
Lärche / Larix decidua
Latschenkiefer / Pinus mugo
Lattich, Blauer / Lactuca perennis
Lavendel / Lavandula angustifolia
Leimkraut, Stielloses / Silene exscapa
Libanon-Zeder / Cedrus libani
Lungenenzian / Gentiana pneumonanthe

Mandelbaum / Amygdalus communis
Mariendistel / Silybum marianum
Mastixstrauch / Pistacia lentiscus
Maulbeerbaum, Schwarzer / Morus nigra
Maulbeerbaum, Weißer / Morus alba
Mäusedorn / Ruscus aculeatus
Meerzwiebel / Urginea maritima
Mercantour-Steinbrech / Saxifraga florentula
Mimose, Blaugrüne Akazie/ Acacia cyanophylla
Mittelmeer-Strohblume / Helichrysum stoechas
Mittelmeer-Zypresse / Cupressus sempervirens
Mohn, Klatschmohn / Papaver rhoeas
Mont-Cenis-Veilchen / Viola cenisia
Moos-Steinbrech / Saxifraga bryoides
Moosglöckchen / Linnaea borealis
Myrte / Myrtus communis

Neapolitanisches Alpenveilchen / Cyclamen hederifolium
Nebroden-Meerträubel / Ephedra nebrodensis
Neptungras / Posidonia oceanica
Nestwurz / Noettia nidus-avis
Nizza-Fetthenne / Sedum sediforme
Nizza-Kreuzblume / Polygala nicaeensis
Nußbaum, Walnuß / Juglans regia

Oleander, Gewöhnlicher / Nerium oleander
Olivenbaum, Ölbaum / Olea europea
Orangenbaum / Citrus sinensis
Orchideen / Orchidaceae
Osterglocke / Narcissus pseudonarcissus

Pankrazlilie, Dünen-Trichternarzisse / Pancratium maritimum
Paradieslilie / Paradisia liliastrum
Périgord-Trüffel / Tuber melanosporum
Perückenstrauch / Cotinus coggygria
Pfauen-Nelke / Dianthus pavonius
Pfirsichbaum / Prunus persica
Pfriemenginster / Spartium junceum
Pinie / Pinus pinea
Portulak-Salzmelde / Halimione portulacoides
Preiselbeere / Vaccinium vitis-idaea
Purpurenzian / Gentiana purpurea
Purpur-Knabenkraut / Orchis purpurea
Pyrenäen-Hahnenfuß / Ranunculus pyrenaeus
Pyrenäen-Lilie, Gelbe / Lilium pyrenaicum
Pyrenäen-Meerzwiebel / Scilla liliohyacinthus
Pyrenäen-Ramonda / Ramonda myconi
Pyrenäen-Schachblume / Fritillaria pyrenaica
Pyrenäen-Schwertlilie / Iris pyrenaica
Pyrenäen-Steinbrech / Saxifraga longifolia

Queller / Salicornia europaea

Riesenknabenkraut / Barlia robertiana
Rosmarin / Rosmarinus officinalis
Rostblättrige Alpenrose / Rhododendron ferrugineum
Rotbuche / Fagus sylvatica
Rotes Kohlröschen / Nigritella nigra rubra
Rotes Waldvögelein / Cephalathera rubra
Rottanne, Fichte / Picea abies
Rundblättriger Sonnentau / Drosera rotundifolia
Rutenförmiger Schöterich / Erysimum virgatum

Salbei / Salvia officinalis
Salz-Alant / Inula crithmoides
Schilfrohr / Phragmites australis
Schmalblättriger Strandflieder / Limonium angustifolium
Schopflavendel / Lavandula stoechas
Schopf-Traubenhyazinthe / Muscari comosum
Schwarzdorn / Prunus spinosa
Schwarzes Kohlröschen / Nigritella nigra
Schwarzkiefer / Pinus nigra
Schwefelanemone / Pulsatilla alpina apiifolia
Silberdistel / Carlina acaulis
Silberwurz / Dryas octopetala
Soldanelle / Soldanella sp.
Spinnweb-Hauswurz / Sempervivum arachnoideum
Stechwacholder / Juniperus oxycedrus
Steinbrech, Gegenblättriger / Saxifraga oppositifolia
Steineiche / Quercus ilex
Stengelloser Enzian / Gentiana kochiana
Stieleiche / Quercus robur
Stielloses Leimkraut / Silene exscapa
Strandflieder, Schmalblättriger / Limonium angustifolium
Strandkamille / Matricaria maritima
Strandkiefer / Pinus pinaster
Strandknöterich / Polygonum maritimum
Strandmalcolmie / Malcolmia littorea
Strand-Schneckenklee / Medicago marina
Strandwinde / Calystegia soldanella
Strauchiger Jasmin / Jasminum fruticans
Strauchiger Lein / Linum suffruticosum
Südfranzösischer Lein / Linum narbonense
Süßgräser / Gramineae

Tamariske / Tamarix gallica
Terpentin-Pistazie / Pistacia terebinthus
Thymian / Thymus vulgaris
Torfmoose / Sphagnidae
Traubeneiche / Quercus petrarea
Traubenkirsche / Prunus padus
Tulpe, Gelbe Wild- / Tulipa sylvestris
Türkenbundlilie / Lilium martagon

Wacholder, Gewöhnlicher / Juniperus communis
Waldkiefer / Pinus sylvestris
Weide / Salix sp.
Weidenblättriger Baldrian / Valeriana saliunca
Weißer Maulbeerbaum / Morus alba
Weißliche Zistrose / Cistus albidus
Weißtanne / Abies alba
Westalpen-Glockenblume / Campanula alpestris
Wiesengladiole / Gladiolus sp.
Wildtulpe, Gelbe / Tulipa sylvestris
Wolfsmilch, Baumartige / Euphorbia dendroides
Wollgras / Eriophorum sp.

Ysop / Hyssopus officinalis

Zistrose, Französische / Cistus monspeliensis
Zistrose, Silberweiße / Cistus albidus
Zittergras, Großes / Briza maxima
Zottiger Mannsschild / Androsace villense
Zürgelbaum / Celtis australis
Zwergpalme / Chamaerops humilis
Zwergpippau / Crepis pygmaea
Zwerg-Schwertlilie / Iris chamaeris
Zypresse / Cupressus sp.

Latein / Deutsch

Wirbellose

Anax imperator / Königslibelle
Argiope bruennichi / Zebraspinne
Astacus astacus / Europäischer Edelkrebs

Bombyx mori / Maulbeerseidenspinner
Buthus occitanus / Gelber Skorpion

Charaxes jasius / Erdbeerbaumfalter
Cicadina sp. / Zikade

Daphnis nerii / Oleanderschwärmer

Eresus niger / Röhrenspinne

Formica rufa / Rote Waldameise
Formicoidae / Ameisen

Graellisia isabellae / Isabellfalter

Homarus gammarus / Hummer

Libythea celtis / Zürgelbaum-Schnauzenfalter
Lycosa narbonensis / Tarantel

Mantis religiosa / Gottesanbeterin

Odonata / Libellen
Oryctes nasicornis / Nashornkäfer
Ostreidae / Austern

Palinurus vulgaris / Languste
Parnassius apollo / Apollofalter
Parnassius phoebus / Hochalpenapollo
Parnassius phoebus gazelli / Hochalpenapollo (Mercantour-Unterart)
Prionotropis rhodanica / Crau-Schrecke
Purpurstern / Echinaster sepositus

Rosalia alpina / Alpenbock

Saltatoria / Heuschrecken
Scyllarides latus / Heuschreckenkrebs

Fische, Amphibien, Reptilien

Anguilla anguilla / Aal

Cethorinus maximus / Riesenhai
Chalcides chalcides / Erzschleiche
Coluber viridiflavus / Gelbgrüne Zornnatter
Corbina nigra / Seerabe
Coronella girondica / Gironde-Glattnatter
Cyprinus carpio / Karpfen

Discoglossus sardus / Sardischer Scheibenzüngler

Elaphe longissima / Äskulapnatter
Elaphe scalaris / Treppennatter
Emys orbicularis / Europäische Sumpfschildkröte
Epinephelus quaza / Grauer Zackenbarsch
Esox lucius / Hecht
Euproctus asper / Pyrenäen-Gebirgsmolch
Exocoetidae / Fliegende Fische

Gaidropsarus mediterraneus / Mittelmeer-Seequappe

Hemidactylus turcicus / Halbfinger-Gecko
Hippocampus sp. / Seepferdchen
Hyla meridionalis / Mittelmeer-Laubfrosch

Lacerta lepida / Perleidechse
Lacerta viridis / Smaragdeidechse

Malpolon monspessulanus / Eidechsennatter

Natrix maura / Vipernatter
Natrix natrix / Ringelnatter

Perca fluviatilis / Flußbarsch
Phycis blennoides / Felsen-Seequappe
Phyllodactylus europaeus / Europäischer Blattfinger-Gecko
Podarcis muralis / Mauereidechse
Psammodromus hispanicus / Spanische Sandläufer-Eidechse

Rana temporaria / Grasfrosch
Rutilus rutilus / Plötze

Salamandra salamandra / Feuersalamander
Salmo trutta fario / Bachforelle
Scyliorhinus sp. / Katzenhai
Serranus cabrilla / Kleiner Sägebarsch

Tarentola mauritanica / Mauergecko
Testudo hermanni / Griechische Landschildkröte
Tinca tinca / Schleie

Uranoscopus scaber / Himmelsgucker

Vipera aspis / Aspisviper
Vipera ursinii / Wiesenotter

Vögel

Accipiter gentilis / Habicht
Accipiter nisus / Sperber
Acrocephalus melanopogon / Mariskensänger
Acrocephalus sp. / Rohrsänger
Aegolius funereus / Rauhfußkauz
Alauda arvensis / Feldlerche
Alcedo atthis / Eisvogel
Alectoris graeca / Steinhuhn
Alectoris rufa / Rothuhn
Anas acuta / Spießente
Anas clypeata / Löffelente
Anas crecca / Krickente
Anas penelope / Pfeifente
Anas platyrhynchos / Stockente
Anas querquedula / Knäkente
Anas strepera / Schnatterente
Anser anser / Graugans
Anthus spinoletta / Bergpieper
Anthus trivialis / Baumpieper
Apus apus / Mauersegler
Apus melba / Alpensegler
Aquila chrysaetos / Steinadler
Aquila clanga / Schelladler
Ardea cinerea / Graureiher
Ardea purpurea / Purpurreiher
Ardeola ralloides / Rallenreiher
Arenaria interpres / Steinwälzer
Asio otus / Waldohreule
Athene noctua / Steinkauz

Bonasa bonasia / Haselhuhn
Botaurus stellaris / Rohrdommel
Branta bernicla / Ringelgans
Bubo bubo / Uhu
Bubulcus ibis / Kuhreiher
Burhinus oedicnemus / Triel
Buteo buteo / Mäusebussard

Calidris alba / Sanderling
Calidris alpina / Alpenstrandläufer
Charadrius dubius / Flußregenpfeifer
Charadrius hiaticula / Sandregenpfeifer
Circaetus gallicus / Schlangenadler
Circus aeruginosus / Rohrweihe
Columba livia / Felsentaube
Columba oenas / Hohltaube
Columba palumbus / Ringeltaube
Coracias garrulus / Blauracke
Coraciidae / Racken
Corvus monedula / Dohle
Cygnus olor / Höckerschwan

Dendrocopos major / Buntspecht
Dryocopus martius / Schwarzspecht

Egretta garzetta / Seidenreiher
Emberiza zia / Zippammer
Emberizidae / Ammern

Falco eleonorae / Eleonorenfalke
Falco peregrinus / Wanderfalke
Falco tinnunculus / Turmfalke
Falconidae / Falken

Galerida cristata / Haubenlerche
Galerida theklae / Theklalerche
Gallinago gallinago / Bekassine
Gallinula chloropus / Teichhuhn
Gaviidae / Seetaucher
Glareola pratincola / Brachschwalbe
Glaucidium passerinum / Sperlingskauz
Grus grus / Kranich
Gypaetus barbatus / Bartgeier
Gyps fulvus / Gänsegeier

Haematopus ostralegus / Austernfischer
Hieraaetus fasciatus / Habichtsadler
Himantopus himantopus / Stelzenläufer
Hirundinidae / Schwalben

Ixobrychus minutus / Zwergdommel

Lagopus mutus / Alpenschneehuhn
Lanius collurio / Neuntöter
Lanius exubitor / Raubwürger
Lanius senator / Rotkopfwürger
Larus argentatus / Silbermöwe
Larus cachinnans / Weißkopfmöwe
Larus fuscus / Heringsmöwe
Larus melanocephalus / Schwarzkopfmöwe
Limosa lapponica / Pfuhlschnepfe
Loxia curvirostra / Fichtenkreuzschnabel
Loxia pytyopsittacus / Kiefernkreuzschnabel
Luscinia megarhynchos / Nachtigall
Luscinia svecica / Blaukehlchen

Marmaronetta angustirostris / Marmelente
Melanitta nigra / Trauerente
Mergus serrator / Mittelsäger
Merops apiaster / Bienenfresser
Milvus migrans / Schwarzmilan
Monticola saxatilis / Steinrötel
Monticola solitarius / Blaumerle
Montifringilla nivalis / Schneefink
Motacilla flava / Schafstelze

Neophron percnopterus / Schmutzgeier
Netta rufina / Kolbenente
Nucifraga caryocatactes / Tannenhäher
Numenius arquata / Großer Brachvogel
Nycticorax nycticorax / Nachtreiher

Oenanthe oenanthe / Steinschmätzer
Oriolus oriolus / Pirol
Otus scops / Zwergohreule

Parus ater / Tannenmeise
Perdix perdix / Rebhuhn
Pernis apivorus / Wespenbussard
Phalacrocorax carbo / Kormoran
Phoenicopterus ruber / Rosaflamingo
Phoenicurus ochruros / Hausrotschwanz
Picoides tridactylus / Dreizehenspecht
Picus viridis / Grünspecht
Platalea leucorodia / Löffler
Plegadis falcinellus / Brauner Sichler
Pluvialis squatarola / Kiebitzregenpfeifer
Prunella collaris / Alpenbraunelle
Prunella modularis / Heckenbraunelle
Pterocles alchata / Spießflughuhn
Ptyonoprogne rupestris / Felsenschwalbe
Pyrrhocorax graculus / Alpendohle
Pyrrhocorax pyrrhocorax / Alpenkrähe

Rallus aquaticus / Wasserralle
Recurvirostra avosetta / Säbelschnäbler
Regulus sp. / Goldhähnchen
Regulus ignicapillus / Sommergoldhähnchen
Riparia riparia / Uferschwalbe

Saxicola rubetra / Braunkehlchen
Sitta europea / Kleiber
Sterna hirundo / Flußseeschwalbe
Sterna sandvicensis / Brandseeschwalbe
Sylvia atricapilla / Mönchsgrasmücke
Sylvia communis / Dorngrasmücke
Sylvia conspicillata / Brillengrasmücke
Sylvia undata / Provencegrasmücke

Tadorna tadorna / Brandgans
Tetrao tetrix / Birkhuhn
Tetrao urogallus / Auerhuhn
Tetrax tetrax / Zwergtrappe
Tichodroma muraria / Mauerläufer
Tringa totanus / Rotschenkel
Turdus iliacus / Rotdrossel
Turdus torquatus / Ringdrossel
Turdus viscivorus / Misteldrossel
Tyto alba / Schleiereule

Vanellus vanellus / Kiebitz

Säugetiere

Apodemus sylvaticus / Waldmaus

Barbastella barbastellus / Mopsfledermaus
Bison bison / Bison

Canis lupus / Wolf
Capra ibex / Alpensteinbock
Capreolus capreolus / Reh
Castor castor / Biber
Cervus elaphus / Rothirsch
Cervus eldi siamensis / Siam-Leierhirsch

Delphinus delphinus / Gewöhnlicher Delphin

Felis sylvestris / Europäische Wildkatze

Galemys pyrenaicus / Pyrenäen-Desman
Genetta genetta / Ginsterkatze

Lepus europaeus / Feldhase
Lepus timidus / Schneehase
Lutra lutra / Fischotter
Lutreola lutreola / Europäischer Nerz
Lynx lynx / Nordluchs
Lynx lynx pardinus / Pardelluchs

Marmota marmota / Alpenmurmeltier
Meles meles / Dachs
Microtus nivalis / Schneemaus
Miniopterus schreibersi / Langflügelfledermaus
Miocastor coypus / Nutria
Monachus monachus / Mönchsrobbe
Myotis bechsteini / Bechsteinfledermaus
Myotis blythi / Kleines Mausohr
Myotis capaccinii / Langfußfledermaus
Myotis daubentoni / Wasserfledermaus
Myotis emarginatus / Wimperfledermaus
Myotis myotis / Großes Mausohr
Myotis nattereri / Fransenfledermaus

Neomys anomalus / Sumpfspitzmaus

Oryctolagus cuniculus / Wildkaninchen
Ovis musimon / Mufflon

Pipistrellus pipistrellus / Zwergfledermaus
Plecotus austriacus / Graues Langohr

Rattus rattus / Hausratte
Rhinolophus euryale / Mittelmeer-Hufeisennase
Rupicapra rupicapra / Gemse

Suncus etruscus / Etruskerspitzmaus
Sus sus / Wildschwein

Tadarida teniotis / Europäische Bulldoggfledermaus
Tursiops truncatus / Großer Tümmler

Ursus arctos / Braunbär

Vulpes vulpes / Rotfuchs

Pflanzen

Abies alba / Weißtanne
Acacia cyanophylla / Blaugrüne Akazie, Mimose
Acer campestre / Feldahorn
Acer monspessulanum / Französischer Ahorn
Adonis vernalis / Frühlings-Adonisröschen
Agave americana / Agave
Alchemilla alpina / Alpen-Frauenmantel
Amygdalus communis / Mandelbaum
Androsace villense / Zottiger Mannsschild
Anthericum liliago / Astlose Graslilie
Anthyllis montana / Berg-, Purpur-Wundklee
Aphyllanthes monspeliensis / Binsenlilie
Arbutus unedo / Erdbeerbaum
Arnica monatana / Arnika

Artemisia glacialis / Gletscher-Edelraute
Asphodelus fistulosus / Röhriger Affodill
Aster alpinus / Alpenaster
Astragalus centralpinus / Fuchsschwanz-Tragant

Bambusa sp. / Bambus
Barlia robertiana / Riesenknabenkraut
Betula alnus / Birke
Bougainvillea glabra / Bougainvillea
Briza maxima / Großes Zittergras
Buxus sempervirens / Immergrüner Buchs

Calicotome spinosa / Dornginster
Calluna vulgaris / Heidekraut, Erika
Calystegia soldanella / Strandwinde
Campanula alpestris / Allionis-Glockenblume, Westalpen-Glockenblume
Campanula spicata / Ährige Glockenblume
Carlina acaulis / Silberdistel
Carpinus betulus / Hainbuche
Castanea sativa / Eßkastanie
Cedrus libani / Libanon-Zeder
Celtis australis / Zürgelbaum
Centaurea uniflora / Einköpfige Flockenblume
Cephalathera rubra / Rotes Waldvögelein
Chamaerops humilis / Zwergpalme
Chenopodiaceae / Gänsefußgewächse
Chlorophyceae / Grünalgen
Cistus albidus / Silberweiße Zistrose
Cistus monspeliensis / Französische Zistrose
Citrus sinensis / Orangenbaum
Clematis flammula / Brennende Waldrebe
Convolvulus cantabrica / Kantabrische Winde
Cotinus coggygria / Perückenstrauch
Crepis pygmaea / Zwergpippau
Cupressus sempervirens / Mittelmeer-Zypresse
Cyclamen heredifolium / Neapolitanisches Alpenveilchen
Cypripedium calceolus / Frauenschuh

Dianthus pavonius / Pfauen-Nelke
Doronicum grandiflorum / Großblütige Gemswurz
Drosera rotundifolia / Rundblättriger Sonnentau
Dryas octopetala / Silberwurz

Ephedra nebrodensis / Nebroden-Meerträubel
Erica arborea / Baumheide
Erica terminalis / Gipfelblütige Erika
Eriophorum sp. / Wollgras
Eryngium alpinum / Alpen-Mannstreu
Erysimum virgatum / Rutenförmiger Schöterich
Euphorbia dendroides / Baumartige Wolfsmilch

Fagus sylvatica / Rotbuche
Ficus carica / Feigenbaum
Fritillaria involucrata / Hüllblatt-Schachblume
Fritillaria pyrenaica / Pyrenäen-Schachblume

Genista sp. / Ginster
Gentiana kochiana / Stengelloser Enzian
Gentiana lutea / Gelber Enzian
Gentiana pneumonanthe / Lungenenzian
Gentiana purpurea / Purpurenzian
Gladiolus sp. / Wiesengladiole
Globularia cordifolia / Herzblättrige Kugelblume

Gossypium hirsutum / **Baumwolle**
Gramineae / **Süßgräser**

Halimione portulacoides / **Portulak-Salzmelde**
Helianthemum apenninum / **Apenninen-Sonnenröschen**
Helichrysum stoechas / **Mittelmeer-Strohblume**
Hibiscus rosa-sinensis / **Hibiskus**
Hyssopus officinalis / **Ysop**

Inula crithmoides / **Salz-Alant**
Iris chamaeris / **Zwerg-Schwertlilie**
Iris pseudacorus / **Gelbe Schwertlilie**
Iris pyrenaica / **Pyrenäen-Schwertlilie**
Iris sibirica / **Blaue Schwertlilie**

Jasminum fruticans / **Strauchiger Jasmin**
Juglans regia / **Nußbaum, Walnuß**
Juniperus communis / **Wacholder**
Juniperus oxycedrus / **Stechwacholder**

Lactuca perennis / **Blauer Lattich**
Larix decidua / **Lärche**
Lathyrus clymenum / **Breitblättrige Platterbse**
Lavandula angustifolia / **Lavendel**
Lavandula stoechas / **Schopflavendel**
Leontopodium alpinum / **Edelweiß**
Lichenes / **Flechten**
Lilium bulbiferum / **Feuerlilie**
Lilium martagon / **Türkenbundlilie**
Lilium pyrenaicum / **Gelbe Pyrenäen-Lilie**
Limonium angustifolium / **Schmalblättriger Strandflieder**
Linaria alpina / **Alpen-Leinkraut**
Linnaea borealis / **Moosglöckchen**
Linum narbonense / **Südfranzösischer Lein**
Linum suffruticosum / **Strauchiger Lein**
Lithothamnium sp. / **Kalkrotalgen**
Lonicera etrusca / **Etruskisches Geißblatt**
Lycopodium clavatum / **Keulenbärlapp**

Malcolmia littorea / **Strandmalcolmie**
Matricaria maritima / **Strandkamille**
Medicago marina / **Strand-Schneckenklee**
Morus alba / **Weißer Maulbeerbaum**
Morus nigra / **Schwarzer Maulbeerbaum**
Muscari comosum / **Schopf-Traubenhyazinthe**
Myosotis alpestris / **Alpen-Vergißmeinnicht, Alpen-Ehrenpreis**
Myrtus communis / **Myrte**

Narcissus poeticus / **Dichternarzisse**
Narcissus pseudonarcissus / **Osterglocke**
Nerium oleander / **Gewöhnlicher Oleander**
Nigritella nigra / **Schwarzes Kohlröschen**
Nigritella nigra rubra / **Rotes Kohlröschen**
Noettia nidus-avis / **Nestwurz**

Olea europea / **Olivenbaum, Ölbaum**
Ophrys bertolonii / **Bertolonis Ragwurz**
Ophrys insectifera / **Fliegenragwurz**
Opuntia ficus-indica / **Feigenkaktus**
Orchidaceae / **Orchideen**
Orchis purpurea / **Purpur-Knabenkraut**

Paeonia mascula / **Großblättrige Pfingstrose**
Pancratium maritimum / **Pankrazlilie, Dünen-Trichternarzisse**
Papaver rhaeticum / **Gelber Alpenmohn**
Papaver rhoeas / **Mohn, Klatschmohn**
Paradisia liliastrum / **Paradieslilie**
Phoenix dactylifera / **Dattelpalme**
Phragmites australis / **Schilfrohr**
Picea abies / **Fichte, Rottanne**
Pinus cembra / **Arve**
Pinus halepensis / **Aleppokiefer**
Pinus mugo / **Bergkiefer, Latschenkiefer**
Pinus nigra / **Schwarzkiefer**
Pinus pinaster / **Strandkiefer**
Pinus pinea / **Pinie**
Pinus sp. / **Kiefer**
Pinus sylvestris / **Föhre, Waldkiefer**
Pinus uncinata / **Hakenkiefer**
Pistacia lentiscus / **Mastixstrauch**
Pistacia terebinthus / **Terpentin-Pistazie**
Polygala nicaeensis / **Nizza-Kreuzblume**
Polygonum maritimum / **Strandknöterich**
Posidonia oceanica / **Neptungras**
Prunus armeniaca / **Aprikosenbaum**
Prunus padus / **Traubenkirsche**
Prunus persica / **Pfirsichbaum**
Prunus spinosa / **Schwarzdorn**
Pteridium aquilinum / **Adlerfarn**
Pulsatilla alpina / **Alpenanemone**
Pulsatilla alpina apiifolia / **Schwefelanemone**
Pulsatilla vulgaris / **Gewöhnliche Küchenschelle**
Punica granatum / **Granatapfel**

Quercus coccifera / **Kermeseiche**
Quercus ilex / **Steineiche**
Quercus petrarea / **Traubeneiche**
Quercus pubescens / **Flaumeiche**
Quercus robur / **Stieleiche**
Quercus suber / **Korkeiche**

Ramonda myconi / **Pyrenäen-Ramonda**
Ranunculus baudotii / **Brackwasserhahnenfuß**
Ranunculus glacialis / **Gletscher-Hahnenfuß**
Ranunculus gramineus / **Grasblättriger Hahnenfuß**
Ranunculus pyrenaeus / **Pyrenäen-Hahnenfuß**
Rhizocarpon geographicum / **Landkartenflechte**
Rhododendron ferrugineum / **Rostblättrige Alpenrose**
Rosmarinus officinalis / **Rosmarin**
Ruscus aculeatus / **Mäusedorn**

Salicornia europaea / **Queller**
Salvia officinalis / **Salbei**
Sarothamnus scoparius / **Besenginster**
Satureja montana / **Bohnenkraut, Karst-Bergminze**
Saxifraga bryoides / **Moos-Steinbrech**
Saxifraga florentula / **Mercantour-Steinbrech**
Saxifraga longifolia / **Pyrenäen-Steinbrech**
Saxifraga oppositifolia / **Gegenblättriger Steinbrech**
Scilla liliohyacinthus / **Pyrenäen-Meerzwiebel**
Sedum sediforme / **Nizza-Fetthenne**
Sempervivum arachnoideum / **Spinnweb-Hauswurz**
Silene exscapa / **Stielloses Leimkraut**
Silybum marianum / **Mariendistel**
Soldanella sp. / **Soldanelle**
Spartium junceum / **Pfriemenginster**
Sphagnidae / **Torfmoose**
Stipa sp. / **Federgras**

Tamarix gallica / **Tamariske**
Thymus vulgaris / **Thymian**
Trifolium alpinum / **Alpenklee**
Tuber melanosporum / **Périgord-Trüffel**
Tulipa sylvestris / **Gelbe Wildtulpe**

Urginea maritima / **Meerzwiebel**

Vaccinium myrtillus / **Heidelbeere**
Vaccinium vitis-idaea / **Preiselbeere**
Valeriana montana / **Bergbaldrian**
Viola calcarata / **Gebirgsveilchen, Alpen-Stiefmütterchen**
Viola calcarata villarsiana / **Langsporniges Veilchen**
Viola cenisia / **Mont-Cenis-Veilchen**
Viola tricolor / **Alpen-Stiefmütterchen**

Register

Fett wiedergegebene Seitenzahlen verweisen auf Fotos, schräge auf Essays (im Text blau unterlegt).

Tier- und Pflanzennamen

Orts-, Sach- und Personenregister

Seitenzahlen mit dem Zusatz «ff.» bezeichnen den Beginn eines Hauptreiseziels.

Bildnachweis

H. Altmann: 126 u.
G. Amberg: 66 o., 81 u.r., 98, 99 o., 125, 173 u., 188
A. Blumet/Office de Tourisme, Saint Pierre de Chartreuse: 28/29
R. Cramm: 21o., 36 o.l., 38, 52 o., 99 u., 111 o., 112, 113 u., 114 o., 124, 132 o., 136 M., 137 M., 143, 146 u., 154 u., 166, 168 u., 173 o.r.,178, 191 o., 198 o., 199 u., 200 o., 201 o., 207 o., 211 o.
M. Danegger: 62
O. Danesch: 93 o.
B. Fischer: 17 o., 25 o., 40 o., 52 M., 69 o., 78 o., 81 o.r., 122 u., 133, 140/141, 144 o., 159 o, 161 u., 192 o., 192 u., 199 o., 218/219
E. Gerhardt: 180
L. Godefroi/Parc National de Mercantour: 91
K. H. Jacobi: 28 u., 45 o.l., 66 u., 109, 144 u., 118 u., 144 u.r., 154 o. (großes Foto), 154 o. (kleines Foto), 186
M. Klindwort: 123 o., 184 u.l.
F. Kögel: 75 M., 126 o., 146 o., 171
R. König: 11, 44 u., 77 u., 82 (kleines Foto), 88 M., 96 u., 107 M., 107 u., 111 u., 127 o., 130 u., 132 M., 132 u., 144 u.l., 153, 170, 201 u.
A. Limbrunner: 36 o.r., 43, 87, 88 o., 97, 102 o., 120, 138, 141 o., 145, 155 u.l., 163, 184 u.r., 191 u., 213
D. Nill: 29 o., 29 u.r., 33 u., 37 u., 119 u., 137 u.
H. Reinhard: 37 o.l., 37 o.r., 39, 54, 77 o., 82 (großes Foto), 84, 107 o., 179, 202, 208
T. Ruckstuhl: 17 u., 33 o., 47, 61 u.r., 67, 74 o., 76 o., 78 m., 81 u.l., 93 u., 96 o., 103, 144 M., 136 u., 149, 152, 156, 158/159, 159 u., 162 u., 165, 168/169, 168 M., 169 r., 185 u., 187 u., 194 u., 198 u.
R. Schmidt: 36 u.
C. und R. Schnieper: 10, 21 u., 26, 32, 40 u., 41 o., 41 u., 44 o., 45 u., 48, 52 u., 53 M., 53 u., 55, 56, 57, 59, 60, 61 o.l., 61 u.l., 63, 70, 79, 80, 92 o., 92 u., 106, 113 o., 135, 137 o., 139, 141 M.r., 147, 151, 162 o., 164 u., 173 o.l., 215, 219 r., 220
M. Siepmann: 20, 24, 184 o., 195, 203, 206/207
M. Thomas (Bildarchiv): 102 u., 110/111, 172, 176/177, 181, 185 o., 187 o., 189, 200 u., 212, 223 o., 223 u., 225
H.-J. Vermehren: 16, 23, 29 u.l., 31, 45 o.r., 68, 75 u., 122 o., 130 o., 161 o.
B. und L. Werle (Naturstudio): 71, 119 o., 217 o.
W. Willner: 2/3, 15 o., 15 u., 25 u., 27, 28 o., 61 o.r., 74 u.l., 81 o.l., 85, 89, 90, 101, 115, 118/119, 121, 123 u.r., 136 o., 150, 154 o., 155 u.r., 164 o., 169 M.l., 169 u.l., 175, 216
W. Wisniewski: 34, 69 u., 78 u., 127 u., 131, 141 u., 194 o.
P. Zeininger: 123 u.l.
W. Zepf: 49, 53 o., 64 o., 64 u., 73, 74 u.r., 76, 88 u., 96 M., 105, 129 o., 129 M., 129 u., 207 u., 210/211, 211 u., 217 u.

Umschlagfotos: H. Reinhard (großes Foto: Lavendelfeld);
T. Ruckstuhl (vorn: Roussillon, Ockerbruch; hinten: Zistrose mit Widderchen);
W. Wisniewski (hinten: Rosaflamingo)

Foto S. 1: Gänsegeier
Foto S. 2/3: Ardèche-Schlucht

Pressestimmen zu »Reiseführer Natur«

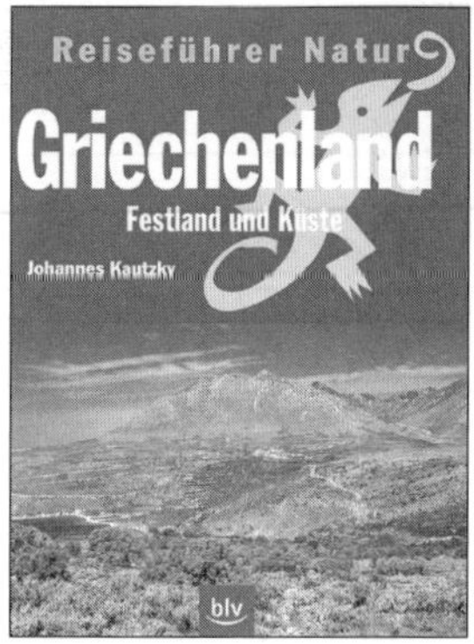

»Besser, informativer und übersichtlicher kann man es eigentlich nicht machen.«

Die Zeit

»...ein Muss für jeden Naturliebhaber.«

Frankfurter Rundschau

»...attraktiv und übersichtlich gestaltet, zudem kenntnisreich, nie aber langweilend verfasst...«

Frankfurter Allgemeine Zeitung

»...sehr ansprechend aufgemacht.«

Süddeutscher Rundfunk

»...eine ausgezeichnete Reihe.«

Bayerisches Fernsehen

»...schöne Reiseführer, die man nicht nur gern und mit Gewinn vor Ort in die Hand nimmt. Sie laden auch dazu ein, in Gedanken zu reisen oder einfach darin zu schmökern...«

Das Tier

»...Keine Reiseführer für jedermann, aber wer sich für die Naturschönheiten seines Urlaubslandes interessiert, ist begeistert.«

Handelsblatt

»...ausgesprochen gut durchdachte Reiseführer.«

Deutsches Ärzteblatt

»...Jedem, der sich für die Tier- und Pflanzenwelt seines Reiseziels interessiert, sind die locker geschriebenen, gut illustrierten und mit zahlreichen Karten versehenen Bände ans Herz zu legen...«

Tours

Eine Übersicht aller Bände finden Sie auf der vorderen Umschlag-Innenseite.